新兴产业衍生与成长机理研究

XinXing ChanYe YanSheng Yu ChengZhang JiLi YanJiu

◎ 郝凤霞／著

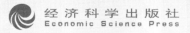

经济科学出版社
Economic Science Press

图书在版编目（CIP）数据

新兴产业衍生与成长机理研究／郝凤霞著. —北京：经济科学出版社，2015.11

ISBN 978 – 7 – 5141 – 6391 – 9

Ⅰ. ①新… Ⅱ. ①郝… Ⅲ. ①新兴产业－产业发展－研究 Ⅳ. ①F062.9

中国版本图书馆 CIP 数据核字（2015）第 298907 号

责任编辑：段　钢
责任校对：隗立娜
责任印制：邱　天

新兴产业衍生与成长机理研究

郝凤霞　著

经济科学出版社出版、发行　新华书店经销

社址：北京市海淀区阜成路甲 28 号　邮编：100142

总编部电话：010 – 88191217　发行部电话：010 – 88191522

网址：www. esp. com. cn

电子邮件：esp@ esp. com. cn

天猫网店：经济科学出版社旗舰店

网址：http://jjkxcbs. tmall. com

北京万友印刷有限公司印装

710×1000　16 开　19.25 印张　300000 字

2016 年 7 月第 1 版　2016 年 7 月第 1 次印刷

ISBN 978 – 7 – 5141 – 6391 – 9　定价：52.00 元

（图书出现印装问题，本社负责调换。电话：**010 – 88191510**）

（版权所有　侵权必究　举报电话：**010 – 88191586**

电子邮箱：**dbts@ esp. com. cn**）

前　言

　　新兴产业作为一个学术概念被引入经济管理领域的历史较短，甚至还没有成为一个独立的研究领域。因此，国内外研究主要分散在产业经济学、科技革命及创新管理等理论中，我们从新兴战略产业衍生及成长的两个方面，对相关研究进行评述。由于新兴战略产业主要来自于科技成果在市场上的首次应用，其衍生实际上是产业萌芽在市场上出现的过程，具体表现为产业中的第一个企业在市场上得到消费者认同，一个新的商业模式在市场上得到实践。因此与新兴战略产业衍生相关的研究主要体现在两个方面：一是新兴产业形成条件的研究，二是新兴产业驱动效应的研究。

　　以演化经济学为基础，采用定性与定量研究相结合的方法从微观和宏观两个层面对新兴产业的驱动效应进行研究。首先，以上海市新兴产业中 1198 家企业的相关数据为基础，通过建立混合面板数据模型和计量回归分析，研究了区域创新环境、研发投入和企业绩效之间的关系，提出区域环境因素对创新过程的作用是双面的，不同的区域环境创新因素对研发和绩效的影响不同，同一区域环境创新因素对创新的不同环节也存在差异。

　　然后，在微观层面，采用随机前沿分析（SFA）方法，把创新效率分为研发效率和转化效率，选取了包括所有制、行业、规模、产学研、贸易、财务、区位等 20 余项最主要的影响因素，从微观层面加深对新兴产业创新效率进行分行业定量测度。研究发现行业新兴产业应采取不同的策略和激励措施，对于高研发低转化效率的企业和行业，着力于增加出口、减少进口、加强技术引进，努力提高转化效率，而对于低研发高转化的企业和行业，则还要特别考虑银行贷款、进口策略和扩大人员规模以促进研发效率的提升。

随后，在宏观层面，根植于我国人口众多，新兴产业相对于发达国家具有的特殊性，以母国市场效应理论、有效市场理论、微笑曲线理论为依据，提出基于需求方的市场驱动型新兴产业成长策略，认为打破"微笑曲线"的枷锁，从两端切入，以"大陆型经济"刺激创新，是新兴产业在面临国际激烈竞争并取得突破性产业地位的关键。我国具有很大的国内市场，通过本土市场的培养从而推动战略新兴产业的发展具有很强的现实意义。

宏观与微观两个层面的新兴产业驱动效应促使一些产业成长壮大，最后形成战略性产业。然而怎么才能算是战略性意义上的产业，如何引导新兴产业成为对经济有引领支撑作用的战略性产业？报告选取2006～2010年上海市29个传统制造业工业1305个观测结果，选择技术创新和生产效率指标、市场前景指标、效益和增长能力指标、产业关联与集中度指标，采用SPSS社会经济统计软件中的因子分析法（Factor Analysis）分年份考察所有传统制造业在每个年份中指标的变化情况及其综合得分，发现产业集中度排名前三位的是通用设备制造业、通信设备、交通运输设备制造业和计算机及其他电子设备制造业，机械、电子也具有较高的产业集中度和产业关联度，这些产业在经济增长中处于主导地位。

最后，根据前面的理论框架与研究结论，分别从资源获取的视角和产业发展阶段的视角提出对策性建议。从资源获取的视角，提出获取市场资源应利用我国市场的特殊性取得新兴产业国际领先优势，促进供给侧为主的产业政策转向需求侧政策，并鼓励企业根植于本土市场以降低市场风险技术，同时鼓励市场竞争；通过对不同行业采取不同的策略和激励措施提高新兴产业不同创新阶段效率。从发展阶段的视角，对处于衍生阶段的新兴产业通过创新主体核心层政策和区域创新主体支撑层制度促使产业衍生，培育产业环境；对处于成长阶段的新兴产业重视基于顾客价值与产业价值的商业模式创新，并发展相匹配的融资结构能力。

作　者

2015 年 8 月

目　　　录

导　论

1. 引言

近年来，以生命科学和生物技术、信息科技、纳米科技、新材料与先进制造技术、新能源技术等为核心的新兴产业成为当今前沿科技领域的代表。对我国而言，在步入"十二五"时期之后，经济从历时 30 年的粗放式增长转型为集约化增长，将进入以创新促转型、以转型促发展的新阶段，同时面临着经济结构调整和发展方式转变的艰巨任务，面临着以科技创新引领可持续发展的迫切需求，面临着全球发展观、价值观转变带来的巨大挑战。因此，结合我国现状研究战略性新兴产业的发展规律，对医疗器械产业和新能源汽车等代表性产业进行理论梳理、现状分析、实证研究以及案例分析，并分析政府的作用机制成为需要解决的重大问题。

2008 年发端于美国的全球金融危机，是 20 世纪 30 年代"大萧条"以来最大、最严重、涉及面最广的全球金融和经济危机，使世界经济发生了自第二次世界大战以来的第一次全面萎缩，世界 GDP 下降了 2.2%，同期世界贸易总额更是以 14.4% 的惊人速度下降，是 80 年来世界经济发展所受到的最大挫折（World Bank 2010）。这导致许多国家启动推进产业革命的发展战略,如美国奥巴马政府启动新能源产业政策,全面发展节能汽车和电动汽车产业,以期从新能源革命为突破口,发动一场新的经济、技术、环境和社会的商品化革命。为应对新一轮的科技革命,我国也提出积极推进战略性新兴产业的发展,此后地方政府跟进,进行了基本雷同的地方战略性新兴产业发展规划,意在强力推进新兴产业发展。然而如何推进?这又回到历史上一直存在的政府与市场之间的"两难"选择上。由于理论指导上的滞后,各地方政府促进新兴产业的政策也五花八门,在经济增长压力逐渐增大的情况下,有的政策甚至存在内在逻辑矛盾,因此,对于政府而言,为提升新兴产业绩效的政策制定需要得到有效的理论指导。

新兴产业对经济持续增长有决定性的支撑引领作用。新增长理论和演化经济学认为,新兴产业往往意味着技术密集、资本密集型产业,尤其是战略性新兴产业,肩负着促进经济增长的重任或引领其他产业成长的作用,对经济持续增长有着决定性的支撑引领作用。Romer(1986)[1]的新增长理论指出了经济增长过程中报酬递增的重要作用,并将其观点引入内生增长框架中,认为物质资本和人力资本的投资将产生外部性、报酬递增,因而国家之间将存在持久的增长差异。随后,内生增长的第二代模型关注了研发部门的作用和增长过程的内生属性,Romer(1990)[2]以及Aghion和Howitt(1998)[3]的模型表明,研发部门范围的扩张决定了报酬递增及总体增长的规模效应。对增长和效力而言,部门研发来源于这些基于创新的新增长模型,其主要的潜在假定是非竞争性、非排他性的产品,其公共产品的属性导致了外溢、报酬递增和内生增长。

新兴产业成长面临的机遇和国际竞争压力促使学界与政府关注其成长规律。创新理论认为,处于经济周期的长波段萧条中能够孕育技术变革,而技术变革又能促进新兴产业的萌芽,继而受益于技术—经济范式的转换,产业革命就在"创造性地破坏"过程中不断向前推进。刚刚过去的经济危机意味着新一轮经济增长长波的开始,伴随着经济增长放缓,世界经济大国都在加速技术创新与新兴产业的布局,新兴产业的发展也正由企业的自组织行为向政府引导与推动的社会化行为转变。在这种背景下,我国提出加快培育和发展新兴产业。这里,产业发展不仅可被视为"投入—产出"

的结果，而且可被视为通过异质企业的相互作用，产生变异、选择、淘汰的结果。[4]

金融危机以来，由于过分追求形式逻辑而导致理论的基本假设和推导都远离现实，一些经济学研究认为，经济学的研究范式应该从过分机械的均衡分析转向基于复杂系统的演化分析，而演化经济学也可能在未来日渐成为主流的经济学。因此本书的研究秉承演化经济学的研究方法，认为产业发展与生物进化在机制上具有一致性。基于这样的考虑，本书将战略性新兴产业发展视为一个演化过程，以演化经济学为视角对新兴产业演进过程展开新的研究。

为了理解新兴产业演化的规律，一些学者研究发现有关产业演化过程的循环模型，如 Jame Utterback 和 Fernando Suarez（1993）[5]、Michael Tushman、Philip Anderson 和 Charles O'Reilly（1997）[6]的研究。这些模型假设，多数产业或产品的发展经历着几个可以识别的不同阶段，这些阶段的差异性主要体现在三个方面：技术变化的特征，产业内的进入、退出方式以及市场增长率。我们把产业成长分为三个阶段：初始阶段为实验和多样化发展阶段；第二阶段为产业成长阶段，是主导设计形成和市场快速增长阶段；第三阶段为产业稳定发展阶段，也是技术和市场稳定发展阶段。

首先，在产业衍生时期，产业内频繁地有新企业进入和退出，市场上形成并发展出多种不同的竞争性技术选择方案，每个方案均有一个较小的市场份额。这个竞争过程的结果具有很强的不确定性，创新者主要是以产品创新为主，伴随着产业的演化，将逐渐形成一个"主导设计"。这个阶段以实验和产品的多样化为特征，推动产业演化的关键是促进新进入企业或产业内已有企业去开发更多的新产品。由于新开发的技术需要在市场上成功地商业化，因此鼓励新企业进入本行业以促进源源不断的新技术开发显得十分重要。为了促进多样化产品的产生，产业所处的环境需要确保不同阶段能够产生新知识，同时还需要为产业的多样化发展提供足够的激励与便利，以产生正的外部性，例如推动建立产业网络、形成用户供应商联系等。产业环境还要对需求产生一定的激励，例如识别新的需求，并刺激新市场空间的扩大。

其次，在产业成长时期，主导设计形成之后，创新主要以工艺改进为主，市场份额开始增长，产业内的新进入者逐渐增加，这个阶段的关键是促进市场发展、工艺创新和降低成本。这个阶段利用规模经济发展是产业发展的核心，需要促进尽可能多的企业参与发展，以便形成一定的规模效应，同时推动这些企业及其产业网络参与者进行工艺和流程创新。这个过程需要对企业市场扩张和技术创新进行较多的资源投入。

最后，在产业成熟时期，技术和市场稳定增长，此阶段的技术创新主要体现为渐进创新，同时还可能伴随着工艺改进，产业内以已有的企业为主，只有少数创新能力强或互补性良好的中小企业参与共同发展。从产业需求方角度来看，识别和促进大规模市场的形成，健全和完善市场需求所需的基础设施，并对需求进行激励是核心。

在我们的课题研究中新兴产业的成长是一个逐渐演化的过程，课题以上海市为例，基于熊彼特假说的一定创新环境中的研发效率特征，分析新兴产业资本结构的特征，对以装备制造业为代表的新兴产业的产业主导性作出评价，并以上海市 2000 多家新兴产业企业调研数据为基础，深入分析了我国现有新兴产业创新研发效率与转化效率，最后给出结论性评述。

2. 研究背景

20 世纪 90 年代以来，人类的工业扩张带来了能源危机和以全球变暖为主要特征的环境问题，能源危机和环境恶化对各个国家的发展产生制约性影响，所以世界各国家纷纷采取措施，减少碳排放、发展低碳技术，加大开发新资源力度。美国 21 世纪初开始着力于发展清洁能源，并通过税收扶持等手段将 46 亿美元投入可再生能源、氢能、燃料电池汽车等项目。2008年的国际金融危机更加强化了各国对这一趋势的认识，即必须改变原有的生产方式，以新兴产业推动经济与社会发展。为应对经济危机并抓住经济危机后蕴藏的新产业革命机遇，许多国家将科技创新投资作为最重要的战略投资并纷纷提出大力发展新兴产业的计划，致力于以新能源为代表的新兴产业培育。如美国 2009 年提出"绿色复兴计划"，重点发展新能源产业，就是典型的代表。我国为应对金融危机的影响，提升经济长期可持续发展的能力，也出台了大力发展战略性新兴产业的政策措施。

我国自然资源及其利用的基本特征是资源丰富但人均资源相对匮乏，在近几十年的经济调整发展进程中，一直以来都是以高投入高消耗的粗放型方式维持经济增长。这迫切需要改变传统的经济增长模式，即从主要依靠增加资源投入和消耗的粗放型经济增长方式转变为主要依靠高资源利用率的集约型经济增长方式。正是在这样的背景下我国 2010 年颁布《关于加快培育和发展战略性新兴产业的决定》，提出发展战略性新兴产业，将节能环保产业、新一代信息技术产业、生物产业、高端装备制造业、新能源产业、新材料产业、新能源汽车等 7 大产业作为现阶段重点培育和发展的行业。2012 年发布《"十二五"国家战略性新兴产业发展规划》，制定各重点行业的具体发展目标及发展路线图，二十项重大工程项目①及战略性新兴产业发展目标②。

到 2013 年，我国的战略性新兴产业创新成果不断涌现，在稳定经济增长、调整经济结构、促进产业转型升级等方面发挥了重要作用。全年节能环保、生物、新一代信息技术以及新能源等领域重点产业主营业务收入达到 16.7 万亿元，同比增长 15.6%，增速高于工业总体的 11.2%。战略性新兴产业继续成为社会资本追逐的热点领域，2013 年年末，战略性新兴产业 A 股上市公司总市值占总体市值的比重达到了 20.7%，较 2012 年年末提升了 5.8 个百分点。

现阶段开展对中国新兴产业衍生与成长的系统研究，无论从完善理论

---

① 二十项重大工程项目包括：重大节能技术与装备产业化工程、重大环保技术装备及产品产业化示范工程、重要资源循环利用工程、宽带中国工程、高性能集成电路工程、新型平板显示工程、物联网和去计算工程、信息惠民工程、蛋白类等生物药物和疫苗工程、高性能医学诊疗设备工程、生物育种工程、生物材料工程、航空装备工程、空间基础设施工程、先进轨道交通装备及关键部件工程、海洋工程装备工程、智能制造装备工程、新能源集成应用工程、关键材料升级换代工程、新能源汽车工程等。

② 发展目标包括产业创新能力大幅提升、创新创业环境更加完善、国际分工地位稳步提高、引领带动作用显著增强等，具体有：2015 年战略性新兴产业增加值占国内生产总会比重达到 8% 左右，对产业结构升级、节能减排、提高人民健康水平、增加就业等的带动作用明显提高。到 2020 年，力争使战略性新兴产业成为国民经济和社会发展重要推动力量，增加值占国内生产总会比重达到 15%，部分产业和关键技术跻身国际先进水平，节能环保、新一代信息技术、生物、高端装备制造产业成为国民经济支柱产业，新能源、新材料、新能源汽车产业成为国民经济先导产业。

研究的角度，还是从促进社会经济发展与政策研究的角度，都具有积极的理论意义和实践价值。加快培育和发展新兴产业已经成为现阶段我国产业发展的重要任务。2009年9月国务院召开了三次新兴战略性产业发展座谈会，就新能源、节能环保、新能源汽车、新材料、新医药、生物育种和信息产业等七个产业的发展提出意见和建议，在随后公布的会议公告中，这七大产业被表述为"战略性新兴产业"。之后，又于11月3日上午在首都科技界大会上发表了题为《让科技引领中国可持续发展》的讲话，再次对前述七大产业做出更为具体的解释，同时对海洋、空间和地球深部资源的利用问题也提出了独到深刻的见解，并明确发出了"要把争夺经济科技制高点作为战略重点，逐步使战略性新兴产业成为经济社会发展的主导力量"的号召。从此，我国在经济全局中布局新兴产业，为中国发展战略性新兴产业揭开了序幕。新兴产业代表着市场对经济系统整体产出的新要求和产业结构转换的新方向，同时也代表新的科学技术发展的未来趋势，作为推进产业结构演进的新生力量，正处于自身产业结构生命周期形成阶段的新兴产业将起着至关重要的作用。

从世界发达国家和地区新兴产业演进的历程看，如果国家和地区在不同的经济发展阶段，缺少新兴产业的及时发展与更替，就会出现国家（地区）的经济衰退，如果从产业政策上有所引导，则会有一定程度的经济跨越。例如，英国经济自第二次世界大战后长期不景气，其主要原因在于制造业中新兴产业长期发展不力；美国在20世纪80年代经济发展遭遇困境的主要根源在于当汽车、钢铁、化学等工业在被日本全面超越时缺乏新兴产业的替代；日本在20世纪90年代经济持续衰退也在于当传统产业比较优势失去时新兴产业发展迟缓；中国台湾在2000年后经济一度停滞，而这个时候也是台湾新兴产业发展缓慢的时期。

反之，日本在工业化初期明确制定了未来将要重点发展的新兴产业，将纺织、食品、电力等确定为未来的重点产业；进入工业化中期后，又及时地确定了以造船、石油化工、汽车、家用电器、运输一般机械业为重点扶持产业；石油危机后，日本减少了对能耗高、污染大的产业的扶持，转而发展计算机、电子、新材料、新能源等产业；进入21世纪后，日本加大了对一系列新兴产业的扶持，信息通信、物资流通、节能和新能源、环保、新制造技术、生物工程、宇宙航空、海洋开发等产业成为国家重点扶持的领域。美国、英国等发达国家也日益重视对新兴产业的扶持，纷纷出台了支持本国新兴产业发展的产业政策。[7] 例如，美国 20 世纪 90 年代开始陆续推出的"先进技术计划"、"制造技术推广计划"等，这些产业政策有效地促进了产业结构的升级和优化。可以说，新旧产业的更替是美欧等发达国家促进经济发展的有效途径，也是日本、韩国、中国台湾等国家和地区实现经济跨越发展的重要源泉。

对我国而言，由于战略性新兴产业研究的理论基础薄弱，导致新兴产业无序发展，地区之间盲目攀比，不顾地区空间特性、经济条件、资源禀赋等经济发展阶段等因素，舍弃优势产业，造成产业结构雷同，重复建设、恶性竞争，导致新的产业结构不合理，带来投资的极大浪费。因此，研究战略性新兴产业的成长规律，探讨其发展模式，具有重大现实与实践意义。

3. 研究意义

从历史上几次经济周期的长波看，通常基本资源和能源的改变、若干标志性新兴产业的兴盛，最终引发全球各国物质资本、人力资本大的流动，形成新的产业结构和增长模式。所以金融危机后新兴产业已经成为各国走向经济复兴的选择和重点，必将改变世界经济的增长轨迹和格局。20 世纪 80 年代中期前，中国一直属于低收入国家行列；其后开始步入中等收入国家之列；经过 10 多年的努力，按照 2011 年世界银行的标准，中国已经成为中上等收入国家，正面临着经济增长放缓、人均收入难以提高的"中等收入陷阱"考验，迫切需要通过提高产业竞争力提高整体国民收入水平。曾经很多国家也面临着"中等收入陷阱"的困扰，即成为中等收入国家后会伴随经济增长乏力、人均收入水平难以提高的现象，这一现象首先于拉美地区出现，继而在一些亚洲国家开始出现。因此经济危机后的经济增长长波给我们带来新的机遇，新兴产业的培育与发展的意义对我国而言尤其特殊。

第一，理论意义。著名管理学家德鲁克（1997）说过，任何产业形成的机制都只能依赖自发的市场机制。显然，一个产业何时产生？由谁创建？在哪里产生？都是不可预知的。但这并不是说，新兴战略产业都是从天而降、偶然形成的。实际上，任何产业的衍生都需要特有的产业生态环境，这个产业生态环境由一系列要素构成和表征；因而，它可以通过人为努力来构建和改善。在以往的产业经济研究中，把新兴战略产业视为已经存在的客体，或认为新兴战略产业是主观意志可以左右的事物，只要想发展就可以发展、能够发展，然而对其衍生及形成规律的研究不够重视。本书以对技术具有高度依赖性、大多在科技革命演变为产业革命过程中衍生的新兴战略产业为研究对象，通过对产业衍生环境的研究揭示其衍生及形成规律，将弥补现有的研究不足并丰富现有新兴技术研究成果，具有重要的理论意义。

第二，实践意义。我国战略性新兴产业从培育到发展历经数年，从中央到地方政府以规划为依托都对新兴产业，投入了广泛深入的关注，并出台了数不胜数的产业政策，希冀以科技自主创新支撑和引领国民经济持续健康稳定发展，强调把握新兴科技和产业革命机遇，大力发展新兴战略产业，实现我国经济结构的优化和国民经济整体素质的提升。但由于历史和现实的多方面原因，以往我们习惯于以计划手段谋划和推动产业发展，缺乏对产业衍生的生态环境、基本条件及成长规律的研究，往往是人为地选择发展什么、怎样发展，致使在实践中存在诸多问题，也丧失了很多机遇。目前，国家有关部门正在制订新兴战略产业发展规划。深刻揭示新兴战略产业衍生的生态环境、基本条件及成长规律，对我国新兴战略产业发展规划能够提供有效支撑，也对我国把握新兴科技和产业革命机遇具有重大现实意义。

然而，从历史上来看，我国对于发展新兴产业缺乏经验。对于如何把握新兴产业带来的机遇，确定新兴产业的技术方向和发展方向，对新兴产业实施科学合理的布局以及政府在新兴产业发展的角色尚无套路可循，进而有必要研究和借鉴国外新兴产业发展的成功之处。这对于我国发展新兴产业，加快产业结构的升级和经济结构转变具有重要意义。

4. 研究内容与结构

本书最开始为导论,主要提出本书的选题背景、研究意义,引出研究的内容、主要创新与结构安排。

第1章对战略性新兴产业进行文献综述,对产业选择理论和战略性新兴产业相关理论研究前沿进行梳理和述评,对当前国内外研究关注的焦点、研究方法和研究所面临的挑战进行总结与评述,为本书在研究中把握战略性新兴产业的形成、演变和发展机理提供依据。

第2章是整个研究的理论框架,即以演化经济学为基础,将新兴产业分为衍生、成长与成熟阶段,并将演进的环境分解为技术、市场与资源,总结新兴产业技术密集性特征,分析了演进中的产品设计、主导设计与标准设计阶段,认为技术、市场的协同演进关系随着新兴产业的不断成长而演变发展,其发展过程中对技术的认知、对市场的认知以及对制度的认知处于不断的提高之中。随后从技术认知、社会组织制度和经济能力三个维度分析了新兴产业演进的支撑背景。本章的最后,以上海市新兴产业中1198家企业的相关数据为基础,通过建立混合面板数据模型和计量回归分析,研究了区域创新环境、研发投入和企业绩效之间的关系,用上海市调研数据对环境与产业创新效率间关系进行了实证研究,发现在特定的区域环境下,高新技术企业的研发强度与企业的业绩呈正相关,其中研发支出占销售收入的占比每提高1个百分点,销售净利率将提升0.1个百分比;区域环境因素对创新过程的作用是双面的,不同的区域环境创新因素对研发和绩效的影响不同,同一区域环境创新因素对创新的不同环节也存在差异。

第3章基于微观层面对新兴产业两阶段创新驱动效应进行了研究。从我国新兴产业创新产出表现来看,专利产出增长迅猛,而创新收益增长缓慢,甚至下滑,呈现出明显的两阶段异质性,因此有必要从两阶段研究视角探讨企业创新效率的不同特征。本章在随机前沿(SFA)框架下和在企业微观层面上,将创新效率分为研发效率和转化效率,讨论造成高新企业效率差距的主要原因。从2009~2011年2119家新兴产业企业的200多项指标中,选取了包括所有制、行业、规模、"产学研"、贸易、财务、区位等20余项最主要的影响因素，期望能从微观层面加深对新兴产业创新效率的理解。本章采用随机前沿分析（SFA）方法，将新兴产业创新过程分成研究开发阶段和成果转化阶段，讨论造成不同新兴产业效率差距的主要原因。研究发现，不同类型的新兴产业应采取不同的策略和激励措施，提升创新效率水平。对于各类企业，在有条件的前提下，都应加强"产学研"联系、努力获取政府资金资助、加强技术改造和扩大产值规模以提升创新两阶段效率。对于高研发低转化效率的企业和行业，还要特别着力于增加出口、减少进口、加强技术引进，努力提高转化效率。而对于低研发高转化的企业和行业，则还要特别考虑银行贷款、进口策略和扩大人员规模以促进研发效率的提升。

第4章基于宏观层面分析根植于我国人口众多、新兴产业相对于发达国家具有的特殊性，分析了我国新兴产业的成长机理，认为新兴产业自主创新能力的形成绝不意味着只是国产化率的提高，也不意味着仅沿着旧有的技术轨道不断引进新技术，而是要有自己的系统整合能力和控制价值链的能力，只有在这些能力形成之后才会有持续的自主创新。然而中国作为发展中国家，这方面的能力较一些发达国家还有较大差距，在这种背景下就需要借助我国有着巨大国内市场需求的特点，并结合市场经济的特点，形成我国新兴产业的核心竞争优势，即利用本土市场驱动产业创新，为我国的新兴产业的发展提供不竭的动力。

第5章各国政府之所以从中央到地方对新兴产业都倍加关注，并制定了相关的应对战略，其中一个关键原因在于新兴产业对经济持续增长的引领与支撑作用，因而给予财政金融等各方面的支持政策，但哪些产业可能成长为主导产业，哪些产业更应该获取支持资源？在产业演进的成熟阶段，如何确立关联性强的、对其他产业有引领作用的主导产业？本章对新兴产业演进的最终目的——如何成长为主导产业进行了研究，以制造业为例，在制造业中厘清与识别那些真正处于"高端"的装备制造业，从而研究并把握其成长规律，并以此为依据创造资源和政策环境条件，推动该产业的良性快速成长。

第6章以医疗器械产业为例分析新兴产业中的颠覆性创新，颠覆性创新理论的研究主要是着重企业管理的视角和理论自身的完善。本章首先分析了基于颠覆性创新的上海市医疗产业的成长机制，从颠覆性创新与产业成长机理可以看出，颠覆性创新摆脱了现有的技术轨迹，开辟了新的技术路径。而且通过实证分析，中国医疗器械行业实现颠覆性成长的外部条件完全具备、机会窗口完全打开。本章的最后分析了爱尔兰医疗器械产业发展和微创医疗器械有限公司自主创新两个医疗产业培育的实例。

　　第 7 章是以新能源汽车产业为例研究新兴产业商业模式创新。商业模式伴随产业发展的各个阶段，对新能源汽车产业商业模式创新的研究对促进此产业的成长无疑有着重要的意义。但是由于新能源汽车产业价值链相比于其他新兴产业较长，而且新能源汽车产业已经具备了一定的发展基础，所以商业模式创新势在必行，但是需要对创新的商业模式进行有效性分析。最后对比亚迪汽车公司的商业模式创新路径进行了分析。

　　第 8 章结合前面理论框架与实证分析，结合不同国家促进新兴产业成长的历程，从政府和企业两个视角对新兴产业成长的不同阶段提出本书的观点。报告的创新点在于，首先深化和完善战略性新兴产业的基础理论研究。当前关于战略性新兴产业的研究主要集中在应用研究，理论研究尚未形成规范的分析范式。本书力求在探究战略性新兴产业内涵的基础上，系统分析此产业的本质特征及评价方法，并创造性地提出母国市场对新兴主业形成与发展的作用及效用评价。其次，对现状的分析没有停留在目前普遍的对新兴产业同质化的分析基础上，而是将新兴产业看成是异质化的，不同产业具有不同的特征，因此也适用于不同的政策体系。这一观点通过采用创新性研究方法采用随机前沿分析（SFA）方法，在大量数据调研的基础上，将新兴产业创新过程分成研究开发阶段和成果转化阶段，讨论造成不同新兴产业效率差距的主要原因，将目前新兴产业的实证研究进一步细化。最后，对政策的分析，采用从政府和企业两个视角，对新兴产业的不同演进阶段，从技术、市场、资源不同方面，给出立体性政策体系，系统性地对新兴产业政策进行探讨。这一点也有助于改进目前产业政策不分行业、不分阶段致使效率不高的现状。

　　当然，本书的研究还存在诸多不足之处。产业理论与产业政策研究浩如烟海，国内相关研究尤其如是，特别是在 2008 年国际金融危机之后，2009 年我国中央政府国务院开始强烈关注新兴产业发展，并推出了一系列的新兴产业推进计划，此后各地方政府配套跟进，各自制定了自己的新兴产业规划。这些研究在一定程度上指导、促进了部分地区产业的快速成长，但也存在由于未能清楚认识新兴产业的内在规律，导致一些条件还未成熟的产业仓促上马，再加上政府的介入使得企业短期内获得大量资源，最后却由于与市场规律不符而草草收场，造成巨大损失。本书在研究的过程中希望探索新兴产业的自然与社会规律，从演化经济学角度分成若干阶段进行分析，对我国失败的具体案例未能对其根源展开针对性分析，因此可以说还处于整体的理论研究阶段，对不同区域现实产业的政策指导性还有待具体分析。

在未来的研究中，本书希望在理论研究的基础上，对不同地区的新兴产业进行更多的走访和调研，对目前我国区域新兴产业布局同质化弊端进行分析，对我国新一轮城镇化进程中新兴产业的角色进行分析，以期对我国的战略性新兴产业的成长研究从理论和实证上做出一定的贡献。

本章参考文献

［1］Romer. P. , Increasing returns and long-run growth, Journal of Political Economy, 1986, 94, 1002－1037.

［2］Romer, P. , Endogenous technological change. J. Polit. Econ. 1990, 98, S71－S102.

［3］Aghion and Howitt （1998）: *ENDOGENOUS GROWTH THEORY*, *MIT PRESS*.

［4］张国胜，技术变革、范式转换与战略性新兴产业发展：一个演化经济学视角的研究，产业经济研究，2012.6.

［5］James Utterback, Fernando Suarez, "innovation, competition, and industry structure", Research Policy, Vol. 22, No. 1, 1993, pp. 1－21.

［6］Michael Tushman, Philip Anderson, Charles O'Reilly, Managing Strategic Innovation and Change: A Collection of Readings, New York: Oxford University Press, 1997, pp. 1－23.

［7］林学军. 战略性新兴产业的发展与形成模式研究 ［J］. 中国软科学，2012，2: 26－34.

第 1 章

文献综述

国外学者在 17 世纪、18 世纪就开始对新兴产业进行了研究，其间以威廉·配第、亚当·斯密等古典经济学家为代表。古典经济学家之父亚当·斯密在其经典著作《国富论》中提出了市场分工理论，这被认为是新兴产业的起源。他认为，分工起因于交换能力，分工的程度总要受到交换能力大小的限制，换言之，要受到市场广狭的限制[1]。

到了 20 世纪 50 年代中期，美国麻省理工学院教授索洛从生产要素（如劳动、资本等）的角度研究了技术进步对经济增长的贡献。80 年代中期，以罗默和卢卡斯为首的一些经济学家尝试从新的角度来解释经济增长，强调经济增长不是由外部力量而是由经济体系的内部因素决定的，尤其是内生的技术变化。虽然某些技术的突破可能是随机出现的，但技术的整体进步和投入的资源成正比。这两个理论都强调了技术在经济增长中的作用，而新兴产业的一个重要特征就是技术知识密集型，因此，这两大理论为新兴产业的研究提供了理论基础。

近年来，国外学者对新兴产业的研究倾向于微观化，即侧重于关注企业及其个人的生产性行为；与国外学者研究侧重点不同的是，国内学者对新兴产业的研究起步较晚，倾向于从宏观方面对新兴产业进行研究，如政府产业政策对新兴产业的作用机制等。导致这一差异有历史和体制两方面的原因：从历史上看，中国作为一个发展中国家，并无发展新兴产业的先例和实际经验，国家提出了将大力"发展新兴产业"作为未来经济发展的重要任务之一，可以预见的是，政府将在新兴产业发展过程中起主导作用；就经济体制而言，我国目前的市场经济是不完全的市场经济体制，政府在市场中发挥的作用仍是不容小觑的。

1.1
新兴产业概念、特征和形成动因

1.1.1 新兴产业的概念

Van de Ven 和 Garud（1989）认为，新兴产业是指那些处于产业生命周期初期发展阶段中的产业[2]。因而，产业兴起对应于产业生命周期中的一个特定时间区间。这个区间的长短因不同的产业而有所差异，而且其准确的时间界限目前仍有争议。Abrahamson（1994）[3]认为产业成长阶段的开始即标志着其初创阶段的结束，但也有些人认为初创阶段应延伸至成长阶段之后某一点，即被称为成熟或平稳阶段。Klepper 和 Graddy 发现单一产业可能需要少至两年多至五十年乃至更长的时间才能达到平稳阶段，这时一个产业中企业的数量将达到最高点。因而，初创阶段被认为至少包含产业创立之初的开始几年。因此，一个新产业里的企业可以是原有的成员也可以是新加入者，或者两者并存（Khessina and Carroll, 2008[4]; Lange et al., 2009[5]），在许多行业的早期阶段中，这两种类型的企业是普遍存在的，并且新加入企业在数量上普遍多于原有企业。

但是，并非所有的产业都会经历产业生命周期的全部阶段：一些产业可能永远无法到达成熟阶段。在这些兴起的产业中，有些可能潜伏几十年，然而更多的可能是在某一时刻走向衰败。对于这些产业而言，初创阶段可能代表大部分或整个生命周期。近年来，国外学者侧重于研究构成新兴产业的生产制造型企业，这种方法为学术界研究新兴产业开辟了一条捷径。一方面，它使学者们不必过多纠结于如何识别新兴产业这一历史遗留问题上；另一方面，它拓宽了搜集资源和数据的途径，因此受到国内外学者的普遍欢迎并成为国外学者研究新兴产业的一种主要方法。

波特（1997）从新兴产业兴起的驱动力角度认为新兴产业的兴起受某些因素的影响，如技术创新、相对成本变化、新消费需求的出现等，或其他经济及社会方面的变化，这些因素共同作用致使某个新产品或某项新服务得以实现市场化[6]。Forbes 和 Kirsch（2011）认为新兴产业是分析单元和时间区间的集合，分析单元即是产业。产业最普遍的定义即被认为是制造相同或类似产品的厂商的集合。这个定义来源于产业经济学并经常被引用于战略和组织的研究工作中，为了使这一定义在实践中得到应用，战略学者们经常利用厂商和产品的标准产业分类法来确定具体某一产业中厂商参与的数量。然而，近年许多关注产业概念的研究指出了这种占主导地位、以产品为中心的定义的局限性[7]。他们认为产业界限是自然形成的并且不能用客观指标来衡量。其中 Forbes 和 Kirsch 认为，在一定程度上新兴产业产生在标准分类准则的周围或间隙中，因此这些准则在识别和界定新兴产业中具有明显的局限性；而且基于其他定义的产业研究产生了重要的观点。

韩冰、邹婷认为新兴产业是指随着新的科研成果和新兴技术的发明、应用而出现的新的部门或行业[8]。按照这一定义，现在讲的新兴产业主要是指电子、信息、生物，新材料、新能源、海洋、空间等新技术的发展而产生和发展起来的一系列新兴产业部门。一般而言，新兴产业的出现和形成孕育着新的经济增长机会和就业机会，同时将对传统产业构成一定的冲击。这具体还取决于新兴产业出现时所处的领域。

1.1.2 新兴产业的行业特征

新兴产业区别于传统产业，因为新兴产业是新形成的或重新形成的产业，它是由于技术创新、相对成本变化、新的市场消费需求的出现或其他经济和社会变化而形成的产业。新兴产业的基本特征是没有行业规则，所有的规则都必须重新建立。但是新兴产业具有一些共有的行业特征：

- 开始建立时产值比重不大，但生产增长率高；
- 初始成本高但成本急剧下降；
- 多是技术知识密集型产业，科研经费高，职工的科技水平高；
- 发展技术的不确定；
- 产品的附加价值高；
- 对于国民经济现代化具有较强的推进作用和带动作用。

结合新兴产业的行业特征，发展新兴产业具有重要的意义。首先，技术的创新与新兴产业联系在一起，技术创新可以产生新兴产业，发展新兴产业也可以促进技术的创新。伴随着最近二十年间发生的诸多技术革新，信息、生物技术、纳米技术等一系列新兴产业出现了。其次，新兴产业作为社会新的专业生产或专业服务的集合，是社会生产分工发展的最新成果。发展新兴产业可以加快社会分工发展变化的过程，原有产业间分工结构逐步衰退、消亡，新的产业间分工结构逐步形成、发展。最后，新兴产业作为一种新的供给力量，其产品适应了市场需求变动的新趋势，带动国民经济的增长。

1.1.3 新兴产业的形成和发展动因

新兴产业形成和发展的动因，是指新兴产业形成与发展的内在原因。一般而言，新兴产业形成与发展主要有四个动因，即产业分工扩展、深化动因，产业创新和企业创新动因，产业内部专业化分工经济性动因以及需求结构和需求水平变化动因。

1. 产业分工扩展、深化动因

新兴产业作为社会新专业生产或专业服务的集合，是社会生产分工发展的最新成果，其本身的性质符合一定发展阶段产业结构系统整体产出变动的新要求。从一定意义上讲，产业结构是一种产业间的分工结构，其发展变化的过程，就是原有产业间分工结构逐步衰退、消亡，新的产业间分工结构逐步形成、发展的过程。随着经济发展进程的推进，社会化大生产趋于进一步深化和细化，产业间的产出分工和产业内的部门分工也不断演进。这样，新的产业就不断从原有经济体系中独立出来，改变着产业结构系统产出的构成，不断赋予产业结构新的内容。在此过程中，新兴产业通过两种方式形成、成长：一是原有产业的不断分化；二是某种新产品生产或新生产方式的产业化、规模化和普及化。无论通过哪种方式，新兴产业的形成都是社会生产分工深化的结果。可以说，新兴产业的形成与发展，其实质就是产业分工的扩展和深化。

2. 产业创新和企业创新动因

新兴产业作为创新的集聚点，本身具有很高的创新率，能迅速引入产业创新和企业创新。创新是新兴产业形成与发展的重要力量。我们知道，新兴产业的形成与发展过程，是与新产品或新技术的产业化、规模化、普及化的过程交织在一起的。新兴产业的形成与成长不仅包括新产品、新技术的产生、推广、应用，而且还包括与之相应的产业资本的形成与成长。从这点上看，无论是新技术的产生、推广、应用，还是与之相应的产业资本的形成、成长，都离不开产业创新与企业创新。产业创新通过对原有产业技术、分工、组织、管理生产过程的创新而促使新兴产业分离出来。企业创新则通过将各种生产要素进行重新组合的行为，包括产品创新、技术创新、市场创新、管理创新、组织创新而直接引起新兴产业形成，或引起产业创新进而在一定条件下引进新兴产业形成。可见，迅速引入的产业创新和企业创新是新兴产业形成与发展的内在推动力。

3. 产业内部专业化分工经济性动因

新兴产业作为内部专业化分工经济性的载体，其内部十分显著的分工利益，能迅速推动新兴产业的形成、成长与扩张。内部专业化分工经济性是指新兴产业内部各企业之间或企业内部各部门之间进行专业化分工协作而给产业自身带来的经济收益或好处。这种经济收益或好处实际上是存在于新兴产业内部各企业之间、企业内部各部门之间，甚至更小的功能单元之间的网络效应，这种由分工协作而生成的网络效应，从产业内部决定了新兴产业整体生产效率提升的速度和程度、新兴产业繁衍的速度和新兴产业规模扩张的空间大小，从而决定了新兴产业自身的成长性。因此，新兴产业的内部专业化分工经济性是整个新兴产业以及产业内部企业形成、成长和扩张的重要推动力之一。

4. 需求结构和需求水平变动动因

新兴产业作为一种新的供给力量，其产品适应了市场需求变动的新趋势。我们知道，市场需求是社会生产的前提。作为社会生产的部门，任何产业的形成与发展都离不开市场需求的拉动，新兴产业也不例外。一般而言，随着经济发展阶段的演替，社会需求水平和结构是趋于变动的。在一定的发展阶段上，特定的潜在新需求将逐步萌芽、形成和扩大。这种潜在新需求的逐步成长，造成了对新供给力量的强大拉力。在需求拉力的作用下，生产新产品的企业将逐渐出现并发展起来，在一定条件下，这些新企业的群体就可能发展成为新兴产业。

1.2
新 兴 产 业 的 衍 生 逻 辑

战略性新兴产业的衍生逻辑是研究战略性新兴产业发展的基础，衍生逻辑的特殊性决定了战略性新兴产业的性质，也是战略性新兴产业区别于一般产业的根本特性。对新兴产业的成长持进化观点的主要包括产业技术范式理论、产业进化理论、产业创新理论等几个研究流派。

1.2.1 产业技术范式

近百年来，创新被视为企业发展、产业进步、经济增长的重要推动因素，技术创新侧重了新兴产业的萌芽，引发产业革命，给原有产业组织结构带来了创造性破坏，推动技术进步和产业更替。在 Dos（1992）将技术范式引入经济学的研究中来，越来越多的学者关注在产业发展过程中的技术范式。通过技术创新提高生产效率和技术效力，通过技术进步推动产业更替，从而形成新兴产业快速发展的状态和模式。

Abernathy 和 Utterback 从产业内部演化过程角度对产品设计、技术创新和产业组织结构变化之间的关系进行研究，认为技术创新和产业演进之间存在一定的相关性，技术创新在时间积累过程中，加快了产业演化。Abernathy 和 Utterback（1975）[9]以技术创新为产业演进动因，将产业技术范式分为范式前阶段和范式阶段，提出技术创新—产业发展的动态模型，即著名的 A – U 模型，揭示了技术创新和产业发展之间的内在关系，描述了特定技术轨道上的技术创新和产业化趋势的一般过程（见图 1 – 1）。

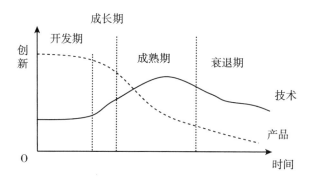

图 1 – 1　A – U 产业演进模型

Foster（1986）进一步将产业升级和演化归因于产业间的技术范式转移，通过对技术绩效与创新长波积累的变化关系的"S"型曲线，提出任何技术都具有"自然极限"，在技术研发创新过程初期，技术的绩效处于较低水平，但随着创新投入不断积累和技术应用逐渐广泛，技术的绩效水平增长显著，逐渐靠近"自然极限"，当新的技术创新出现后，原有技术绩效则受到负面影响，逐渐减小，引发了新的技术创新—产业增长轨迹，新的替代技术则逐步实现了产业化。

基于新兴产业的特性，我们将新兴产业演进过程的技术范式转移分为三个阶段：衍生期、成长期、稳定期。在衍生期，新企业不断加入，一些企业逐渐实现持论原始，传统产业绩效受到影响，但原有技术范式依然在市场中占据主导地位，并可能会除非新兴技术的产业化过程；在成长期，新的技术创新通过普化形成了新的商业环境，原有产业逐渐衰退，传统技术范式开始破裂，新的技术范式加速扩张，促成了技术范式的转移，战略性新兴技术产业逐渐占有市场优势；在成熟期，伴随技术创新的产业化和市场化不断扩张，技术创新引发高利润回报，吸引更多企业进入市场，形成了较为稳定的技术范式和市场结构。于是颠覆性地改变了市场结构和产业竞争关系，导致传统产业逐渐被新兴产业替代（Christensen，2004）（见图1-2）。

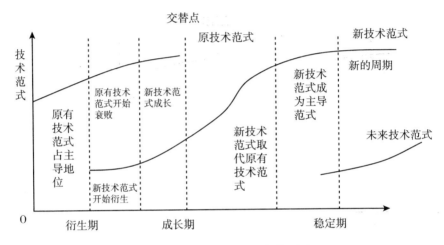

图1-2　技术范式的交替过程

发达国家的产业发展是一种演进渐变的过程。传统农业的主导地位被近代工业取代后，在工业内部，一般表现为从纺织工业、食品工业转向重化工业再转向汽车工业、电子工业，继而转向当代以计算机软件为核心的产业群体，而资源密集型和劳动密集型产业转向资本密集型产业进而再转向技术（知识）密集型产业。显而易见，发达国家新兴产业出现在传统产业发展成熟时期，新兴产业的成长壮大，伴随着传统产业的衰退转化。

以美国产业的发展为例，美国的产业演进大体上经历了三大阶段。第一阶段（1840~1910年），主要是农业发挥着主导产业的支配作用，同时，美国农业作为支柱产业引发和带动了一系列制造业部门的产生和发展，如汽车工业、钢铁工业的产生和发展；第二阶段（1911~1970年），主要是制造业发挥着主导产业的支配作用，这一时期，美国的"三大支柱产业"（汽车、钢铁、建筑）担当了支配美国经济增长的主要角色；第三阶段（1980年以后），美国的高科技产业发挥了越来越重要的作用，尤其是在克林顿时期，美国推行信息高速公路的发展战略，把某些生产性企业转移到国外，使其经济得到了快速发展。

日本的产业演进，是一个典型的劳动密集—资本密集—技术密集—知识密集的发展过程[10]。在工业化初期，日本重点发展纺织、食品、钢铁、电力等劳动密集型产业；进入工业化中期后，日本又及时将造船、石油化工、汽车、家用电器、机械制造等资本与劳动密集型产业作为重点扶持产业；石油危机后，日本减少了对能耗高、污染大产业的扶持，转而发展计算机、电子、新材料、新能源等技术密集型产业；进入21世纪以后，日本加大了对一系列新兴产业的发展，信息通信、物资流通、节能和新能源开发、环保、新制造技术、生物工程、宇宙航空、海洋开发等知识密集型产业成为国家重点扶持的领域。

1.2.2　产业进化

以Porter为首的西方学者认为新兴产业的孕育是传统产业进化升级的过程，Porter（1998）[11]指出新兴产业出现是由于技术升级、相对成本关系发生变化、新的消费需求产生或其他经济及社会因素的变化引发传统产业升级，推动某种更好的产品或更完善的服务得以产业化和市场化。Lee和Kim（2001）[12]以韩国20世纪的发展经验分析了高新技术产业的演化路径，提出传统产业在引入新兴技术后，引发了产品价值链的延伸，获得了更高的市场价值，同时缩短了与发达地区产业发展水平的差距，形成了具有技术根基和自主优势的技术型新兴产业。Garud和Karne（2003）[13]认为新兴产业是指市场自发促进了新技术的诞生和产业化，以及原有产业衍化升级，或满足新的市场需求而形成了新的服务，新兴产业具有内生性、自主性和技术性的特点，新兴产业在发展过程中引发市场结构变化和企业竞争，逐渐演变为自主创新能力较强的主导产业。

1.2.3 创新是新兴产业衍生的根源

新兴产业发展的关键是掌握核心技术，根本性的创新是战略性新兴产业重要的技术经济特征，新兴产业的衍生与成长本质上就是新技术产业化的过程，只不过这里强调或关注的不仅仅是技术本身的形成过程，更涉及周围政策环境、资本、市场等诸多要素共同演化的动态过程。

1. 经济衰退孕育新兴产业的"机会窗口"

经济衰退孕育新兴产业的"机会窗口"，"机会窗口"的开启有两种方式并具有时限性，抢先进入是引领新兴产业发展的关键所在。20世纪70～80年代的美国，传统工业如化工、汽车行业对经济支撑乏力，由于缺乏新的经济增长点，美国经济陷入"滞涨"。90年代，克林顿政府开始实施"网络新政"和"信息高速公路计划"，大力发展网络技术和信息产业，1991～1999年美国年均实际GDP增长率为3.2%。与之形成对比的是，作为世界第二大经济体的日本，由于政府产业政策的失误，没有抓住产业转型的"机会窗口"，资金大量流向了传统产业和房地产、资本市场，导致经济长期陷于停滞，1991～1999年日本GDP年平均增长率仅为1.3%。从历史上看，经济衰退往往孕育着发展新兴产业的"机会窗口"，可以为一个国家带来巨大的战略机遇[14]。

研究发现，"机会窗口"的开启主要有两种方式：一是由技术断裂造成的。当旧技术不能满足社会需求时出现技术中断。段小华和刘峰（2009）[15]认为，技术轨迹需要历经"技术断层—技术酝酿—主导标准"几个阶段的演化，这一过程是进入新兴产业的最佳时期，即"机会窗口"开启时期。如前面提到的美国在汽车工业发展遇到"瓶颈"之后，技术中断，经济发展放缓，克林顿政府看到了传统工业技术断裂开启的"机会窗口"，引导产业向知识和技术密集型的IT信息产业偏移。二是由新技术的平行性造成的。新技术产生之后，往往会沿不同的技术轨迹进化。例如，在宽带领域，有线网和无线技术是平行的；在CPU制造方面，AMD公司有别于INTEL，采取了不同的核心架构模式，其技术也是平行的。这种新技术的平行性由于没有技术壁垒，使其成为进入新兴产业的又一种方式。Witeriongs 和 Boschma（2002）[16]认为，新兴产业产生之初在空间上是随机的，如信息产业的兴起既可能发生在美国，也可能发生在日本。但是，当先进入窗口的国家或地区在确立了新兴产业的技术标准之后，机会窗口就会关闭，产生进入壁垒。美国在实施信息高速公路计划以后，信息网络技术趋于成熟，一大批信息电子产业巨头如微软、雅虎、谷歌、Intel、思科成长起来，基本垄断了网络和信息领域的技术和市场，其他国家想在此领域赶超将困难重重。之后由于先进入国家或地区在地缘、经济、技术方面领先的原因，产业便自然地向此国家或地区集中，随机性消失，世界新兴产业的发展便以这个国家或地区为核心，向四周扩散，这个地区成为引领世界经济发展的"火车头"。美国在 NII 实施之后，继续引领世界经济发展，便是很好的例证。故而能否把握新兴产业"机会窗口"开启的机遇，抢先进入，将会对国家经济社会发展产生深远影响。

2. 需求和市场决定了新兴产业的发展方向和技术方向

新能源是奥巴马政府科技新政的核心所在，国务院发展研究中心的李国强在《奥巴马科技新政孕育 21 世纪新兴产业》中提到，奥巴马政府拟将新能源产业打造成为一个总产值达二三十万亿美元的大产业，世界其他发达国家也纷纷加大对新能源方向的投资并从政策上予以大力支持，前所未有的重视主要源于社会发展对能源需求巨大在短期内不会改变的趋势研判。一方面，不足世界 15% 的发达国家消耗着世界 60% 以上的能源和 50% 以上的矿产资源（陈宝明、李春景，2009）[17]，而中国、印度、巴西等发展中国家正在完成后工业化的建设，其对能源的需求量巨大。另一方面，不可再生资源面临枯竭，国际能源价格在长期看来会逐渐攀升，传统能源消耗造成的全球变暖，"其威胁同核战争一样危险"。自身的战略需要和市场利益驱动着各国开发绿色新能源，决定了新能源将是新兴产业的重中之重。

从新兴产业技术进化的途径看，不同的市场需求会导致新兴产业技术发展侧重点不同，进而衍生出不同的技术发展路径。Funk 撰文提到，在移动互联网发展初期，欧美国家将这一产业定位于高端商务人士，市场需求以商务应用为主，更偏重安全性和邮件收发等功能。而日、韩则将其定位于大众消费，市场需求以娱乐为主。不同的发展方向导致了两者发展模式的不同，欧美国家注重商务应用的便利，而日、韩则更注重界面的娱乐功能，从而带动了 JAVA、音质、蓝牙等技术的发展[18]。

3. 产业聚集是新兴产业走向成熟不可缺少的环节

合理的产业空间布局是新兴产业发展的有效载体，新兴产业的发展不仅需要自身的发展，还需要一系列配套产业和政府政策的支持：从相关行业的发展到税收、投资、服务等多方面予以优惠；需要新兴产业有效集中，从而实现新兴产业在地理、资金、人力资本等方面的群集，形成产业簇群，这是当今世界很多国家和地区扶持新兴产业发展的普遍做法。同时，产业集聚也便于政府的集中管理，形成集群效应。例如，美国在发展以信息产业为主的新兴产业的过程中，围绕科研院所形成了硅谷这样的产业集群，有效缩短了技术溢出的空间距离，为科技成果的转化提供了便利；主要企业的集聚也吸引大量生产性服务业向硅谷集中，为新兴产业发展提供了良好的配套服务。日本则通过吸引大量的新兴产业和大学、科研机构入驻相关地区，形成了"产、学、住"三位一体的技术密集型城市群。这种形式扩大了产业聚集范围，是工业园区形式的进一步拓展。另外，德国、法国等发达国家，也通过产业园区等空间聚集形式，帮助新兴产业成长。这些国家的经验，本质上就是依托工业园区这种形式，在便于政府的管理和扶持的同时也聚集大量的社会科研力量和高新技术企业，利用集群效应，加速新兴产业的发展。日本在工业化中期，有针对性地选择汽车、机械、电子等技术含量高的产业加以扶持，并积极促进产业链的延伸，带动了钢铁、石油、公路交通等事业的发展。美国信息产业的发展则带动了精密仪器、微电子、光电子以及传统化工行业的发展。只有加强产业链的延伸，新兴产业才能获得持久的生命力。

1.3

新兴产业的分析单元与方法

新兴产业本身是一个分析单元和时间间隔的交集，这个分析单元就是一个产业（Danel P. Forbes，David A. Kirsch，2011）。产业的定义多种多样，即便是目前在学术界占主导地位的"以产品为中心的定义"和"基于标准产业分类的定义"都有局限性。

1.3.1 新兴产业分析单元

构成一个新兴产业的企业可以是原有成员或者是新加入者，但是所有的这些企业的所有制性质是否会影响新兴产业的发展——这也是国外学者所关注的。Dieter Ernst 和 Barry Naughton（2005）[19]从 IT 产业的视角分析了中国的新兴产业经济状况，并认为中国的新兴产业经济是一个三级结构：第一级由大型国有企业组成，具有一定程度的自然垄断或者市场力量并在国民经济部门中占据主导地位；第二级由竞争市场中的中型企业组成，它们可能来源于国有部门，也可能来自外国投资，但更多的可能是国内个人所创立发展起来的；第三级是一些经历了蜕变的小规模企业，这些企业与外界的联系程度不强，绝大多数可能都是完全的私有制企业。第二级被认为是中国产业中最有活力的一部分企业（Ernst，2007），它们没有国有企业固有的优势并处于完全竞争的市场环境中，外部的压力使它们有动力通过创新和加强管理能力来获得市场竞争优势，这是它们生存的根本（Russo，2003）[20]。因此，它们最有可能成为新兴产业的主要缔造者，这也与事实相符。

不仅如此，新兴产业自身内部的因素组织认同也可能影响新产业的形成。Stewart R. Clegg，Carl Rhodes 和 Martin Kornberger（2007）[21]探讨了澳大利亚的商务教练产业中组织认同的形成过程，并认为其形成是产业中时间差异①和空间差异②共同作用的结果。产业形成过程中其组织成员往往会对组织认同达成一种共识，正是这种认同感使产业不断成长壮大。

目前国外学者对于新兴产业的研究关注的焦点莫过于构成新兴产业的细小单元——企业。不确定性是新兴产业中的企业面临的共同难题。这种不确定性给企业带来双重影响——在面对巨大风险的同时也给企业创造了前所未有的机会。首先，对企业而言开创一项全新的商业领域极具风险，特别是这种商业领域没有任何先例。在新兴产业形成的初期阶段，企业将面临众多的挑战，主要包括缺乏相应的认知能力以及在社会和政治上的双重合法性。一方面，企业家作为公司核心成员，可能由于认知能力有限而无法充分认识到这项全新的商业计划；除此之外，已经建立起来的商业规则也许已经不再适用，但并非每个企业都有决心和魄力打破旧规则。另一方面，新兴产业的外部压力也可能使企业的成长过程困难重重，众多的因素将会影响到一个产业的发展，如当前经济状态、市场未来需求、相关产业竞争格局、产业规则、政府未来政策走向、工人的技术水平等，而这些对于新兴产业都具有不确定性。然而一旦有一个或者是部分企业经受住重重考验而确立了在这个产业中的地位，那么这个产业的技术标准和行业准则也将随之确立，其他的企业想要在这个产业赶超，将困难重重，这部分企业便成为引领此产业发展的"领头羊"。

综上所述，国外学者对新兴产业的研究倾向于产业层面的微观化。这体现在以下几个方面：在研究对象上，国外学者普遍以产业中的最细小单元——企业为研究主体，重点研究其所处的市场环境以及与同一产业中不同企业之间的相互关系如何影响企业行为和发展战略；在研究方法上，侧重于在技术层面对生产制造型企业进行单一产业的理论分析。虽然这种基于企业的技术层面研究方式在新兴产业研究上是一次巨大的飞跃并且取得了重要的成果，尤其是克服了新兴产业难以界定的难题，但是随着研究的深入，其弊端也逐步显现出来。

首先，这种过多地关注企业而忽视了将产业作为一个整体的研究方法

---

① 一种稳定认同感伴随时间而变化。

② 通过查找相对于其他公司相同的或者是不同的组织认同。

无法研究"战略集团的形成"。事实上,新兴产业中的"战略集团"这一问题已经提出来将近 20 年了,但是很少有研究在实证上解决了这一问题(Lant and Phelps,1999[22];Mehra and Floyd,1998[23])。其次,它没有考虑到产业中的企业的来源和所有制性质,后来的研究陆续表明,原有企业、新加入企业以及所有制企业对于新兴产业的发展都具有显著影响。美国明尼苏达大学学者 Daniel P. Forbes 提出了一种全新的研究方式,即在研究方式上更侧重于那些记录个人和组织行为者活动的资料并阐述了关注新兴产业整体产业层面研究的必要性,这并非对主流研究方式的否定,而是一次补充和完善。这一观点与演化经济学观点不谋而合,也是本书所采用的研究方法。

1.3.2 新兴产业研究的学科基础

现代国内外学者对于新兴产业成长和培育的研究主要集中在关于政府的作用的影响因素上。在分析政府在新兴产业发展中的角色时,国外与国内理论出现了明显的分歧。一方面,国外的学者认为政府在新兴产业的发展中作用轻微,新兴产业的发展更多的是依靠市场竞争;另一方面,国内学者则认为政府在新兴产业的发展中是直接干预者。两种截然不同的观点主要是由于我国的特殊的经济体制决定的,我国还没有完全实现市场经济体制,政府在企业的发展中的作用还是重大的。我国在发展新兴产业的过程中应该逐渐完善市场经济体制,使企业完全参与到市场的竞争中去,只有这样,我国的新兴产业才能在世界经济中占有一席之地。

自 20 世纪 70 年代以来,以 North 为代表的新制度经济学家就制度创新的问题展开了深入的研究,认为对经济增长起决定性作用的不是技术创新而是制度创新。制度创新是指制度的创立、变更及随着时间变化而被打破的方式。在对技术创新与制度创新之间的相互关系问题上,传统上存在着两种截然相反的观点:一种观点认为制度创新依赖于技术创新;另一种观点则认为技术创新依赖于制度创新。段云龙(2009)[24]对技术创新与制度创新互动关系理论的研究做了比较系统的总结,建议今后研究的重点应该集中于制度创新对技术创新的影响，这可以从制度结构影响企业技术创新实现角度进行分析。

例如，新西兰学者 Toby Harfield（1999）[25]研究了新兴产业对于追求利益的竞争和行业间合作关系的处理，并说明在新兴产业出现的过程中，相对于政府的鼓励措施，市场竞争对于新兴产业的发展更为必要。美国学者 Nicole Pohl（2005）[26]探讨了日本产业振兴合作组织（IRCJ）作为政府调控市场的一个半公开组织的目标以及与市场的关系，分析了产业振兴合作组织由于功能不是很明确，在产业的扩大再生产方面不能达到预期目的，此组织的目标只是提供一个区域性的安全网络。

除了创新理论日益强调制度的作用外，战略理论也将制度的作用放在越来越重要的位置上。彭维刚（2009）[27]认为，基于制度的战略理论可以与基于产业的战略理论和基于资源的战略理论并驾齐驱，制度不再是一个企业战略分析时的背景条件，而是直接决定企业战略和绩效的一个重要方面。孙卫等（2008）[28]对基于制度的战略理论的发展路径做了简明的概括，即"认识制度的重要性"是基于制度的战略理论产生的基础，"探究制度对企业战略决策的影响"是基于制度的战略理论发展的关键阶段。他们认为，未来的研究将主要侧重于阐明"制度对企业战略作用的内在机制"。

1.3.3 新兴产业衍生研究的主要理论来源：演化经济学流派

现代演化经济学的代表者 Nelson 和 Winter 认为，产业组织演化不是新古典所描述的"理性选择"决定，而是沿着惯例进行（理查德·R·纳尔逊，1997）[29]。企业技术创新不是"市场自然选择"或者"理性选择"的活动，而是体现为学习惯例特征，是一种搜寻技术的惯例，这种惯例行为体现在企业研发活动中，并随着从研发活动到新产品生产的过程。这一过程是各种构成要素与部门互动的复杂系统，大学、研究机构、军队、金融部门都被证实对技术创新具有推动作用。技术创新对产业组织演化的作用表现在信息的保留与传递、提供产业内主体的多样性以及在多样性之间进行选择。

产业创新是由单个企业或多个联合企业的技术、产品和市场的创新，或它们的组合创新扩散成整个产业的共同创新过程。特定层次结构的技术与制度是构成产业创新体系的两个关键因素，也是产业系统深化的根本推动力。技术创新提供了制度创新和产业激进式变迁的根本诱因和动力。技术创新能给企业提供新的进入产业机会，提高创新企业的竞争优势和获得能力，也可能导致未成功进行技术创新的企业不适应市场需求变化而被淘汰出局。[30]

在分析框架上，演化经济学采纳了达尔文主义的具有非均衡特征的"变异—选择—遗传"的深化分析框架，并结合人类经济活动特性，将其发展为"多样性创新（变异）—多样性减少（市场选择）—多样性重新稳定（遗传）"的演化过程分析。演化经济学认为，经济增长依赖于创新和选择两种动力机制。创新由追求满意利润的经济行为者所发动，它提供了经济变化的新路径，而选择过程使多样性不断减少，市场和其他经济制度是现代经济最重要的选择机制。经济增长过程，就是创新和选择不断相互作用的过程，其中个体学习、组织适应和环境选择同时存在。

共同演化理论是现代演化经济学的理论前沿，是现代演化经济学的重要进展之一。在达尔文选择理论的基本框架下，从单一层级的演化理论扩展到多个层级的共同演化理论。共同演化具有互为因果关系、多层级和嵌入性、复杂系统、正反馈效应和路径依赖等特征。近些年来，许多学者逐渐意识到，组织与其所处的环境是处于共同演化中的。如果仅仅将组织视为对环境的简单适应，而不考虑环境组织行为变化间的因果关系，就很难正确理解组织的行为和绩效[31]。

培利坎（Pelikan，2003）[32]描述了技术和制度的共同演化机制。他认为，技术变迁对制度的影响主要通过以下两个途径：一是有效利用新的生产方法或新的技术产品需要一个新制度来协调和提高成员间的新技能，这是一种典型的技术驱动型的制度创新模式；二是新技术可能会降低制度的实施成本，使原先无法实施或者实施成本过大的制度得以实施，这是一种成本驱动型的制度创新模式。同样地，制度变迁也会对技术产生影响。培利坎（Pelikan）认为，主要有四种影响：一是组织的自由程度将影响各种可能的技术创新；二是制度会对技术创新产生激励；三是制度会对旧技术的粘性程度或消亡速度产生影响，会影响技术的创新和扩散速度；四是制度会影响技术选择的正确性。例如，某种好制度可能会引起有益的技术创新，反之，坏制度可能会引起有害的技术创新。

列文（Lewin）和瓦兆达（Volberda）认为，组织与其环境的共同演化分析包括以下一些内容：一是运用纵向的时间序列来分析组织的适应性变化；二是将组织的适应特征置于一个更为广阔的背景和社会环境中；三是明确考虑到组织微观演化和环境宏观演化的多向因果关系；四是考虑到组织的复杂性特征；五是路径依赖不仅在企业层面制约企业的发展，也作用于产业层面；六是考虑到制度系统不同层面的变化，并且企业和产业是内嵌于这些制度系统中；七是考虑到经济、社会和政治等宏观变量随时间的变化，以及这些变化对于微观演化和宏观演化的结构性影响[33]。

默尔曼尼（Murmann，2003）[34]将技术和制度的共同演化思想纳入产业动态分析中。通过对1850～1914年英国、德国、法国、瑞典和美国等五国合成染料产业的比较研究，默尔曼尼探讨了国家产业、技术（新的合成燃料技术）和制度（教育体系、培训体系、市场体系、工业研究实验室）等的共同演化过程，阐述了在不同国家背景下产业演化模式的差异，并且揭示了德国合成染料取得领先地位的两个重要因素：一是德国的国家、产业和市场等对技术创新具有很强的推动力。由于大学中的化学家是合成染料技术创新的关键性投入，一个国家的大学教育和培训制度会对技术创新产生较大的影响。在德国兴起的产业研究实验室模式能够较好地协调化学家为企业雇主工作，是一种良好的产学研联合制度。此外，德国成熟和规范的市场制度能够很好地将化学家供给和企业雇用需求、合成染料生产者和使用者等联系起来。二是技术的进步又会进一步推动制度创新。采取新技术的企业一旦获得较高的利润，就有激励推动上述制度的进一步创新，而制度创新也会继续推动技术创新。默尔曼尼认为，技术和制度的共同演化主要是通过企业群体和国家大学群体的互动来推动的。这种互动是通过三个反馈机制来实现:一是员工的交换,即大学向企业提供化学家,企业员工接受大学培训;二是建立商业关系,即"产学研"的合作模式;三是形成政治力量代表社会利益进行游说。例如,企业群体形成的国家产业联合会和国家大学群体都有激励从事政治游说,促使政府增加对大学化学家培养的资金投入。国家投入的增加使德国化学家的供给量增加,从而减少了德国企业雇用化学家的价格,增强了企业的竞争力。

可见,共同演化理论越来越重视个体认知、技术与制度的共同演化。这方面研究的主要思路大致可以概括为:一是个体认知或偏好内嵌于各种制度结构之中,所谓的个体理性是既定制度结构下的理性(黄凯南等,2008)[35];二是技术创新也内嵌于各种制度结构之中,技术创新的速度和特征受到支撑它的制度结构的影响,同样地,制度创新也强烈地以新技术的经济体系中是否和怎样被接受为条件(Nelson and Sampat,2001)[36];三是如果个体通过认知能力能够促使技术创新和制度创新,而后两者也会进一步改变个体的认知或偏好,促使三者的共同演化,从而导致产业结构的变迁和经济增长(Lipsey,R. G,2008)[37],如果技术和制度进入共同锁定,个体的认知也可能被锁定,从而导致经济发展锁定在特定的路径中;四是个体认知、技术和制度的共同演化过程是一个复杂的内生过程,在此过程中(Foxon,2007)[38],个体偏好、技术和制度的演化都可以得到内生解释(Witt,2006)[39]。

1.3.4 新兴产业研究面临的挑战

1. 理论研究上的挑战

新产业的兴起是一种重要的现象,但相对容易被忽略。很少有学者研究新兴产业,造成这种现象的原因有实证和理论两个方面:在实证方面,新兴产业很难研究,一方面,因为缺少判别新兴产业的标准,结果使在新兴产业成熟之前,很难确定哪些产业是新兴产业;另一方面,很多新兴产业就此衰败,找到并研究这些衰败的产业更是难上加难。而且随着时间的推移，对于一些在实证方面很难进行研究的现象，学者们倾向于不再提出有关理论性的问题。

对一种现象的研究通常受到获取相关资料难易程度的影响。一般而言，当资料相对充足时，学者对某一现象的研究就会更加深入；当资料相对稀缺时，学者们倾向于避免这类问题的研究。这将会导致一个循环的、"鸡生蛋还是蛋生鸡式"的难题：新兴产业的独特性使对其进行实证研究相当困难，这致使学者对产业兴起这种现象提出的相关问题的数量和种类受到限制，而这一限制又使学者在对新兴产业进行实证研究时困难重重。长此以往，很难说这种潜在的难题主要是理论上的还是实证方面的。最终可能两者皆有。

Forbes 和 Kirsch 认为学者应该重点关注新兴产业研究面临的理论上的难题，因为当学者能够对新兴产业这一现象提出更广泛的问题时，他们就有能力在实证方面研究这些产业。因此，他们提出了两点建议：第一，关注其他不同科目的研究能够帮助我们更好地理解新兴产业的理论意义；第二，促进我们在理论方面更好地理解新兴产业不仅依赖我们应用和检验现有理论的能力，更依赖我们发展新理论的能力。

2. 实证研究方面的难题

Forbes 和 Kirsch 在最近的一篇论文中认为，了解新兴产业必须要重视两种类型的理论：一是那些研究在新产业出现的过程中会发生什么的理论；二是那些解释产业出现时如何与此前的某些活动相联系的理论。探索任何一种理论研究都需要那些记载构成行业本身的企业的个人和组织者各种活动的资料。这种数据的收集方法有别于一般产业经济学家和组织生态学家的方法，它们在很大程度上，甚至在某些情况下以独占的方式关注制造类企业本身的活动（e. g. Agarwal and Bayus，2004[40]；Baum and Amburgey，2002[41]）。对制造类企业的研究有助于我们解释那些知之甚少产业兴起现象。

新兴产业的实证研究将挑战学者来充实几个相对不太成熟类别的研究，这反而使学者们需要进一步借助数据源，丰富详细的数据资料对新兴产业的研究尤为重要。对新兴产业的实地研究可以让学者获得有关新兴产业的各种数据，包括通过访谈、调查和直接观察所收集的主数据源。基于这些数据的实地研究对产业兴起的各个方面产生了重要的见解。但有关新兴产业的实地研究仍受到一些重要的限制。例如，学者可以进行实证研究的机会一般只限于实际出现的时期。时间的短暂性以及研究的进度都会让学者难以以一种及时的方式来对新兴产业的研究进行设计、提供资金支持并如实执行。

随着科学技术的进步以及各国相继加大对科研的投入，新兴产业不断涌现。然而，作为一个发展中国家，相对于发达资本主义国家，我国在发展新兴产业方面并无实际经验。对于如何把握发展新兴产业过程中面对的机遇和挑战并无套路可循，因此有必要结合我国特殊的市场经济体制，研究适合我国新兴产业发展的路径。

本章参考文献

［1］亚当·斯密. 国民财富的性质和原因的研究，商务印书馆，2002.

［2］Van de Ven, A. H. & Garud, R.. A framework for understanding the emergence of new industries. In R. S. Rosenbloom & R. Burgelman（Eds.），Research on technologicai innovation management and policy, 1989, vol. 4, 195 – 225, Greenwich, CT: JAI Press.

［3］Abrahamson, E, Fombrum, C. Macrocultures: determinants and consequences. Academy of Management Review, 1994, 19, 728 – 755.

［4］Khessina O, Carroll G. Product demography of De novo and De alio Firms in the Optical Disk Drive Industry, 1983 – 1999［J］. Organization Science, 2008, 19: 25 – 38.

［5］Lange D, Boivie S, Henderson A. The Parenting Paradox: How Multibusiness Diversifiers Endorse Disruptive Technologies While Their Corporate Children Struggle［J］. Academy of Management Journal, 2009. 52: 179 – 198.

［6］Michael Porter, Competitive strategy Techniques for analyzing industries and competitors. The free press, 1980: 158.

［7］Daniel P. Forbes, David A. Kirsch, The study of emerging industries: Recognizing and responding to some central problems, Journal of Business Venturing, 2011, 26.

［8］韩冰，邹婷. 新兴产业发展的文献综述［J］. 新财经，2010, 8: 28 – 29.

［9］Utterback J., Abernathy W. A Dynamic Model of Product and Process Innovation

［J］．Omega，1975（3），639－656．

［10］Nicole Pohl，Industrical Revitalization in japan：the role of the Government Vs the Market，Asian business & management，2005，4．

［11］Porter，M. E. Competitive Strategy：Techniques for Analyzing Industries and Competitors. New York：Free Press，1980．

［12］Lee，K.，Kim，C.. Technological Regimes，Catching-up and Leapfrogging：Findings from the Korean Industries ［J］．Research Policy，2001，30，pp. 459－483．

［13］Garud R.，Karne P..Bricolage versus breakthrough：Distributed and embedded agency in technology entrepreneurship ［J］．Research Policy，2003（32），277－300．

［14］Anet Witeriongs，Ron Boschma. The spatial evolution of the dutch ICT industry ［z］．The 42nd ERSA congress，2002．

［15］段小华，刘峰. 关于政府科技投入支持新兴产业的若干问题探讨 ［R］．中国社会科学技术发展战略研究院调研报告，2009：2－4．

［16］Anet Witeriongs，Ron Boschma. The spatial evolution of the dutch ICT industry ［Z］．The 42nd ERSA congress，2002．

［17］陈宝明，李春景. 金融危机对中国工业化进程的影响与对策 ［R］．中国社会科学技术发展战略研究院调研报告，2009：4－5．

［18］Jeffrel，Funk. The origins of new industry：the case of the mobile internet. Management of Engineering and Technology，2003．

［19］Dieter Ernst and Barry Naughton，China's emerging industrial economy：Insights from the IT industry，Paper prepared for the East-West Center Conference on China's Emerging Capitalist System，2005，10－12．

［20］Russo，M. The emergences of sustainable industries：building on Natural capital. Strategic Management Journal，2003，19，343－355．

［21］Stewart R. Clegg，Carl Rhodes and Martin Kornberger，Desperately seeking legitimacy：organizational identity and emerging industries，Organization studies，2007，28．

［22］Lant，Theresa K.，and Corey Phelps. "Strategic Groups：A situated learning perspective." In A. Miner and P. Anderson （eds.），Population Level Learning and Industry Change—Advances in Strategic Management，1999，16，221－247．

［23］Mehra A. and S. W. Floyd. Product Market Heterogeneity，Resource Imitability，and Strategic Group Formation，Journal of Management，1998，24，511－532．

［24］段云龙. 制度创新与技术创新互动理论评述及研究展望 ［J］．科技管理研究，

2009，(12)：35 - 40.

［25］Toby Harfield. Competition and Cooperation in an Emerging Industry，*Strategic Change*，1999，4，227 - 234.

［26］Nicole Pohl. Industrial Revitalization in Japan：The Role of the Government vs the Market. Asian Business & Management，2005，4，45 - 65.

［27］彭维刚. 战略的制度观［J］. 中欧管理评论，2009，(1)：95 - 99.

［28］孙卫，唐树岚，管晓岩. 基于制度的战略观：战略理论的新发展［J］. 科研管理，2008，29 (2)：15 - 21.

［29］理查德. R. 纳尔逊，悉尼. G. 温特. 经济变迁的演化理论［M］. 北京：商务印书馆，1997.

［30］赵卓. 产业组织演化动力源研究综述［J］. 中国科技论坛，2014. 1.

［31］黄凯南. 现代演化经济学理论研究新进展［J］. 理论学刊，2012. 3.

［32］Pelikan，P. Bringing institutions into evolutionary economics：another view with links to changes in physical and social technologies［J］. Journal of Evolutionary Economics，2003，(13).

［33］Volberda，H. W，Lewin，A. Y. Co-evolutionary Dynamics Within and Between Firms：From Evolution to Co-evolution［J］. Journal of Management Studies，2003，(40).

［34］Murmann，J. P. Knowledge and Competitive Advantage：The Co-evolution of Firms，Technology，and National Institutions［M］. Cambridge：Cambridge University Press，pp. 111 - 120，2003.

［35］黄凯南，程臻宇. 认知理性与个体主义方法论的发展［J］. 经济研究，2008，7.

［36］Nelson，R. R & Sampat，B，Making Sense of Institutions as a Fact or Shaping Economic Performance，Journal of Economic Behavior and Organization，Vol. 44，No. 1，pp. 3，2001.

［37］Lipsey，Economic Growth Related to Mutually Interdependent Institut ions and Technology，Working Paper on the 10th International Workshop on Institutional Economics in University of Hertfordshire，England，17 - 18 June，2008.

［38］Foxon，T. J，Technological Lock-in and the Role of Innovation，Chapter 22 in Handbook of Sustainable Development，G. Atkinson，S. Dietz and E. Neumayer (eds.)，Edward Elgar，2007.

［39］Witt，Ulrich，Evolutionary Economics，Papers on Economics and Evolution Jena：

Max Planck Institut e of Economics, 2006.

　　[40] Agarwal R, Bayus B L. 2004. Creating and surviving in new industries. *Advances in Strategic Management* 21: pp. 107 – 130.

　　[41] Baum, J. A. C. , & Amburgey, T. L.. Organizational ecology. In J. A. C. Baum (Ed.), Blackwell companion to organization, 2002, pp. 304 – 326. Malden, MA: Blackwell.

第 2 章

新兴产业演进的环境要素

新兴产业关系到国民经济社会发展和产业结构优化升级，具有全局性、长远性、导向性作用。由于新兴产业主要来自科技成果在市场上的首次应用，其衍生实际上是产业萌芽在市场上出现的过程，具体表现为产业中的第一个企业在市场上得到消费者认同，一个新的商业模式在市场上得到实践；或者说，新兴产业在市场上衍生，很大限度上是依赖特定科技成果的创业活动获得成功，因此，新兴产业具备较强的时代特征，其对技术、市场、资源等生产要素的依赖程度也不相同，不同产业衍生需要不同的生态环境。

2.1

新兴产业演进的要素环境要求与演进阶段

新兴产业不同于传统产业，其成长规律也必然有别于传统产业。产业技术特征是决定新兴产业成长的关键因素。此外，新兴产业的成长还受到市场前景、成长潜力、资源条件、产业结构等要素影响。波特认为，一国或地区产业竞争优势的形成在于"钻石体系"的形成。"钻石体系"包括四个核心因子:(1)生产要素,包括初级的生产要素(先天的一般人力资源和天然资源)和高级的生产要素(后天创造出来的知识资源、资本资源和基础设施);(2)需求条件,包括国内需求的结构、市场大小和成长速度、需求质量和国际化程度;(3)相关产业和支持性产业的表现,包括纵向的支持(上游产业在设备、零部件等方面的支持)和横向的支持(相似企业在生产合作、信息共享等方面的支持);(4)企业战略、企业结构和竞争对手,包括企业的经营理念、经营目标、员工的工作动机、竞争对手状况等方面。另外,政府和机会两个因素也影响产业竞争优势,政府可以通过自己的活动来影响钻石体系的任何一个因子进而影响产业竞争优势,新的需求和新的技术等机会因素则为落后企业追赶先进企业提供了最佳的时机。

波特进一步指出,形成低层次的竞争力是一般不是钻石体系的所有因子都具备,通常只需要丰裕的初级生产要素或广阔的国内市场就能够形成。但高层次的竞争优势则需要具备钻石体系四因子并良性互动才能形成。根据波特的钻石模型,一国或地区在候选对象上的竞争优势主要取决于生产要素、需求条件、相关与支持产业、企业状况、政府和机会等六个方面。

而全球战略性新兴产业发展具有如下特点:首先,技术创新和应用是新兴产业的驱动力。其次,有效的市场需求和产业基础设施对新兴产业发展至关重要。新兴产业一般处于产业生命周期的萌芽期,它在基础科学和应用成熟度之间有较大差异,市场上存在许多相互竞争的技术,产品创新速度快,技术风险高,如何形成有效的市场需求,建设完善产业发展需要的基础设施,是这些战略新兴产业最终能否发展壮大的必备条件。最后,政府强有力的扶持是新兴产业发展的关键。新兴产业在其发展初期,大多为缺少竞争优势的弱势产业,对这些产业进行必要的培育和扶持,是促使它们快速发展的重要条件。因此,在新兴产业成长过程中可能遇到四方面的条件约束:一是技术创新的问题,新兴产业的技术还不是很成熟,技术路线多样,形成主流的技术路线和产品需要经过市场的长期筛选,在这个过程中需要进行多方面的尝试,对研究能力和投入能力要求都比较高;二是产业基础设施和服务体系的问题,如太阳能发电和风力发电并网就遇到电网基础设施问题，电动汽车的推广使用中充电站的问题等；三是成本问题，新兴产业生产的产品和服务，由于技术、基础设施和服务体系不完善，规模小，往往成本较高；四是消费市场的认同度，也就是如何才能有效推广新型产品和服务。

任何一个产业的成长都要受到以上各种因素的制约，但对于不同的产业以及产业的不同成长阶段，同一因素起到的制约作用的大小是不一致的。针对这些制约因素，学界不仅对其发展所具有的自身独特的特点进行了分析，还从形成与发展的动因、成长环境以及成长模式等各种不同的角度进行了深入的研究，探求突破约束的成长路径。

在成长动因方面，陈刚（2004）[1]分析了新兴产业形成与发展的动因，探讨了新兴产业形成与发展的影响因素，并为新兴产业形成与发展总结出可行性路径；何雄浪（2007）[2]则从专业化分工、区域经济一体化的角度，对我国地方优势产业的形成进行了实证分析。

在成长环境及条件方面，刘安蓉和林玲（2000）[3]注意到高新技术产业系统与成长环境的相互作用，从人才、技术设备、资金、信息、市场、支撑和经营环境等几个方面，构建了高新技术产业成长环境评价指标体系。林平凡、刘城（2010）[4]研究了广东战略型新兴产业的成长条件，认为良好的产业基础和环境，具有战略高度的产业规划、超前的产业技术路线图、可行的投入保障机制、掌握先进技术的核心企业和关键的产业链环节等因素是新型战略性产业成长的关键条件。

在成长机制与模式方面，彭骥鸣、钱存林（2001）[5]，杨明（2003）[6]，杨培雷（2003）[7]等对新兴产业的成长模式、动力机制、政府作用作了有益的探讨。向吉英（2005）[8]运用系统论的思维，探讨了产业成长的动力机制，并利用市场需求、技术创新、政策和投资等外源动力机制以及企业间的竞争与协作等内源动力机制构建了综合性的产业成长动力机制模型（NIIP模型），认为产业是通过市场需求、技术（产品）创新、各种要素的投入以及政策扶持得到成长演化的。施红星、刘思峰、郭本海、杨保华（2009）[9]从科技生产力流动与新兴产业成长的特点和规律入手。研究了科技生产力流动对新兴产业成长的影响。他们认为技术转移和扩散是科技生产力流动推进新兴产业成长的基本形式，政府在科技生产力流动与新兴产业成长中发挥着重要的引导作用；科技生产力流动改变了科技要素的经济功能。新兴产业在科技生产力流动下呈现出新的成长特点，科技生产力流动促进区域新兴产业的形成与发展。

2.1.1 新兴产业演进的关键要素：技术、市场、资源

1. 技术

赫克谢尔—俄林贸易理论假设技术在所有国家的所有企业都一样但是从实证的观点来看，经济学家明白，企业和国家在获得和掌握技术的能力方面是有所不同的。产品周期理论假设，公司会致力于产品的创新，以满足国内产品市场中的顾客需求，以获得垄断优势。不同产业企业技术能力千差万别，而这些技术能力的形成和获取与一个区域或国家的研究基础、研究人员、创新系统或市场需求密不可分。

企业和工业的技术进步往往在相当程度上依赖于提供通用知识的国家体系，而自由市场机制在提供通用知识方面并不是有效的，所以需要国家对大学、研究机构以及企业的 R&D 的支持。最能证明自由市场不能决定一切的是，甚至诸如市场需求结构这样的经济因素也不是纯粹自然的，而是在一个国家经济、社会和制度的影响下历史地形成的，并受到政府行为和政策的影响。

2. 市场

企业为获取黏滞信息，与需求、知识型顾客和使用者之间频繁的互动行为会提高供应商的创新和竞争绩效。在高固定成本行业发展中的另一要素是国内市场需求的规模，因为规模将会使生产者获得较低的单位成本，从而能提供一个出口平台，如日本第二次世界大战后对半导体和计算机业的国内保护，以及许多西欧国家实行有利于国防、电信等国内产品的战后政策等都是为了维护一个庞大的本土市场需求，以培植当时新兴产业的萌芽时期产品能够面世并达到一定规模，使企业有机会不断改进，有机会产

生主导设计，有机会使得所在产业成为领先产业。

3. 资源

资源是比较优势的源泉，由于各国在不同经济活动中得到用于生产的资源的能力不同，因此在不同国家之间产生了比较优势。例如，当农业处于主导地位时，资源指的是气候、土地质量等因素；当制造业变得重要时，资源的比较优势分析转而集中于对制造业原材料的质量和价格的分析。因此要素禀赋在许多产业中是很重要的。虽然某些产业的发展与这些国家的资源和要素禀赋有着密切的关系，但产业领导权的兴衰更替并不是由资源和要素禀赋结构所决定的。如化学工业在德国的发展一定程度上是受到德国丰富的资源的影响，但更重要的是，德国化工企业的崛起与德国研究型大学的发展，这与德国产业处于全球领先地位息息相关。到了计算机业、半导体业和软件产业时代已经与一个区域的自然资源没多大相关性，取而代之的是人力资源、研究能力和制度安排。因此可以推断，作为全球制造大国，如果期望目前所拥有的相对廉价的人力资源来获得比较优势是不现实的，不能期望没有研发的投入和制度的安排就可以实现制造业转型和新兴产业的崛起。

任何一个产业的成长都要受到以上各种因素的制约，但对于不同的产业以及产业的不同成长阶段，同一因素起到的制约作用的大小是不一致的。由于新兴产业属于高新技术产业，我国学者不仅对其发展所具有的自身独特的特点进行了分析，还对其从形成与发展的动因、成长环境以及成长模式等各种不同的角度进行了深入的研究。

2.1.2 产品设计、主导设计、标准设计——技术、市场共同演进的三个阶段

新兴产业的技术创新过程大体了历经多样化的产品设计、主导设计（Dominant Design）、标准设计三个阶段[10]。演化经济学的一个分支产业动态学（Industrial Dynamics）通过对技术特征和产品数量以及技术轨道的演

化分析，总结出了新兴产业技术创新的一般过程[11]。其中起步阶段以产品创新为主，存在多样化的产品设计，多种技术竞相解决类似的问题，到了技术轨道转型期，产品创新的速度下降，工艺创新的速度提升，主导设计和主导技术轨道形成并对其他的技术产生排斥作用，一些企业被迫出局，成熟期以工艺创新为主，产品进入标准化设计阶段，主导技术轨道联盟形成锁定效应。

在新兴产业发展的初期，技术和市场都受到旧技术范式下制度体系的约束。技术取得突破性的创新成果，但面临着现有产业在市场和技术方面的排斥和挤出，只能在由具有特殊市场需求的领先用户构成的利基市场获得发展。大量企业开展产品创新活动，不同的技术主体竞相解决类似的问题，新技术只能在特定细分领域获得发展，如果新技术能够获得较大的市场空间便能实现从利基市场到主流市场的跨越而取得发展。

随着新技术市场应用空间的不断拓展，新技术在主流市场获得普遍认可，市场主体逐渐壮大，产品创新的速度下降，工艺创新的进程加快，少数企业在主流市场取得巨大成功，市场上出现主导设计，相应的技术轨道也成为市场主导的技术轨道，这些企业对其他企业产生排斥作用，部分企业被迫退出市场。技术主体和市场主体的不断发展，对促进新兴产业市场发展和技术创新的规则提出了需求，并逐渐对现有制度体系施加压力诱使制度的转型，逐步建立起支持新兴产业发展的范式体系和制度框架。如果现有产业能够利用新兴产业的互补性资产则能继续获得发展，否则将导致现有产业的衰落。

当主导产品设计和主导技术轨道形成之后，新兴产业的技术标准、市场秩序逐步建立，产业进入成熟期，技术、市场和制度的互动协同作用进一步加强。技术创新体现在对主导设计产品的性能改进，并以工艺创新为主要表现形式，产品开始走向标准化设计和模块化发展时期。新兴产业开始进军国际市场，并加速了新技术范式下制度规则的建立，教育制度、知识产权制度、金融制度更加健全，用户对新技术的认知普遍提高。具体来看，此阶段新兴产业的发展具有如下特征：（1）技术创新以工艺设计和标准设计为主，主导技术轨道的联盟锁定对其他技术轨道产生"挤出效应"，市场上的企业数量降低到一个合理的水平；（2）市场上产业链的基础设施逐步建立、配套体系逐步完善，用户对新产品和新技术的远期市场有稳定的信心，企业的国际化扩张进程加速；（3）支持新兴产业的制度体系逐步建立，规范市场秩序、建立标准体系等规则逐步完善，新的规则和制度促进新兴产业技术的创新和市场的扩张。

上述过程显示，技术、市场的协同演进关系随着新兴产业的不断成长而演变发展，其发展过程中对技术的认知、对市场的认知以及对制度的认知处于不断的提高之中。

2.1.3　新兴产业演进的支撑背景

在由技术认知、社会组织制度和经济能力构成的创新体系中，技术知识因素、组织制度因素和经济能力因素都以开放而动态演变的网络形式存在，推动技术知识的创造、发现和发展，促进技术知识与其他生产要素的成功组合和价值实现。创新体系中的三个系统协同作用，技术知识系统是由相互联系的技术知识群体网络构成的认知系统，不同的个体或组织相互联系构成社会网络，而经济能力是知识和技能、辅助性资源、企业过程和组织价值观构成的网络。这三种网络各自依据不同的规律（认知的、社会的和经济的）发展演变，同时又相互影响。技术进步、组织制度演变、经济能力形成和发展都是在充满不确定性的情况下探索试验的结果。三种因素自身的进展，都必须依靠一定的知识积累，而知识自身的性质对创新体系各种因素及其相互作用形式有重要影响。因此，创新体系中三个维度应该紧密联系在一起，围绕技术知识与能力流动，彼此适应、协调共生。

1. 技术认知维度——技术拓展空间

技术有不同理解的概念，在以知识和能力交互流动为基础的创新系统中，我们把技术理解为对产品生产和服务提供所需智力资源的总和。显然，技术本身也是一个知识体系，是基础知识对经济系统产生影响的重要途径。技术知识系统不是一个时序上的技术发展概念，而是一个具有高度集聚度的知识网络。这个系统本身的发展进化有多种途径，它可以通过创造能力的增加或能力的集群化实现扩张（如技术融合），也可以通过系统不同构成元素的共同进化和整体层次的创造性整合实现进步，还可以通过与特定技术知识进化轨迹相联系的知识积累实现发展。在技术知识系统自身进化发展的过程中，人们可以通过扩展其中技术群体的构成实现技术拓展功能；通过积累已有技术知识和技术群体的数量实现知识积累功能；通过重新整合和配置已有技术群体的关系结构实现技术重构功能；通过建立与系统以外其他技术知识网络的技术知识共享与交换，实现技术补偿功能。随着技术知识系统功能的拓展和现有技术群体空间的放大，技术知识系统在动态变化中促使自身逐步转化，并最终创造出一个新的技术知识体系。

在技术知识体系中的技术群体不断发展、成熟、分化，并与其他领域技术知识融合交织的过程中，会产生各种各样的技术机会。技术知识系统的运行效率，很大限度上取决于对这种机会的把握和利用。在一个技术领域中捕捉技术机会，是对未知领域的探索，存在很大的不确定性。而造成技术创新过程中不确定性的根源，主要源自各个创新行为主体的认知局限。例如，由于任何一个研究者都不可能是完全理性的，因此，其行为和思想往往有随意性；再如，由于个体的非完全信息属性，一个研究者不可能完全知道其他研究者同时在做的事情，指使一些研究重复进行，或者潜在的技术创新要素失去组合的契机。因此，从认知的角度看，技术知识系统实际上是由相互联系的技术群体构成的开放的认知系统。这个技术认知系统从供给的角度，对整个创新体系产生作用和影响。

将一个技术知识系统理解为认知系统，有利于更好地认识人们在选择、比较和评估技术机会或者技术路线时发挥能动性的努力。因为，任何一个技术知识系统的发展都是特异性地选择、积累和整合已有的认知系统的结果。技术机会千变万化以至于无穷无尽，每一个技术机会本身又充满不确定性，这就需要认知系统敏捷、快速、全面、透彻。因而，高效的技术知识系统应该是灵巧、开放、动态演进的。

2. 社会组织制度维度——社会网络

创新体系的社会组织制度是不同创新主体、创新要素之间相互联系、相互作用的结构性安排。我们认为，一个创新系统是由各种各样的个人和组织集合而成的，个人包括发明者、研究人员、工程师、企业家、经理和官员、不同宗教信仰者和评论家等；组织包括公司、大学、其他 R&D 和教育组织、公共部门、产业组织等。这些不同的个人和组织通过各种关系联结在一起，形成一个多维的社会网络，也常被人们称作"技术共同体"或"实践共同体"。首先，如前所述，这个网络并不以国家、地区的地理界限为疆界；其次，这个网络中多种运行模式并存，既包括市场运行模式又包括非市场运行模式。

在生产要素、产品与服务的连接关系分析中，主流经济学家非常推崇市场运行模式的作用。在他们看来，在所谓的"完全竞争市场模型"中，依赖一只"看不见的手"的作用，可以实现生产要素、产品与服务的优化配置。在这种抽象的理论分析中，他们把现实经济中异质的生产要素都假定为同质的，要素拥有者直接和市场联系。一个个体对其他个体施加影响都只能通过市场间接地实现。因此，在理性的经济分析中，个体与个体之间除了市场之外没有其他联系通道。当市场失效时，只能依靠组织内部治理结构这一次优选择代替市场协调各种活动。主流经济学家在生产要素、产品与服务的连接关系上，在市场和组织之间非此即彼的认识逻辑，源于他们把市场和组织看成是与生俱来的。实际上，一个功能完备的市场并不可能一蹴而就，一个组织的功能也并不是随着企业组织的建立就自然形成，而且往往也不是这个组织独立实现的。更重要的是，知识的交换和转移很大程度上不在市场上发生，而大多通过非市场化的交流来完成。知识密集度越高、知识自身内隐性越显著的活动，越依赖非市场化的交流。因此，仅从市场角度来理解社会组织因素，显然会限制一个创新系统创造与拓展技术知识的功能。

创新系统中不同创新主体、创新要素之间相互联系、相互作用的网络具体表现为三种形式：一是以买卖关系存在的供求网络。尽管市场模式本身有很多局限，但不同创新主体和要素之间的连接仍然是通过市场、以买卖交易的方式实现的。二是解决问题的网络。创新过程中有很多疑难问题需要解决。当一个系统中的个人或组织碰到实际技术问题或者市场问题时，通常会向一些特定的渠道寻求解决问题的办法，这些渠道既构成了这个系统知识或者竞争力的首要源泉，也与答案寻求者一起共同构成了一个相互作用的关系网络。这里的渠道可能是系统确立的组织渠道，也可能是由个人交谊、习惯等形成的非组织渠道。仔细考察我们会发现，在创新实践中，个体或组织解决问题的渠道大多是由惯例、而非组织规则决定的。三是多种形式的非正式网络。非正式网络常常通过各种专业协会、学术会议、公开发表论文或著作等方式建立起来，是信息收集和共享的重要渠道。与解决实际问题网络中传播的知识相比，非正式网络中交流和传播的知识信息往往是更基本的内容，和实际经济价值的创造存在一定距离。在三种联系网络中，从知识和能力的流动角度出发，解决实际问题网络具有更大的作用；由于大多数核心技术知识都是隐性化的，难以通过知识交易过程中实现完全知识信息交换，供求关系网络在创新系统中并不占有最重要地位。在创新系统运行过程中，三种网络相互联系、并行不悖。

社会组织制度维度介于技术认知维度和经济能力维度之间，是技术因素和经济因素结合的载体和流动渠道。显然，社会组织制度维度在创新体系中处于核心地位，其重要作用主要体现在以下三个方面：

一是桥梁中介作用。创新体系中的技术知识、资源供给者与需求者之间存在较大的信息不对称，社会组织制度网络的桥梁中介作用能够帮助耦合供求的信息，促进技术知识交易或资源契合实现。同时，社会组织制度网络作为通道传递技术知识的过程，也是技术知识磨合、熔炼的过程，在磨合、熔炼过程中形成各种新资源、新信息和新知识。

二是选择过滤功能。处于创新体系中不同环节的创新主体对流经自身的资源或信息都有一定的选择标准，许多信息不可避免地会被截留。例如，市场作为一项技术知识成果内在价值的最终裁判者，把许多不具备市场价值的技术知识拒之门外。事实上，在进入市场以前，社会组织制度网络已经对技术知识、资源等进行了多轮选择。如每个创新主体（包括个体或组织）都会按照自己的偏好和事先确定的标准，决定什么技术知识可以通过自己这一环节。社会组织制度网络形成的非市场化或者半市场化的选择过滤机制很多，如政府规制、技术标准、公共采购政策等。社会制度组织制度网络还会形成非技术性或者半技术性、针对其他资源和市场需求信息的选择过滤机制。社会组织制度网络的选择过滤功能对整个创新体系有非常重要的影响。

三是社会建构功能。创新体系中的社会组织制度网络仅仅具备桥梁中介和选择过滤功能是不够的，还需要具备网络自身建构与完善功能。现代科学技术日益复杂，创新过程本身日益显现综合化、集成化特征。一方面，仅仅具备桥梁中介和选择过滤功能的现有社会组织制度网络，并不能保证在传输现代技术知识和能力方面的高效。如集成电路与现代生物技术，比以往任何技术知识更需要不同创新主体的合作与联合，就需要完善现有组织制度网络或创建一种新的组织制度网络。另一方面，在一个创新系统中，可能存在一种技术知识既有供给者又有需求者，但现有社会组织制度网络不能传输这种技术知识的情况。造成这一情况，可能是由于现有组织制度网络本身就不存在这种技术知识的传播渠道或场所；也可能是由于现有组织制度网络中各个主体的选择，使这种技术知识过早被舍弃，使供求双方没有沟通、交流的机会，技术知识无从产生相应的价值。此时，也需要创设新的组织制度网络补充其桥梁功能，或者丰富原有组织制度网络生产更多通道，使技术知识和能力流动形成回路。事实上，组织制度网络本身以及其中的技术知识与能力传输通道，很大限度上是彼此相互竞争选择的结果；在彼此竞争中，适应传输特定技术知识与能力的通道被保留下来，不适应传输特定技术知识与能力的通道被闲置或舍弃。由于技术知识与能力是不断进化的，而传输内容的性质对传输通道有重要影响，因而，社会组织网络的建构功能不仅是重要的，也是必需的。在社会组织网络建构过程中，不断拓展技术知识与能力的传输通道管径、提高传输效率，同时，赋予了技术知识与能力流动秩序。

社会组织网络中的多种因素对创新主体之间相互作用的多寡、彼此之间的联系程度产生影响，诸如创新主体的多少、网络成员的地理分布、组织从属关系、经济激励机制、文化氛围、社会制度、价值认知与追求等。社会组织网络中不同个体或组织之间相互联系、交流、合作与竞争方式的选择，首先受其所处社会组织制度体系的影响。如在日本和欧洲，产业共性技术创新都是由政府支持的研发企业完成的；而在美国，是由企业竞争完成的。在广播电视技术领域，日本政府会说服企业采用国家广播系统研发的技术；欧洲会说服私营卫星电视台接受领先的两家接受机制造商的技术；而美国拒绝搞垄断的研究开发财团，而是邀请企业通过竞争来测试其技术，进而建立标准。从这个意义上说，美国采用的是"合作前竞争"，而日本、欧洲采用的是"竞争前合作"。其次，经济激励机制对社会组织网络中不同个体或组织之间相互联系方式、密度与强度影响巨大。尽管知识与能力的流动并非完全通过市场形式实现，人们交流、共享技术知识与能力有多种动机，但经济回报仍是创新的最基本追求。例如，在法制比较发达、社会诚信度比较高的地区，创新的经济激励机制能够得到保障，创新主体之间的联系就比较紧密。最后，社会文化氛围与网络成员的价值追求，对社会组织网络的性质与形态有决定性作用。在开放自由的文化氛围中，在崇尚创新的社会主导价值观下，社会组织网络是开放的并不断发展进化；而在封闭正统的文化氛围下，在注重秩序的社会主导价值观下，社会组织网络大多是封闭并相对僵化的。

社会组织网络中的很多制度、程序和惯例是受社会组织制度体系、社会文化、社会主导价值取向等影响的社会规范长期作用的结果；反过来，这些制度、程序和惯例又帮助社会形成稳定的社会交流和交换方式及渠道，使一些必要的社会职能得以顺利实现。社会组织网络中的制度、程序和惯例，可以是正规的立法，也可以是非正规的约定或者默契。这些制度、程序和惯例能够减少社会行为的不确定性，防止或者减少不同价值体系之间的冲突。社会组织制度体系是创新体系运作的路径、程序、规则与模式，而这些路径、程序、规则与模式的合理与否，又决定着创新体系运行的效率。

3. 经济能力维度——经济能力主体

所谓创新系统的经济能力，是指这个系统创造机会并从中获取经济价值的能力总和。在一个创新体系中，技术机会能否被有效把握、开发与利用，取决于这个体系中各个环节是否具有合适的经济能力主体来支持。所谓经济能力主体是指创新活动中必不可少的一系列参与者及或者功能，一般包括有能力的消费者、创新者、企业家、风险投资家、首次公开发行（IPO）等市场退出机制、具有在一定规模上使用技术知识能力的公司等（Eliasson，1996）。创新系统的经济能力不仅取决于各个经济能力主体的自身能力大小，还取决于它们之间的能力能否实现有效契合与协同。如欧洲的科学技术研究与美国相比并没有非常明显的差距，但欧洲的高新技术产业至少落后美国十年。撒切尔夫人在分析这一现象时，把原因归结为欧洲的风险投资比美国落后很多。为了实现有效创新，创新体系中不仅应该具备承担不同功能的、具有较强能力的经济能力主体，而且应该使它们各得其所、彼此协同。

在一个现实创新体系中，一个经济能力主体的作用领域与某一特定产业技术领域之间并没有一一对应关系，而是以市场，或者与其他主体相互关联的范围定义其边界的。也就是说，一个经济能力主体可以跨越多个技术或产业领域；一个技术机会也可能引致不同应用领域的几个经济能力主体进行创新性投入。在这种经济能力主体跨越不同产业技术领域，不同应用领域的经济能力主体进入同一技术机会的过程中，带动和实现了不同产业技术群落的交叉融合。不同产业技术群落的相互融合，打破了原有的市场和产业技术群落边界，带动了现有产业技术群落的进化与转换，促进了新产业技术群落的出现。

经济能力主体跨越原有产业技术领域，或者原来不同应用领域的经济能力主体进入一个产业技术领域，实际上是创新系统内部资源组合方式的变化。这种资源组合方式的变化有利于催生新的产业技术群落，而不断的技术突破又能导致资源组合方式的重构与调整。在创新系统内部不同经济能力主体之间相互联系、资源组合方式发生变化的过程中，创新系统的结构也不断调整、发展。一个创新系统的创新能力，取决于经济能力主体创造性地适应和运用资源组合方式变化，有效地完成创新系统结构性调整的能力。

经济能力维度对创新体系的作用，很大程度上是由经济能力主体对市场需求的反应起步的。通过把握市场变化和多样化需求，经济能力主体从三个方面对创新体系发挥作用：一是（创新和技术知识的需求者）通过提供创新回报和经济激励，影响社会组织网络中不同能力主体之间的关系，提供各个经济能力主体的创新动力，实现创新体系的创新激励功能。二是（各个经济能力主体）决定各种资源在各种知识创造以及其他创新活动之间的配置，实现创新体系的资源配置功能。三是（各个经济能力主体自身的能力和整个系统的能力结构）决定创新系统内部识别技术机会、开发创造新技术知识、推动技术知识创新的能力和程度，实现创新体系的机会开发功能。

总之，应该以知识能力为核心要素，对技术创新体系进行定义和描述。在这个创新体系中，技术知识因素、组织制度因素和经济能力因素都以开放而动态演变的网络形式存在，推动技术知识的创造、发现和发展，促进技术知识与其他生产要素的成功组合和价值实现。创新体系中的三个系统协同作用，技术知识系统是由相互联系的技术知识群体网络构成的认知系统，不同的个体或组织相互联系构成社会网络，而经济能力是知识和技能、辅助性资源、企业过程和组织价值观构成的网络。这三种网络各自依据不同的规律（认知的、社会的和经济的）发展演变，同时又相互影响。技术进步、组织制度演变、经济能力形成和发展都是在充满不确定性的情况下探索试验的结果。三种因素自身的进展，都必须依靠一定的知识积累，而知识自身的性质对创新体系各种因素及其相互作用形式有重要影响。因此，创新体系中三个维度应该紧密联系在一起，围绕技术知识与能力流动，彼此适应、协调共生。

2.2
产业演进的内在机理

关于如何从一个企业发展成一个新兴产业，国外研究企业进入一个新的产业领域有两种方法，即：嫁接或裂变，或者是两种方法兼而有之[12]。嫁接指的是新兴产业的发展主要依靠高新技术，企业进入全新的、独立发展的领域，例如，20 世纪 90 年代中期嫁接于互联网的"DocCom"这类的网络公司[13]，就是利用计算机科学与技术的发展，进入一个全新的信息领域。这一发展，颠覆了传统的电报、电话、报纸、电视的信息传输、处理，开创了数字信息的新纪元，极大地推动了经济的发展，制造了 IT 产业的神话。嫁接式的发展要抓住对国民经济影响面广、作用重大的某些关键技术，如新能源、新材料等，重点突破，极力进行产业化推广。许多专家推测，第五次工业化浪潮应当是新能源引起的整个社会生产、生活方式的革命性变革。我们要抓住这个历史的机遇，开展科技创新，努力培育新能源产业。

Aldrich 和 Ruef（2006）[14]讨论新兴产业的"聚集兴起"，也就是说，这些新公司是在原来已有的产业中裂变而来，即通过高新技术应用于当地的传统产业，在设计、制造或原材料等，产生某个方面的新分工，从传统产业裂变出新的产业，成为拉动本地经济的新增长点。裂变式的发展对当地的传统产业改变较小，但是运用高新技术产生的更专业、更精细的分工，往往可以提高经济效益与效率，提高本地产品的竞争力。这些从传统产业裂变出来的公司特别注重对一些关键问题的学习和研究，从而产生新的分工，它们不需要是全新的创造，例如，在 80 年代末 90 年代初出现的光驱产业，类似 IBM 和康柏公司把它们的业务建立在与计算机相关的产业上[15]。又如，专门生产电动汽车的动力电池产业，可以使电动汽车的成本更低，质量更好，使电动汽车成为质优价廉的商品，开拓广泛的市场，为当地及全国带来更高的经济和社会效益。裂变式的发展关键在于选定本地区或全国有优势的产业，突破关键的技术或零部件，进行更专业、更精细的产品分工、市场分工，逐步地发展出一个新的产业。总的来说，裂变比嫁接是企业进入新兴产业更普遍的情况，但是裂变的成功率要低于嫁接的情况[16][17]。除了技术之外，裂变方式还需要看市场的情况，因此存在一定的市场风险。

从国内外的研究发现，还有一种发展新兴产业的方式，即又嫁接又分裂，我们暂且称其为融合的方法。融合式指的是高新技术全面与传统产业结合，在设计、制造、原材料、销售等各个方面，全面提升本地区具有优势的传统产业，例如，美、日等发达国家用高新技术改造传统产业，不但使已失去竞争优势的劳动密集型产业，如纺织业、服装业、建筑业正在转变为资本和技术密集型产业，而且使钢铁、汽车、化工等资本密集型产业转变为技术密集型产业。用信息技术改造传统服务业，可使其日趋信息化和知识化。事实上，我国存在大量这样的产业，如纺织业，随着我国人口老龄化的加剧，我国的人口红利正在消失，我国亟须采用智能化的装备升级我国的纺织业。

新兴产业的兴起依赖于一定的知识网络，知识网络由网络结构和知识内容建构而成。知识网络是能通过知识网络关系本身的发展和进化而形成具有一定的结构和功能的系统，它具有有机性和反馈性两个显著特征，可以在一定的条件下通过自身调节达到平衡状态。Liu Gang 和 Liu Qiang（2007）指出，知识在网络中存在正反馈循环，知识自催化循环以及组织间知识交叉循环，并在三个循环基础上进一步得出知识网络的超循环（Hyper-Cycle）架构，即知识网络中分处不同节点的知识会按照自组织规则实现其自组织过程，它是网络系统中知识的整体运动方向和规律[18]。

产业衍生涌现现象一方面说明国内产业经济表现除了较为强的创新趋势外，产业间的边界在日益模糊的同时，也给产业发展带来新的活力和动力；另一方面也说明，随着现代科技的快速更新，新技术革命的创新成果被越来越快速地融入现有产业中，并不断改变着国内产业经济结构和布局。在实际新产业衍生过程中，政府政策制度和要素供给的变化等都是不可或缺的重要因素，有时甚至是决定性因素。在我国，政府的制度和政策支持是新兴产业尤其是高新技术产业得以衍生的直接因素，而产业生产要素供给因素的变迁也在催生着一批新兴产业不断衍生出来，如石油危机的出现，促使全球经济进入了节能和低耗能产业时代，也促使企业不断突破技术难题，引发了新能源产业的衍生甚至革命。

2.2.1 知识网络催生基于产业规模经济效益的新型创新企业

簇群化、融合化和生态化是产业发展的基本形态。而一个行业需达到一定规模，才能产生行业规模经济效应，即当一项新技术的网络外部性充分体现时，一个新行业才能诞生。知识网络催生的技术网络创新模式的规模涌现，使由技术特征决定的行业规模经济性效应尤其明显，即行业平均成本达到最小处的产量规模相对于行业市场需求而言很小，这也意味着，应用与推广新创新成果的生产可能分散于多家厂商，从而逐步形成一个新的行业。可见，知识网络成为微观企业与中观行业的纽带，它也为进一步开展产业研究带来新的思考空间。正是基于知识网络的这些特征，结合上述五大要素，以进一步探讨知识网络在产业衍生过程中的作用传导机制，如图 2 - 1 所示。

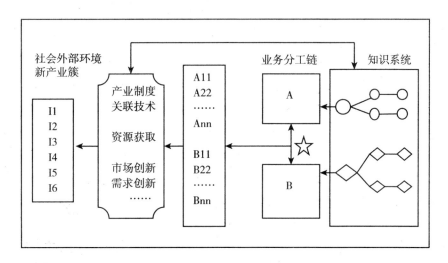

图 2 - 1　知识网络在产业衍生过程中的作用传导机制

注：○表示与企业 A 具有强业务关联、弱业务关联和关系结构的联盟外企业

　　◇表示与企业 B 具有关联的联盟外企业

　　☆表示知识联盟后 A、B 企业获取的新产业知识

A 和 B 分别代表实施基于项目的两家知识联盟企业，它们在项目合作中具有异质的知识本源，可用于知识合作的投入，其投入旨在获取单靠自身力量无法获取的新产业知识。需要指出的是，这里的新产业知识不一定代表着新的产业技术，而是可能使新产业诞生的任何信息。这种新产业知识的获取水平与企业自身新产业洞察力有着密不可分的关联性，而新产业洞察力则是企业异质性的最直接特质。而这种异质性通过网络结构洞将与

其业务直接关联和间接关联的知识元相结合，在其自身知识网络系统的自组织效应下，产生庞大的知识溢出，提升了知识网络节点（企业）的知识存量和学习能力。知识网络由多元具有不同知识水平的异质体搭建而成，并且通过一系列的观摩及模仿，形成知识溢出与知识网络结构之间的互动机制。

在激烈的市场竞争中，每一个企业只有拥有区别于其他企业的优势才能生存。而基于知识异质的企业竞争优势往往是在对基本价值链的某个或多个环节的创新的过程中累积产业衍生的技术基础。第一，企业通过创新投入来开发新产品或改善现有产品性能。产业内企业普遍性的创新投入会促进产业技术进步或加速新技术在产业内的扩散，基于同行业项目合作的业务创新也在一定程度上促使新产品的衍生。第二，企业竞争压力促进了产业细分和产业重构。在不断研发产业内新产品的同时，也会通过构建企业间合作网络，不断突破原有产业的界限，向相关产业延伸，使产业进一步细化，甚至替代原有产业而衍生出新产业。在企业间构建的知识网络中，每一个企业组织都可以被看作是网络中的一个知识个体（Knowledge Agent），而网络中企业间的关联则靠它们之间所拥有知识的交互链接与渗透。这种复杂多元的知识网络关系是非线性动力学系统的神经网络（Neural Network），实现知识、信息的分布式存储和并行协同处理。反过来，各知识节点间的互动又大大影响着经济中知识的增长。当一种技术进入其生命周期的成熟阶段或者衰退阶段时，在它基础上的新技术迅速成长，逐步扩散和应用，或与之共存于同一产业中，推动产业技术水平提升；或替代前项技术成为新的产业技术，催生更为高级化和知识化的产业业态的出现。陈柳钦（2007）[19]提出，"具有共同的技术基础是产业融合的前提条件"，而产业衍生是"不同产业或同一产业内的不同业务在技术融合的基础上相互交叉、相互渗透，逐渐融为一体，成为新的产业属性或新型产业形态的动态发展过程"。在企业技术进步、管制放松与管理创新的基础上，不同技术渗透与交叉，促使产业间的边界更趋于模糊化，产业结构愈加趋向软化，直至最终融合为一体。在产业边界和交叉处发生技术凝合，这种凝合力改变了原有产业产品的特征和市场需求。技术凝合力产生的前提是相异产业在某些技术层面具有共同性，在产品与业务融合、市场融合的基础上实现新产业的衍生。一项技术创新的开发替代了另一种关联技术、工艺和产品，通过渗透扩散融合到其他产业之中，从而改变了原有产业产品或服务的技术路线，改变了原有产业的生产成本函数和市场需求特征，从而为产业衍生提供了源动力。

基于此，旧有的行业间、企业间的竞争模式演化为产业内外网络层面的合作竞争。现代高技术产业业务和技术的复杂化转变促使灵活多变的组织网络化形式逐渐占据了产业经济的主导地位。而知识合作效率的提高依赖于知识专门化前提下所进行的有效分工。这种基于知识分工的业务合作网络促使企业间业务组织形式的变迁，这又进一步促进产业演进范式的变迁，它使产业内和产业间企业业务组织模式发生重大变化，网络关系构建也由以寻求社会资本为主向以追求更高层次的知识为主的转变。

业务技术进步与应用创新两个方向可以被看作既分立又统一，共同演变的一对双螺旋结构，两者是并驾齐驱的双轮。技术进步为应用创新提供了新的技术，而应用创新往往很快就会触及技术的极限，进而鞭策技术的进一步演进。宋刚、张楠（2009）[20]认为，只有当技术和应用的激烈碰撞达到一定的融合程度时，才会诞生出新的行业发展新热点。当外部经济、制度环境累积到一定程度时，即产业衍生的外部生态环境具备了其进一步成长所必需的土壤和气候，那么依据路径依赖原理，产业技术发展和制度变迁的路径依赖决定了产业知识创新和市场应用，知识合作企业的产业洞察力决定了其具有市场领先的先发优势，而企业间群体行为结构性嵌入更广阔的知识关系网络中，这无疑加速知识和技术的更新和自组织过程，从而使企业在专业化的知识和技术市场中占据某个领域的领先地位。

在实际新产业衍生过程中，政府政策制度和要素供给的变化等都是不可或缺的重要因素，有时甚至是决定性因素。在我国，政府的制度和政策支持是新兴产业尤其是高新技术产业得以衍生的重要因素，而产业生产要素供给因素的变迁也在催生着一批新兴产业不断衍生出来，如石油危机的出现，促使全球经济进入了节能和低耗能产业时代，也促使企业不断突破技术难题，引发了新能源产业的衍生甚至革命。

2.2.2 产业的外环境和内环境共同决定了企业的创新行为

技术创新主体的内在动力在一定的区域创新环境下才能被激发，并在区域创新环境形成的激励机制、提供的手段与环境下进行创新活动。区域创新环境为技术创新群的空间基础。许多学者的研究表明，创造良好的区域创新环境比投资能更有效地激励技术创新。

1. 内环境

从技术创新的发生来看，创新者内在需要（如生理、安全、归属、尊重、自我实现需要）是创新的强大的内在动力。在现实社会中，从事技术创新的个人的动机是多元的、复杂的。现实社会中，确实存在一些科学家为推动人类社会的进步，探索未知世界的奥秘而从事科学研究，并推进技术创新即他们都具有较强的"利他动机"。而大多数个人从事技术创新时，符合"有限理性的经济人"模型，追求创新收益极大化。个人从事创新活动，与创新收益的预期相关。调查研究表明，工业技术创新有从科学技术可能性出发所进行的"志向型"技术创新行为，也有从市场需求出发所进行的"需求型"技术创新行为。其中，社会需求型和个人的志向是最主要、最直接的创新动机。即个人为谋取创新收益的动机为最主要动力，而追求科技进步，探索科技的奥秘等志向为第二大动机。学术价值强烈的科技人员更关注在科技前沿不断开拓，创业意识很强的科技人员则可能带着成果走向市场。市场拉动型动力机制，也只有在变社会需求为人的内部需求后，才能对人起着积极的调节作用，促使其创新。技术创新是创新者的知识结构、情感倾向、意志品质和性格特点共同作用的必然结果。企业的内动力与内部激励机制由企业内环境决定的，并受区域创新环境影响。企业是最主要的技术创新主体，是由从事技术创新的研究开发部门与生产、销售等部门组合成的统一体。企业的内动力也是由企业制度等因素决定的。在企业内，从事技术创新的个人进行集体分工协作，创新的动力、能力明显受到企业制度等因素的影响，即创新水平的高低取决于企业激励员工创新的内环境是否有效。技术创新是在企业追求创新收益的内在动力下进行的。现实中，确实有一些企业和科研机构以社会公益为重从事技术创新，即他们都具有较强的"利他动机"。而大多数企业从事技术创新时，追求创新收益极大化。企业和应用型科研机构进行创新时，对创新收益有一个合理预期，当预期收益超过时，才会有创新。从技术创新角度看，企业的内部激励机制主要是针对企业家和发明家及从事创新的科技人才而言的。从西方国家来看，家庭企业和合伙企业以私有产权来激励创新，即企业家和发明家（有时两者合二为一）拥有创新收益的所有权；而在股份制企业里，则通常是企业家一定股权给科技人员一定股权或股份股权等，是产权激励、发明创新能力和股权化的优点相结合的激励体系。此外，如奖励、荣誉、提升、给予股份等都是为人们常采用的手段。此外，日本的终身雇佣制也是一个十分重要的激励手段，只不过这种方式在日本也逐渐减少了。

企业的内环境则主要包括企业的组织环境、资源环境、文化环境。

（1）组织环境。组织是企业各要素有效结合的运行载体。它包括组织形式和企业内部的组织机构等。企业的组织创新，即改革组织机构设置，调整职能、权利、责任和权益，修订管理制度、管理程序，形成一种有利于创新的扁平化结构，形成小而相互交叉的创新团体。建立分工明确、检查对等的管理组织体系。传统的企业大多管理职能分得太细，形成了由上到下的多部门的庞大组织结构，这种结构的横向协调成本很高，同一层次上权力过于分散，效率很低；同时，其组织结构还具有纵向分层的科层制组织的显著特征，强调自上而下的职权等级，官僚作风严重、信息传递慢，难以对快速变化的市场环境做出应有的反应。中小型企业则机构简单，领导、员工的利益指向一致，易于达成共识，企业内部"交易成本"低。因此，现代企业趋向于以分权化为基本取向的组织创新。即在企业内形成一种各专其长、相互独立又相互联系的企业内部网络化结构。通过在企业内部成立一系列的"创新团体"，在企业内通过快速敏捷的内部信息网络（如企业内部公共信息网），形成扁平化的、网络化的管理结构。同时为了增强企业的核心竞争力，将一些不具竞争优势的业务外包已成为一种时尚。

（2）资源环境。包括知识技术存量、企业人员素质、资金等。企业的特有知识、核心技术等知识资产是一个企业的最重要的资产，是保持核心竞争力的关键。知识技术存量分为物化在机器上的知识、以图形文字存在的编码知识、依附于人力资本的意会知识，以及存在于内部制度文化中的知识。技术能力决定了一个企业的技术开发实力。如果有独立的研究开发部门和一流的技术人员，就更容易促进创新。相比而言，股份公司的技术能力要高于独资企业。但独资企业有较好的创意并有较强的创新能力，在获得风险投资的支持时，由于创新收益比较高，创新动力比较强。

（3）文化环境。它是创新精神的"孵化器"，影响企业的创新战略，价值取向和行为规范。企业应有"不创新，就落后"的危机意识，形成鼓励创新竞争与合作的企业文化；形成企业内企业家与员工对创新活动的重视、理解、投入、支持和参与的行为规范。据调查，60%的创新项目是反应型的，36%是主动型的。企业文化建设，推行尊重人、关心人等企业道德，给雇员创造充分施展才华的条件，重视每一个创意；形成艰苦创业、鼓励创新的企业精神，鼓励尝试，容忍失败；根据马斯洛需求层次论，给予创新者创新收益等物质收益，更应满足创新者的被尊重、个人成就感等需要。

创新资金来源是一个重要因素。企业技术创新取决于自有资金及外部筹融资能力。因为一个资金仅维持正常生产的循环流转的企业是没有能力创新的。创新需要大量维持正常生产活动之外的资本，以购置用于研究开发的设备、材料，进行市场调查、招聘科研人才、购买科技资料及产权等。股份公司在筹融资等方面要优于合伙企业和独资企业。创新是一项不确定性的投资活动，故风险很大。独资和合伙企业由于责任无限，故在风险承担能力要远低于股份公司。

企业内部的网络等基础设施。它与外部大学、科研机构等创新源头、咨询组织连接获取新思想，收集处理信息的能力十分重要。区域创新环境是企业的生存环境，并作用于企业和创新者。技术创新是技术创新者的一种个性化的创造行为，是与创新相关的人与企业内环境、区域创新环境相互作用、个人需要和社会需求相互作用复杂的过程。个人创新潜力的大小由它的个体心理特征决定，而个体心理的特征的形成有先天成分，但主要由后天的教育来塑造。它不仅是在家庭、学校里得到培养，而且是在企业等机构、组织里塑造，此外整个社会文化环境限制个人创新潜力的发挥。区域的制度安排影响企业的内环境，区域的社会文化因素影响企业和个人的创新意识，区域的资源要素是企业创新的必要条件。区域创新环境为创新主体提供外在压力和必要的条件，包括科技进步的推动、市场需求的拉动、市场竞争的激励、政府政策的支持和保障。还通过教育、社会文化等因素培养和强化创新者和企业的内在动力。

2. 外环境

技术创新存在明显的分布差异。事实上技术创新不是均匀地分布在时间轴上，不是孤立地存在，而是存在着明显的群集现象；技术创新不是均匀地分布在所有地区，而是存在着一定的空间聚集，并向其他地区扩散，即技术创新存在一定的地区差异。在第一次科技革命时，蒸汽机、机车等发明及创新主要是在英国；而在第二次科技革命时，技术创新主要集中在德国和美国；在第三次科技革命时，计算机软、硬件及基因工程等方面创新主要是在美国，而且集中在一些高校附近的知识中心，成为技术创新的源头。

区域环境对高科技企业创新活动的影响。新兴产业的兴起加快了产业转型升级的步伐，也对地区创新环境提出了更高的要求。在以科技竞争的今天，创新能力已逐渐成为一个地区乃至国家经济发展的动力。一个地区的创新能力已成为这个区域获得竞争优势的决定性因素，各个地区间区域创新能力的不同是导致其经济发展不平衡的重要原因[21]。从宏观尺度上看，我国创新能力逐步向东部沿海地区增强，与之伴随的是中部和西部地区的创新能力逐渐下降。同时从产业层面而言，传统的制造业创新能力衰落得极为明显，取而代之的是航空航天、医药、TMT 等新兴产业的技术革新不断加快，成为促进经济发展的引擎。同时，各级政府通过设立省级、市级以及县级形式的经济发展特区，客观上促进了创新的区域集群。因此无论是从宏观还是微观尺度，区域创新已成为一种普遍现象。

3. 区域创新环境与产业创新效率

在产业转型升级地区，良好的区域产业创新环境对地区的创新能力和创新效率有重要的促进作用[22]。研究表明，区域产业创新依赖的市场机制条件不完善，制度和政策因素对创新能力起关键作用。一方面，区域创新能力可由科学技术产生的综合能力（主要是 R&D 投入）和区域创新环境组成[23]，区域创新环境是地区创新活动产生发展的经济、社会背景，直接影响企业的创新绩效；另一方面，对于知识技术密集型的新兴产业而言，研发支出构成其生产投入的主要部分，研发投入的绩效更是受到区域环境一些负面因素的制约。具体而言，区域创新环境涵盖了经济发展水平、科研基础设施建设以及社会文化制度等因素[24]，其中，区域环境中的制度因素（知识产权保护制度、产业规划制度）、竞争因素（行业竞争和垄断程度）、经济发展水平以及人才和知识储备程度等均会对创新活动的绩效产生影响[25]。James Moultrie （2007）[26]、Yi Qian （2007）[27]、张文忠和李叶锦（2003）[28]等学者均认为一个地区的创新环境对创新能力的形成和效果有着深远的影响。王鹏和赵捷（2011）[22]分别以专利执法案件量、公有制企业比重作为区域创新环境的代理变量来研究其对创新效率的影响，实证结果表明，侵权行为、公有制企业所占比重过大会损害创新效率，且前者的负面影响显著，后者的影响程度较弱。此外，目前就区域创新环境中的某种因素对创新能力的影响的实证文献较多，其中较典型的有 Yi Qian （2007）通过分析 26 个国家制药行业的专利保护制度，发现专利保护制度对创新效率的影响不显著，但地区经济发展水平、经济自由度以及教育水平则会促进创新。区域创新环境通常是和区域创新能力联系在一起，集中体现在创新的效率上，国内外学者在这方面进行了广泛而深入的研究，焦点集中体现在以下三个方面：一是研究影响产业创新效率的背景和机制，主要从理论上对产业创新效率进行探讨（王朝云，2010[29]；Chihiro Watanabe，2010[30]）；二是基于区域视角测度其创新效率（孙凯，2008[31]；赵慧芳、李伟卫、王冲，2008[32]）；三是从微观的角度分析企业和行业的创新效率（唐清泉，2009[33]；江剑、宫建成，2008[34]）。

2. 3
创新环境对创新行为影响的实证研究

2.3.1 研究变量

解释变量：研发投入（r_d）也可称为研发力度，表示研发投入的强度或相对大小。研发投入多为相对变量，所以用它做自变量研究企业研发投入与绩效的关系可以规避企业规模的影响。其主要衡量指标为研发支出/销售收入和研发支出/企业总资产，由于数据的可行性，本书选择的指标为研发支出/销售收入。

在研究研发投入与企业绩效相关关系的回归模型中，选择的控制变量主要有：企业规模、无形资产、外商投资和资产结构等。

（1）企业规模（lnsize）。企业由于各自规模的不同，即使处于相同的区域创新环境和同一产业中，也会产生很大的差异。本书选择企业规模作为控制变量旨在控制规模效应对分析结果的影响，使分析结果更具客观性和真实性。结合以往学者的研究和样本数据，模型使用年末总资产来表示企业规模的大小。

（2）无形资产（in_asset）。企业的无形资产作为企业研发储量的度量指标，衡量企业研发能力的强弱。通常来说，一个企业无形资产占总资产的比重越大，首先说明这个企业很重视研发活动，同时也意味着这个企业已拥有的研发成果较多；由于研发活动是一个逐渐积累的过程，过去的研发成果越多，积累的经验越丰富，今后研发成功的概率就越大。

（3）外商投资（fore_capital）。此指标反映这个企业所处区域环境的开放程度。在我国，一个行业中外商投资的比重往往反映了行业的开放程度，也体现了这个行业的竞争程度。行业竞争度是一个地区区域创新环境的重要因素，用这个指标来衡量区域环境的开放程度是一个很合适的指标。

（4）资产结构（cap_structure）。企业的资产负债率代表了企业的资本结构，也是企业偿债能力的衡量指标。保持合理的资本结构对于企业控制财务风险至关重要，也是企业管理水平的重要衡量指标。将资产负债率作为企业绩效的衡量指标，将规避财务状况不佳对分析结果的影响。

被解释变量： 对于绩效的评估标准，学术界普遍存在着两种做法：一种是以专利申请数量为指标的直接产出；另一种为间接产出，即与经济效果之间的关系，具体包括销售收入、净利润、主营业务利润率以及企业价值等。本书侧重于对企业业绩的衡量，以销售收入净利率（P）作为衡量企业研发绩效的指标。

2.3.2 实证模型

为了刻画在特定的区域创新环境下企业的研发投入与绩效的内在关系，选取如下计量模型：

$$P_{it} = \alpha + \beta_1 r\_d_{it} + \beta_2 lnsize_{it} + \beta_3 in\_asset_{it} + \beta_4 fore\_capital_{it}$$
$$+ \beta_5 cap\_structure_{it} + \varepsilon_{it} \qquad (2-1)$$

其中，i 代表研究样本中第 i 个企业，t 代表第 t 个会计期间，共有 5 个时间阶段的样本观测值；r_d_{it} 为自变量，为第 i 个企业在第 t 年的研发投入强度；$lnsize_{it}$、in_asset_{it}、$fore\_capital_{it}$、$cap\_structure_{it}$ 为控制变量，表示第 i 个企业在第 t 年的企业规模、第 i 个企业在第 t 年的无形资产、第 i 个企业在第 t 年的外商投资、第 i 个企业在第 t 年的资本结构；P_{it} 为因变量，表示第 i 个企业在第 t 年的销售收入净利率；β_i（i = 1，2，3，4，5）为回归系数，ε_{it} 为随机误差项，表示存在我们考虑不到的因素，由于种种原因，我们不能很好地观察和研究这些变量，从而将其全部归入随机误差项中。

2.3.3 数据来源和实证检验

运用上海 2119 家高新技术企业共 5 年的混合面板数据，企业研发数据的时间跨度为 2007~2011 年，主要来自上海市各个高新技术产业园区的实地调研数据。企业的数据指标包括工业总产值、净利润、R&D 投入及科技活动经费、销售收入、年末总资产、无形资产、年末负债等指标。这部分数据指标均来自企业实地调研。由于新兴产业包含在高新技术产业之中，因此有必要对这部分数据进行进一步的筛选。根据国家发改委《新兴产业"十二五"规划》中关于新兴产业的划分，明确将"节能环保"、"新兴信息产业"、"生物医药"、"新能源"、"新能源汽车"、"高端装备制造"和"新材料"列为"七大新兴产业"。按照这一标准，我们筛选出1896家企业，鉴于部分企业难以从公司名称上看出其所属行业，为了便于统计，将其纳入高端装备制造业。

表2-1为对本书涉及的2007~2011年的研究变量进行混合型描述性统计的结果，本书涉及的描述性统计变量包括研发投入力度（r_d）、企业规模（lnsize）、无形资产（in_asset）、外商投资（fore_capital）、资本结构（cap_structure）以及企业绩效（P）。主要对统计变量的均值、方差、标准差、极大值、极小值进行了整体性描述性统计。表2-1中研发投入力度的均值为1.045102，极大值为330.4634，极小值为0；企业规模的均值为11.37087，极小值为5.117994，极大值为17.85515；无形资产的均值为0.0254389，极大值为0.5432001。从上述数据可知目前上海市新兴产业中研发投入的力度整体偏度；此外，研发投入极大值和极小值差异较大，说明不同的企业对于研发的重视程度存在显著差异，原因可能是上海在发展新兴产业的过程中并非均等对待七大新兴产业，而是侧重于某几个或某些产业。另外，企业规模极大值和极小值差距较小，说明这些处于新兴产业中的企业规模相近，成立时间较短，没有经过市场长期的优胜劣汰，尚未形成大型集团，市场中仍然是以中小企业为主，这也符合上海市新兴产业目前处于生命周期的萌芽期、成长期阶段的特征。

表2-1　　　　　样本数据混合型描述性统计

	统计变量					
	p	r_d	lnsize	in_asset	fore_capital	cap_structure
N 有效	1898	1898	1896	1896	1896	1896
缺失	0	0	2	2	2	2
均值	0.1865853	1.045102	11.37087	0.0254389	0.0508258	0.4624584

			统计变量			
	p	r_d	lnsize	in_asset	fore_capital	cap_structure
标准差	7.576687	13.48709	1.603325	0.0557203	0.2467159	0.2397119
方差	57.40619	181.9015	2.57065	0.0031048	0.0608687	0.0574618
极小值	−251.8108	0	5.117994	0	0	0
极大值	145.3451	330.4634	17.85515	0.5432001	7.336518	2.719556

2.3.4 实证结果分析

研发投入强度与企业绩效的回归结果如表 2 − 2 所示。

表 2 − 2　　　　　　　　　　**研发投入对企业绩效的影响**

统计变量	(1) P	(2) r_d	(3) P	(4) r_d
r_d	0.1008 *** (0.01267)	#	#	#
lnsize	− 0.0181 ** (0.01071)	− 0.3629 ** (0.1934)	#	#
in_asset	2.5130 ** (3.0639)	8.5171 ** (5.5628)	3.2745 ** (3.1082)	8.0521 ** (5.5610)
fore_capital	− 3.4308 (0.6920)	1.6004 ** (1.2553)	− 3.2896 ** (0.7027)	1.5503 ** (1.2559)
cap structure	− 0.9727 ** (0.7166)	#	− 1.2303 ** (0.7234)	#
R²	0.453	0.38	0.131	0.19
F	17.94	2.39	8.4	1.82
Adj − R²	0.428	0.22	0.116	0.09
观测数目	1896	1896	1896	1896

注：（1）系数下方括号中标明了对应的标准差；（2）***、**、*分别表示1%、5%和10%水平上的显著。

为了验证新兴产业的企业绩效与研发投入的关系，使用销售净利率作因变量，研发投入强度、企业规模、无形资产、外商投资以及企业资本结构作自变量，回归结果表明，研发投入力度和销售净利率之间存在显著的正相关（0.1008＊＊＊），这符合新兴产业的行业特征，体现了研发投入的增加有助于企业盈利水平的提高；无形资产与企业销售净利率之间存在正相关（2.5130＊＊）。一般而言，无形资产代表了企业过去的研发水平，无形资产占总资产比重越大，说明企业的研发经验越多，在后期越容易通过研发取得技术进步，增加产品的附加值，提高销售净利率；企业规模与销售净利率之间存在着显著的负相关（－0.0181＊＊），说明在新兴产业中，一个企业规模的大小与销售净利率之间存在着显著的差异。企业规模越大越不利于销售净利率的提高，原因可能在于企业规模扩大之后，内部管理水平和效率下降导致企业效益降低；也可能是因为企业在规模扩大之后垄断了一部分市场，后期经营越来越依靠市场垄断力量而非通过加大研发投入进行创新，从而在市场竞争中落后最终导致企业的利润率下降。

结合表 2－2 中的（1）（2）列，外商投资与销售净利率之间存在负相关性并且不显著（－3.4308），但却与研发投入存在显著正相关性（1.6004＊＊）。一般而言，一个行业中外商投资占比较高说明这个行业越开放，进入壁垒越少，竞争度也越高，区域创新环境越有利于企业创新，这也说明上海的区域创新环境整体上有助于企业加大研发投入。

为了探究区域环境与企业绩效之间的内在关系，在表 2－2 中的第（3）列中以销售净利率为因变量，外商投资为自变量进行回归分析，结果表明外商投资对销售净利率存在显著的负相关（－3.2896＊＊），结合第（1）列的回归结果，说明企业的创新绩效除了受到研发投入的影响之外，区域环境因素也是一个不可忽视的变量，这是一个极有意义的结论。

2.4

研 究 结 论

以上海市新兴产业中 1198 家企业的相关数据为基础，通过建立混合面板数据模型和计量回归分析，研究了区域创新环境、研发投入和企业绩效之间的关系，发现在特定的区域环境下，高新技术企业的研发强度与企业的业绩呈正相关，其中研发支出占销售收入的占比每提高 1 个百分点，销售净利率将提升 0.1 个百分比；区域环境因素对创新过程的作用是双面的，不同的区域环境创新因素对研发和绩效的影响不同，同一区域环境创新因素对创新的不同环节也存在差异。

（1）在特定的区域环境下，新兴产业企业的研发强度与企业的业绩呈正相关，其中研发支出占销售收入的占比每提高 1 个百分点，销售净利率将提升 0.1 个百分比。这个结果表明对于新兴产业中的企业而言，进行科研创新关系到企业能否在市场中获得竞争优势。这一方面是由于新兴产业的内在属性决定了这些企业生产的产品必须是技术密集的高附加值产品，以至于企业不得不重视科研创新和持续不断的研发投入，只有这样才能保持对其他的高科技企业的竞争优势；另一方面是上海的区域环境对这些企业的外在压力所致，上海经济发展水平较高，劳动力成本也普遍高于其他地区，因此对上海的企业而言，对比其他劳动力成本较低的地区，生产劳动密集型的产品毫无市场竞争力，这些外部客观环境决定了劳动密集型企业无法在此区域中取得竞争优势，企业必须走知识、技术密集的高端战略之路，必须重视科技领先和技术进步。

（2）区域环境因素对创新过程的作用是双面的，不同的区域环境创新因素对研发和绩效的影响不同，同一区域环境创新因素对创新的不同环节也存在差异。其中，无形资产占总资产的比例作为衡量企业内部创新环境的指标，其对于企业的研发投入和企业绩效都有着显著的促进作用。一般而言，一个企业无形资产占总资产的比重越大，说明这个企业过去很重视技术创新，同时也意味着已拥有的研发成果较多，研发基础雄厚；由于科技创新是一个逐渐积累的过程，过去的研发成果越多，积累的经验越丰富，后期研发成功的可能性就越大；而外商投资占总资产的比例作为衡量区域创新环境中开放程度的指标，对于研发投入力度和企业绩效的影响却截然不同，实证结果表明，外商投资比重与研发投入存在着显著的正相关（1.6004[**]），而与企业绩效存在显著的负相关（－3.2896[**]），这说明区域环境中竞争度加剧能够促进企业加大科研投入，但是这种增加科研投入的行为却没有给企业带来业绩的明显提升，其原因在于市场竞争加剧使市场上产品同质化现象严重，产品供给量增加导致价格下降，从而不利于企业销售净利率的提高。

本章参考文献

［1］陈刚．新兴产业形成与发展的机理探析［J］．理论导刊，2004，2.

［2］何雄浪．专业化分工、区域经济一体化与我国地方优势产业形成的实证分析［J］．财贸研究，2007，6.

［3］刘安蓉，林玲．人力资本教育经济效益理论的比较研究［J］．电子科技大学学报，2000，01：59-60.

［4］林平凡，刘城．广东战略性新兴产业的成长条件和培育对策［J］．科技管理研究，2010，20：67-70.

［5］彭骥鸣．钱存林．产业成长模式：从移植型向内生型过渡［J］．审计与经济研究，2001，16（6）：39-42.

［6］杨明．技术创新推动产业形成的理论及模式选择［J］．长春理工大学学报（社会科学版），2003，03.

［7］杨培雷．亚太产业模式转型与中国产业战略调整初探［J］．财经研究，2003，7.

［8］向吉英．产业成长的动力机制与产业成长模式［J］．学术论坛，2005，7.

［9］施红星，刘思峰，郭本海，杨保华．科技生产力流动与新兴产业成长问题研究［J］．科学学与科学技术管理，2009，12.

［10］Anderson. P. , Tushman. M. L. 1990. "Technological Discontinuities and Dominant Designs: A Cyclical Model of Technological Change". Administrative Science Quarterly, Vol. 35. 4（December），pp. 604-633.

［11］Utterback，J. M. . Mastering the Dynamics of Innovation. Boston: Harvard Business School Press，1994.

［12］Khessina O. , Carroll G. . Product Demography of Denovoand Dealio Firmsin the Optical Disk Drive Industry，1983-1999［J］．Organization Science，2008，19：25-38.

［13］Goldfarb B. , Kirsch D. , Miller D. . Was There Too Little Entry during the Dot-ComEra［J］．Journal of Financial Economics，2007，86：100-144.

［14］AldrichH, Ruef M.. Organizations Evolving ［M］. London: Sage Publications, 2006.

［15］McKendrick D., Jaffee J., Carroll G., Khessina O.. In the Bud? Disk Array Producers as a (Possibly) Emergent Organizational Form ［J］. Administrative Science Quarterly, 2003, 48: 60 – 93.

［16］Dinlersoz E., Mac Millan G.. The Industry Life-Cycle of the Size Distribution of Firms ［J］. Review of Economic Dynamics, 2009, (12): 648 – 667.

［17］Geroski P.. The Evolution of New Markets ［M］. Oxford, UK: Oxford University Press, 2003.

［18］Xiang, L. and Xiang, L.. Analysis of Knowledge Network Hyper-cycle Structure and Co-Evolution ［J］. Science & Technology Progress and Policy, 2007 – 08.

［19］陈柳钦. 技术融合是产业融合的前提 ［J］. 中国科技投资, 2007, 05.

［20］宋刚, 张楠. 创新2.0: 知识社会环境下的创新民主化 ［J］. 中国软科学, 2009, 10.

［21］张莹, 张宗益. 区域创新环境对创新绩效的实证研究——以重庆市为例 ［J］. 科技管理研究, 2009 (02).

［22］王鹏, 赵捷. 区域创新环境对创新效率影响的负面研究——基于我国12个省份的面板数据 ［J］. 暨南学报区域经济研究, 2011, No.5.

［23］岳鹄, 张宗益. 投入创新环境与区域创新能力关系研究: 1997～2006 ［J］. 当代经济科学, 2008, 30 (6).

［24］Paul Lanoie, Nick Johnstone. Environmental Policy, Innovation and Performance: New insights on the Porter Hypothesis ［J］. Journal of Economics & Management Strategy, Volume 20, 2011.

［25］Paul Lanoie, Nick Johnstone. Environmental Policy, innovation and Performance: New insights on the Porter Hypothesis ［J］. Journal of services research, 2007, 4.

［26］James Moultrie, Mikael Nilsson. Innovation Spaces: Towards a framework for understanding the role of the physical environment in innovation ［J］. Creating & Innovation management, 2007, 16 (1).

［27］Yi Qian. Donational patent laws stimulate domestic innovation in a global patenting environment ［J］. The review of economic and statistics, 2007, 89 (3).

［28］张文忠, 李业锦. 区域创新环境与企业发展研究 ［J］. 软科学, 2003, 17 (6).

［29］王朝云．创新效率与组织规模的动态适应性分析［J］．统计与决策，2010，（1）．

［30］Chihiro Watanabe. Adaptive efficiency of Japan's National innovation system toward a service oriented economy［J］. Journal of services research，2010，10（1）．

［31］孙凯．基于 DEA 的区域创新系统效率评价研究［J］．科技管理研究，2008，（3）．

［32］赵慧芳，李伟卫，徐晟，王冲．我国东中西部地区专利创新效率差异研究［J］．中国管理科学，2008，（16）．

［33］唐清泉，卢博科．创新效率、行业间差异及其影响因素［J］．中山大学学报（社会科学版），2009，9，（06）．

［34］江剑，官建成．中国中低技术产业创新效率分析［J］．科学学研究，2008，26（6）．

第 3 章

新兴产业两阶段创新驱动效应
——基于微观的视角

3.1

引　言

新兴产业正在成为中国经济创新发展的新的增长点，表现在投入和产出的迅猛双增长上。投入方面，2000～2013 年，研发经费年均增长 22.7%，研发强度（研发经费占 GDP 比值）从 0.90% 上升至 2.09%，从业人员年均增加 73 万[①]；产出方面，2000～2011 年，产值增长 8.5 倍，占 GDP 份额从 10.49% 增加到 18.69%，发明专利年授权量增长 47 倍，到了 2012 年，更是增长到 68 倍。然而新兴产业投入和产出迅猛双增长的背后，如果我们对其投入产出做一个粗略考察，就会发现创新收益和创新产出效率正在不断下

---

① 根据 2000～2012 年数据计算所得。

滑。以新产品产出比率（新产品销售收入/新产品开发经费）为例，大中型高技术产业这一数值从2004年的23.6降到2012年的13.0，同期所有大中型企业从24.9降到15.0。说明这一段时间我国技术密集型产业仍是粗放式的发展，是研发效率而不是研发投入成为阻碍高技术产业乃至经济创新发展的瓶颈。

对创新驱动效应的研究往往将不同创新阶段混为一谈，而创新效率事实上可以分为研究开发阶段和成果转化阶段。前者是研发资源转化成科技成果的过程，后者是科技成果转化为经济效益的过程。创新效率在不同阶段存在差异明显，只有将这一过程分解成成果转化效应和经济转化效应，并分析影响因素，才可以把握新兴产业衍生与成长过程中的驱动机制。

目前关于创新效率的研究很多，但基本集中在省市地区层面（张海洋，2011[1]；史修松，2009[2]；白俊红，2009)[3]、产业层面（冯宗宪，2011[4]；官建成和陈凯华，2009[5]；严兵，2008[6]），对于企业创新效率的实证研究多基于年鉴中的企业整合数据（吴延兵，2012)[7]上。年鉴数据因缺少企业微观信息，难以开展更细致的研究。目前基于中国企业微观调查数据的研究主要有李左峰（2012)[8]、吴延兵（2011)[9]和Zhang等（2003)[10]等几篇。由于数据可获得性问题，企业数据要么内容翔实但企业样本量不大（如前三篇95家、230家和314家企业），或是样本量大但企业指标少（如后一篇包括1995年的8431家企业，仅讨论了所有制和三产类型两个因素的影响）。企业是技术创新的主体，企业个体特征如何影响创新效率需要更深入、具体、系统的研究，这样才可从本质上把握影响创新效率的因素。本书从3年2119家高新企业的200多项指标中，选取了包括所有制、行业、规模、"产学研"、贸易、财务、区位等20余项最主要的影响因素，期望能从微观层面加深对企业创新效率的理解。

效率研究方法主要有数据包络分析（DEA）和随机前沿分析（SFA）两种，其中数据包络分析（DEA）因为不需设定模型和估计参数，简单易用，成为目前评价企业创新效率最主要的方法（余泳泽，2013[11]；冯宗宪，

2011[4]），随机前沿分析（SFA）方法的优点是将误差项分为两个部分：技术效率误差项和随机误差项，避免了统计误差的影响，能有效改善估计结果，可能是更为适用的效率分析工具（傅晓霞和吴利学，2007）[12]，因此本书实证主要基于 SFA 方法。

从研究视角上，大部分研究集中在对技术创新的综合效率进行测度与评价，而对创新的阶段性研究不足。创新过程可分为两个重要阶段：研究开发阶段和成果转化阶段。研究开发阶段是研发资源转化成科技成果的过程，成果转化阶段是科技成果转化为经济效益的过程。在我国，后一阶段的转化效率不足是造成创新效率不高的主要原因。近几年，在 DEA 框架下，已有学者从两阶段视角对国家（官建成和何颖，2009）[13]、省市（余泳泽，2013[11]；王家庭，2010[14]；余泳泽，2009[15]）、城市（杜娟，2014）[16] 和行业（冯志军，2014）[17] 进行了效率测算，并发现了国家、省市、城市层面上都存在两阶段异质性。然而对于新兴产业企业，还缺少相应研究。从新兴产业的创新产出表现来看，专利产出增长迅猛，而创新收益增长缓慢，甚至下滑，呈现出明显的两阶段异质性，因此有必要从两阶段研究视角探讨企业创新效率的不同特征。本书拟在随机前沿（SFA）框架下和在产业微观层面上，将创新效率分为研发效率和转化效率，讨论造成高新企业效率差距的主要原因。

3.2

模 型 设 定

本书基于 Battese 和 Coelli（1995）提出的随机前沿分析模型，此模型通过设定非效率误差项的均值函数，可以定量分析各种相关因素对个体效率差异的具体影响。① 模型设定如下：

---

① Battese G. E., Coelli, T. J. A. model for technical inefficiency effect in a stochastic frontier production function for panel data［J］. Empirical Economics，Vol. 20，1995，pp. 325－332.

$$y_{it} = x_{it}\beta + (v_{it} - u_{it}) \quad i = 1,\cdots,n \quad t = 1,\cdots,T \qquad (3-1)$$

其中，y_{it} 代表产出，x_{it} 表示投入，x 和 y 一般取对数形式。误差项 $v_{it} - u_{it}$ 为复合结构，第一部分 v_{it} 服从 $N(0, \sigma_v^2)$，是随机扰动项，包含了不可控因素。第二部分 u_{it} 是技术非效率项，表示个体冲击，它是一个非负变量，服从在零点截尾正态分布 $N^+(m, \sigma_v^2)$。进一步，技术非效率误差的均值函数设定为：

$$m_{it} = \delta_0 + Z_{it}\delta \qquad (3-2)$$

其中，Z_{it} 为影响技术非效率的因素。若其系数为负，说明此因素对创新效率有正的影响，反之，则有负的影响，w_{it} 为随机误差项。我们可以通过广义似然比检验，决定采用随机前沿函数还是传统生产函数，可以检验两个误差项是否稳健。

在具体生产函数的选择上，有柯布—道格拉斯和超越对数两种形式。柯布—道格拉斯生产函数形式简单，估计参数少，但假定了技术中性，而超越对数生产函数在形式上更加灵活，创新研发阶段（第一阶段）的时变超越对数形式的生产函数设定如下：

$$\ln P_{it} = \alpha_0 + \alpha_c \ln C_{it} + \alpha_l \ln L_{it} + \alpha_t t + \frac{1}{2}\alpha_{cc}(\ln C_{it})^2 + \frac{1}{2}\alpha_{ll}(\ln L_{it})^2$$
$$+ \frac{1}{2}\alpha_{tt}t^2 + \alpha_{cl}\ln C_{it}\ln L_{it} + \alpha_{ct}\ln C_{it}t + \alpha_{lt}\ln L_{it}t + (v_{it} - u_{it}) \qquad (3-3)$$

其中，P_{it}、C_{it}、L_{it} 分别为 i 企业 t 时期的研发产出（专利申请数）、研发资本存量、研发人员折合全时当量。在计算第二阶段转化效率时，我们将中间产出变量 P 作为第二阶段的一个创新投入项。创新转化阶段（第二阶段）的生产函数设定为：

$$\ln S_{it} = \beta_0 + \beta_c \ln CC_{it} + \beta_l \ln LL_{it} + \beta_p \ln P_{it} + \beta_t t$$
$$+ \frac{1}{2}\beta_{cc}(\ln CC_{it})^2 + \frac{1}{2}\beta_{ll}(\ln LL_{it})^2 + \frac{1}{2}\beta_{pp}(\ln P_{it})^2 + \frac{1}{2}\beta_{tt}t^2$$
$$+ \beta_{cl}\ln CC_{it}\ln LL_{it} + \beta_{cp}\ln CC_{it}\ln P_{it} + \beta_{lp}\ln LL_{it}\ln P_{it}$$
$$+ \beta_{ct}\ln CC_{it}t + \beta_{lt}\ln LL_{it}t + \beta_{pt}\ln P_{it}t + (v_{it} - u_{it}) \qquad (3-4)$$

其中，S_{it}、CC_{it}、LL_{it} 分别为 i 企业 t 时期的转化产出（新产品销售收

入）、资本存量、就业人数。两个阶段的技术非效率误差的均值函数式
（3-2）中的变量 Z 相同，其设定详见下一部分。具体生产函数形式依据模
型检验选择。

3.3
两 阶 段 效 率 实 证 分 析

3.3.1 数据

本书数据来自对上海市经认定的高技术企业的调查研究问卷整理所
得，首先我们进行删除重复数据、统一企业名称及法人代码等工作，得到
包含 2119 家企业的 3 年强平衡面板数据。需要指出的是，原始数据中有很
多零值，对于研发投入和产出的数据为零值的，不可以进行对数计算，根
据已有文献的做法，我们对需要取对数的零值加上最小投入 10% 的正偏
移量。

3.3.2 两阶段的生产函数变量设定

两阶段生产函数的投入产出变量的统计描述见表 3-1，第一阶段的投
入产出变量是研发产出（专利申请数）、研发资本存量、研发人员折合全时
当量。第二阶段的经济生产模型不同于创新研发生产模型，上一部分的创
新资源投入是创新生产过程中各类资源要素投入，而此处的创新投入作为
经济生产过程中各类要素投入的一项，与资本劳动等投入一样是影响经济
产出的重要因素。为了将两者区分开，又将两阶段生产结合起来，于是在
第二阶段测算中，生产投入加入专利授权量。转化产出用新产品销售收入
变量，资本投入采用企业年末资本变量，劳动力的衡量则使用企业年末从
业人员数。并对零数据使用同样的处理方法。

表 3 - 1   两阶段生产函数变量的统计描述

阶段	变量	符号	变量说明（全部取对数）	样本数	均值	标准差	最小值	最大值
研发	研发产出	lnP	专利申请数	6357	0.442	2.077	-2.303	6.935
	资本投入	lnC	科技经费研发资本存量	6357	8.670	2.018	-0.511	15.017
	劳动投入	lnL	科技人员折合全时当量	6357	3.747	1.248	-2.996	8.431
转化	转化产出	lnS	新产品销售收入	6357	4.926	6.010	-1.204	16.682
	劳动投入	lnLL	年末从业人数	6357	5.004	1.176	0.000	9.101
	资本投入	lnCC	年末资产	6357	11.465	1.678	2.380	18.611
	创新投入	lnP	专利申请数	6357	0.442	2.077	-2.303	6.935

各个变量的具体设定如下：

（1）第一阶段的创新产出变量 P——专利申请项目数。

在创新产出的变量选择上，许多学者选择专利数指标或者新产品开发项目数，但学术界一直对此存在争议，新产品开发项目数与专利数不能反映全部的创新成果（Pakes and Griliches，1984）[18]，同时不能全面反映创新活动的商业价值（Griliches，1990）[19]。尽管专利数据在衡量创新产出时仍有多种缺陷，但考虑到其易得性和通用性，本书采用专利申请数作为衡量创新能力的指标。此变量也是第二阶段的投入变量。

（2）研发劳动投入 L——研发人员。

由折合科技活动人员代替，包括直接参加科技项目人员的全时当量以及应分摊在科技项目的管理和直接服务人员的全时当量两部分，且我们设定全时人员权重为 1，非全时人员权重为 0.5，则科技全时人员数 + 0.5 * 非全时人员数为计算的折合全时当量。

（3）研发资本投入 C——高技术产业研究与试验发展经费支出。

研究与试验发展（R&D）经费支出合计指调查单位用于内部开展 R&D 活动（基础研究、应用研究和试验发展）的实际支出。包括用于 R&D 项目活动的直接支出，以及间接用于 R&D 活动的管理费、服务费、与 R&D 有关的基本建设支出以及加工费等。

大多数文献将 R&D 投入和人数作为解释变量或者在生产函数中纳入滞后期的 R&D 投入来衡量创新过程中的投入，而事实上，R&D 活动对创新的影响不仅反映在当期，对以后的知识生产活动也产生影响，因此采用 R&D 存量来构建生产函数，测算的结果更符合实际情况（吴延兵，2006）[20]。

假定平均滞后期为 1，则资本存量的计算公式为：

$$C_t = K_t + (1 - \delta) C_{t-1} \qquad (3-5)$$

其中，C_t 是 t 时期的 R&D 资本存量，K_t 是 t 时期的 R&D 支出，δ 为折旧系数，C_{t-1} 为 t-1 期的资本存量。要估算每期的研发资本存量，必须知道以下几个方面：一是研发价格指数折现后的每期研发资本支出；二是研发资本存量折现率 δ；三是基期研发资本存量。

① 每期 R&D 内部经费支出，严格上应该是用研发活动经费内部支出减去科学家和工程师劳务费用的差值来计算，但由于数据的局限性，本书用企业内部用于科技活动的经费支出减去人员人工费用来衡量研发资本支出。

② 研发价格指数。由于需要折现的研发资本支出不包括人员人工费，只反映原材料、固定资产等，参考朱平芳、徐伟民（2003）[21]将研发支出价格指数设定为消费物价指数和固定资产投资指数加权平均值，我们用上海市统计的三种指数来构建，这三种指数分别是：工业生产者购进价格指数、居民消费价格指数、固定资产投资价格指数，来构建上海市高新技术企业研发支出价格指数。即：

$$TPI = \alpha \times IPI + \beta \times MPI + (1 - \alpha - \beta) CPI \qquad (3-6)$$

其中，TPI、IPI、MPI、CPI 分别为研发支出价格指数、固定资产投资价格指数、工业生产者购进价格指数、居民消费价格指数，α、β 分别为固定资产支出和工业生产者购进价格权重。

其一，固定资产投资比例计算过程：利用上海市 2119 家高新企业 2008~2011 年，当年形成的固定资产投资额占内部科技经费支出计算得到，每年分别约为 13%、14%、13% 和 12%，即为 α 的取值。

其二，工业生产者购进价格权重 β：企业原材料费占内部科技经费支出计算而得，分别为28%、27%、28%和28%。

我们将2008年数据作为基期，其余年份的价格指数分别如表3－2所示。

表3－2　　　　　　　　**2008～2011年三种价格指数数值**

	2008年	2009年	2010年	2011年
固定资产投资价格指数（IPI）	100	101.53	103.81	110.53
工业生产者购进价格指数（MPI）	100	108.49	111.18	119.52
居民消费价格指数（CPI）	100	102.24	103.11	108.42

注：数据来源于上海市统计局网站整理而得。

我们采用不同年份的比例分别测算合成的研发支出价格指数，如表3－3所示。

表3－3　　　　　　　　**加权合成后的研发支出价格指数**

	2008年	2009年	2010年	2011年
研发支出价格指数（TPI）	100	103.9	105.46	111.78

③研发资本存量折旧率δ，由于折旧率对估算结果有较大的影响力，国内多数学者通常设定δ为15%（吴延兵，2006[20]；詹宇波等，2010[22]）等。由于创新的折旧率普遍较高，本书利用2008～2011年折旧费用与长期费用加上无形资产摊销加上其他费用所占内部科技经费支出比例表示，计算结果分别为24%、26%、24%和23%。

④基期研发资本存量的确定，根据Griliches（1980）[23]计算我国1990年的研发存量公式，本书采用2009年数据计算研发资本存量，为：

$$C_{2008} = K_{2008}/(g + \delta) \qquad (3-7)$$

其中，g为研发实际支出的算术平均增长率，避免了因其他因素而导致的R&D支出的大幅波动。g的计算过程为：

$$g = \sqrt[3]{内部科技经费支出_{2011}/内部科技经费支出_{2008}} - 1 \qquad (3-8)$$

最终所测得算数平均值增长率为20.95%。

3.3.3 两阶段的非效率影响因素变量

非效率部分的影响因素包括政策体制因素和环境等一些外生性变量，这些变量对生产业绩有较大的影响，主要衡量生产者所处的环境特征，如政府对不同区位企业的经济扶持、市场化程度、经济对外开放程度、国际竞争环境问题等。外部因素影响企业的技术效率，可能通过影响投入要素转化为产出的技术结构，也可能直接影响投入转化为产出的效率。根据相关理论，本书将技术非效率影响因素划分为八个部分，分别是企业规模、"产学研"联系、资金来源、进出口、技术路径、绩效能力、虚拟变量。

1. 企业规模

有关企业规模和研发效率的关系在学术界存在争议。Chen、Chien 等（2004）[24]研究发现，规模经济会在一定程度上改善企业研发效率。朱有为和徐康宁（2006）[25]实证研究发现高技术产业的研发效率与企业规模之间存在着正向线性关系，而非二次项关系，规模大的企业技术和资金实力较强，而一般中小企业则不具备这样的创新生产活动条件，此外中小企业的人员素质以及知识管理水平也不如大企业，因此企业规模会促进研发效率的提高。

但有学者认为企业规模并非越大越经济。企业规模扩大以后，内部结构的复杂性增强，对市场和内部的协调成本越来越高、难度越来越大，生产效率大大降低，边际收益下降，也会出现规模不经济、生产亏损现象。这里我们采用两个指标衡量企业规模：年末员工数（scale1）和工业总产值（scale2）。

2. "产学研"联系

企业、高校和科研机构之间的知识交流和学习对创新生产过程有显著的影响（Cohen et al.，2002[26]；Lundvall et al.，2002[27]）。三者通过各种正式或非正式的合作关系，如技术转让、合作研发等，促进相互之间信息的流动和共享。一方面弥补了单一主体研发知识和人员的不足；另一方面也提高了创新系统内部知识的扩散和采用速度，进而提升了创新系统的整体绩效。为了衡量"产学研"对企业创新的影响，书中以委托外单位开展科技活动的经费支出（Res）衡量，总委托外单位开展科技活动的经费支出包括三个方面：对国内研究机构支出、对国内高等院校支出、对境外支出，在企业进行的科技活动的过程中，委托国内高校进行研发合作活动的经费支出占绝大部分，约 70%。支出经费按 2008~2011 年计算出的研发支出价格指数（TPI）折算得出。

3. 资金来源

衡量企业资金来源的两个指标分别为政府资金（GOV）和银行贷款（Bank）。Guellec（2000）[28]、Czarnitzki（2006）[29] 等学者都认为政府资助支持降低了企业的研发成本和风险，激发了企业创新积极性。也有学者认为政府部门资助在一定程度上挤出了企业的研发投资，降低了创新水平（Wallsten，2000）[30]。在资金来源数据中，企业自身资金占比约 70%，政府资金占比 25%，可知除企业自身资金外，政府资金支柱占绝大多数，国外资金和其他资金渠道占比 5%，且由于 2010 年数据中不存在金融机构或者事业单位借款，因此，对于外来资金我们只研究政府资金对效率的影响，在 2009 年数据中，政府资金的调研名称是"科技活动经费筹集总额"科目项下的"来自政府部门的资金"，不同于后两年的"使用来自政府部门的科技活动资金用于企业内部科技活动"，数据实质是相同的。

另外，企业融资情况也很好地反映了创新活动的水平，融资约束程度能很好地反映企业融资难易程度。国内外学者多数采用股利支付率（Fazzari，Hubbard and Petersen，1998）[31]、国家股比重（郑江淮，2001）[32]、综合财务状况等衡量融资约束程度。企业投资首先依赖于内源融资，另外，如果信贷市场或资本市场越完善，企业受到的外源融资约束程度越低。在本书的 2119 家高新企业中，只有 100 家左右企业上市，占比非常小。对于非上市企业，内部融资占企业融资需求的绝大部分，内部融资大部分有两种资金来源：一种是留存收益，即由于公司经营发展的需要或由于法定的原因等，没有分配给所有者而留存在公司的盈利，从企业当年净利润中扣除；另一种来源是银行贷款，留存收益数据与净利润有很大的相关性，于是在这里我们采用银行贷款表示企业融资的约束程度，并将银行贷款用研发支出价格指数处理。

4. 进出口

企业出口值很大程度反映企业的对外竞争力，更反映企业在投入继续创新的能力。本书采用高技术产品进口额（IM）和出口额（EX）研究企业的创新产品贸易竞争力。对于多数发展中国家，出口对于企业生产率所具有的"出口中学习"效应广泛存在，主要表现生产效率的提升，而不是其自主创新能力或技术创新型生产效率的提高。关于中国出口是否存在"学习效应"的实证研究结论却不一致（张海洋，2011）[1]。吴延兵（2012）[7]指出进出口对于生产效率有促进作用，对创新效率却作用不显著。

5. 技术路径

国际贸易产生的技术溢出可以使落后国家通过较低成本引进、模仿和吸收发达国家的技术来实现自身的技术进步，于是技术引进、改造支出的大小影响众多高新企业引进外国技术和改造技术来提高生产效率和收益，因此技术的引进变量为技术改造经费支出、引进国外技术经费支出、引进技术的消化吸收经费支出、购买国内技术经费支出等，反映了对引进技术的掌握、应用、复制以及在此基础上的二次创新能力，通过消化吸收外国技术，达到提高自我创新能力的目的。本书用技术改造经费支出（Tec1）、国外技术引进经费（Tec2）、消化吸收经费（Tec3）和国内技术购买经费（Tec4）等四个指标研究技术路径对效率的影响。

6. 绩效能力

绩效能力衡量采用净利润指标（Pro），净利润高的企业，会增强其信贷能力并更好地促进企业迅猛发展，提高市场经济下市场的占有率，同时财务管理制度和财务状况能很好地反映企业偿债能力，侧面反映企业创新活动的风险和积极性。

7. 虚拟变量

（1）地理位置。

在创新领域，地理位置也决定企业创新活动水平，主要通过地理条件或者地理环境的作用来实现的，特殊的地理位置对于不同地方具有特殊的资源禀赋。对于上海市高新企业来说，位于高新技术产业开发区内的企业享受研发优惠政策，得到更多政策扶持，公共服务平台逐步优化，较好发挥了市场资源配置作用，金桥园、张江核心园区等也打破了原有政府投资模式，实行政企分开，还先后上市，有效地推动了园区的基础设施建设。

本书使用虚拟变量衡量区位对于创新效率的促进作用，根据高新技术企业的区位划分为三个类别：政策区、新建区和未进区。政策区指经原国家科委审核、国务院批准的可以享受高新技术产业开发区政策的区域范围，新建区是指经原国家科委审核、国务院批准的高新技术产业开发区集中连片新建设的部分，在此两者区内的高新技术企业认定后可享受高新技术产业开发区政策。本书设定地理位置虚拟变量为 0、1。D = 1 为企业在高新区（政策区、新建区）内，D = 0 则表示企业不在高新区内。

（2）企业所有制变量。

不同所有制企业由于种种原因，如技术、管理水平的差异，这种技术水平差异可能通过多种途径进行扩散，导致行业内整体效率的提高。对于企业性质的效率研究，大多集中在国有企业的生产效率上，最近创新效率也成为评价国有企业绩效的另一个切入点，刘志迎（2013）[33] 运用三阶段 **DEA** 模型对我国高技术企业汇总三资企业和国有企业的创新效率进行测量，并比较了两者纯技术效率，另外 **Zhang** 等（2003）[10]、**Jefferson** 等（2006）[34]、吴延兵（2006）[20]、吴延兵（2012）[7] 也对企业所有制和创新效率之间做了大量的实证研究，有国有所有制引起效率损失，也有认为国有企业在知识创新生产上具有先天的体制优势的和没有优势的（张海洋，

2011)[1]。我们认为，对于高新企业，国有所有制的优势更为突出，预期其会促进创新。

根据企业登记的注册类型代码，企业一般分为内资企业、港澳台商投资企业以及外商投资企业三大类别，三位数代码首个数字分别为 1、2、3。我们发现 2119 家高新企业中，细分属性的种类有国有企业、集体企业、国有与集体联营企业、国有独资有限公司、中外合资经营企业等十九种企业类型，由于企业种类太多细分，我们将国有独资公司、国有联营企业看作纯国有企业，除这两种之外其他的全部划分为其他内资企业。同样，我们将外商参与注资的企业也分为纯外资企业和合资企业，最后，共将企业分为 5 个等级：纯国有企业、其他内资企业、港澳台企业、合资企业、纯外资企业，但数据中没有出资比例份额的具体值，我们只能用虚拟变量来表示企业的性质，设定 Own1 = 1 为其他内资企业，Own2 = 1 为港澳台企业，Own3 = 1 为合资企业，Own4 = 1 为纯外资企业，即模型中我们以国有企业为参照对象。

（3）企业所属领域。

高技术范围的确定是根据国内外高新技术的不断发展而进行补充和修订的，由科技部颁布。1991 年，科技部规定科技管理部门将 11 个范围确定为高新科技领域，分别是微电子和电子信息技术、空间科学和航空航天技术、光电子和光机电一体化技术、生命科学和生物工程技术、材料科学和新材料技术、能源科学和新能源技术、生态科学和环境保护技术、地球科学和海洋工程技术、基本物质科学和辐射技术、医药科学和生物医学工程技术、其他在传统产业基础上应用的新工艺新技术。

根据企业的领域三位数代码的首位数字，我们将 2119 家企业分为十大领域，分别是电子与信息、生物医药技术、新材料、光机电一体化、新能源和高效节能、环境保护、航空航天、地球空间和海洋工程、核应用技术、其他高技术，并且依次采用 F1 = 1、F2 = 1、F3 = 1、F4 = 1、F5 = 1、F6 = 1、F7 = 1、F8 = 1、F9 = 1 九个虚拟变量来表示上述除电子信息行业的另外九个行业领域，反之为零则不属于对应行业领域，即模型中以电子信息为参照对象。

综上所述，非效率部分的实证模型设为：

$$m_{it} = \delta_0 + \delta_1 \ln Scale1_{it} + \delta_2 lScale2_{it} + \delta_3 \ln Res_{it} + \delta_4 \ln Gov_{it} + \delta_5 \ln Bank_{it}$$

$$+ \delta_6 \ln IM_{it} + \delta_7 \ln EX_{it} + \delta_8 \ln Tec1_{it} + \delta_8 \ln Tec2_{it} + \delta_9 \ln Tec3_{it}$$

$$+ \delta_{10} \ln Tec4_{it} + \delta_{11} Pro_{it} + \delta_{12} D_{it} + \delta_{13} Own1_{it} + \delta_{14} Own2_{it} + \delta_{15} Own3_{it}$$

$$+ \delta_{16} Own4_{it} + \delta_{17} F1_{it} + \delta_{18} F2_{it} + \delta_{19} F3_{it} + \delta_{20} F4_{it} + \delta_{21} F5_{it}$$

$$+ \delta_{22} F6_{it} + \delta_{23} F7_{it} + \delta_{24} F8_{it} + \delta_{25} F9_{it} \qquad (3-9)$$

其中，变量名前的 ln 表示此变量取了对数。

企业非效率影响变量的统计描述如表 3 - 4 所示。

表 3 - 4　　　　　　企业非效率影响变量的统计描述

	变量	变量名	观测值	均值	标准差	最小值	最大值
企业规模	员工数	lnScale1	6357	5.004	1.176	0	9.101
	总产值	lnScale2	6357	9.159	4.252	2.303	17.56
产学研	研究机构支出	lnRes	6357	-0.619	3.686	-2.414	13.14
资金来源	政府资金	lnGov	6357	0.366	4.217	-2.356	14.11
	银行贷款	lnBank	6357	3.716	5.383	-0.916	17.13
进出口	出口	lnEX	6357	0.319	4.694	-2.356	15.26
	进口	lnIM	6357	1.514	5.366	-2.356	16.21
技术路径	技术改造	lnTec1	6357	0.241	3.442	-1.204	14.53
	技术引进	lnTec2	6357	0.378	1.794	0	12.30
	消化吸收	lnTec3	6357	-0.0674	1.527	-0.357	13.23
	国内技术	lnTec4	6357	-0.443	1.405	-0.693	11.94
绩效能力	净利润	lnPro	6357	14.87	0.192	0	16.64
虚拟变量	地理位置	D	虚拟变量，在高新区内 =1，否则 =0				
	所有制	Own2 ~ 5	外资企业、国有企业等虚拟变量，分为五等，生成 4 个虚拟变量，基组 Own1 = 国有企业				
	企业所属领域	F2 ~ 10	根据十大技术领域代码生成 9 个虚拟变量。基组 F1 = 电子信息				

注：除了虚拟变量之外，其他变量都是对数值。

3.3.4 结果

（1）生产函数模型的设定检验。

我们首先对随机前沿模型的适用性进行了检验，检验结果表明非效率项相对随机项显著（表3－5中检验3和检验6），因此采用随机前沿模型是必要的。其次，我们对函数形式（即超越对数和CD生产函数）及其时变特征进行了检验，结果如表3－5所示。

表3－5 模型设定检验结果

研发生产函数

原假设 H_0	原假设含义	检验值（P值）	检验结果	结　论
（1）$\alpha_t = \alpha_{tt} = \alpha_{ct} = \alpha_{lt} = 0$	非时变生产函数	27.55 (0.000)	拒绝原假设	研发应采用时变超越生产函数
（2）$\alpha_{cc} = \alpha_{ll} = \alpha_{cl} = 0$	非超越生产函数	68.24 (0.000)	拒绝原假设	
（3）$\lambda = \dfrac{\sigma_u}{\sigma_v} = 0$	误差全来自随机误差，采用 OLS 模型	3.718 (0.000)	拒绝原假设	应采用随机前沿模型

转化生产函数

（4）$\beta_t = \beta_{tt} = \beta_{ct} = \beta_{lt} = \beta_{pt} = 0$	非时变生产函数	3.98 (0.552)	不拒绝原假设	转化应采用非时变超越生产函数
（5）$\beta_{cc} = \beta_{ll} = \beta_{pp} = \beta_{cl} = \beta_{cp}$ $= \beta_{lp} = 0$	非超越生产函数	202.13 (0.000)	拒绝原假设	
（6）$\lambda = \dfrac{\sigma_u}{\sigma_v} = 0$	误差全来自随机误差，采用 OLS 模型	19.71 (0.000)	拒绝原假设	应采用随机前沿模型

检验结果表明，研发生产函数应选择时变超越生产函数，转化生产函数采用如下的非时变的超越生产函数。

$$\ln S_{it} = \beta_0 + \beta_c \ln CC_{it} + \beta_l \ln LL_{it} + \beta_p \ln P_{it}$$

$$+ \frac{1}{2}\beta_{cc}(\ln CC_{it})^2 + \frac{1}{2}\beta_{ll}(\ln LL_{it})^2 + \frac{1}{2}\beta_{pp}(\ln P_{it})^2$$

$$+ \beta_{cl}\ln CC_{it}\ln LL_{it} + \beta_{cp}\ln CC_{it}\ln P_{it} + \beta_{lp}\ln LL_{it}\ln P_{it} + (v_{it} - u_{it}) \quad (3-10)$$

（2）创新随机前沿模型的结果。

我们对上海市高技术企业创分行业新效率进行了实证研究，模型的估计结果如表3-6所示，可以看到创新研发和创新转化两阶段呈现出明显的异质性，不仅生产前沿面不同，各影响因素对效率的作用也有比较大的区别。

表3-6　　　　　　两阶段创新效率模型估计结果

变　　量		（1） 创新研发模型		（2） 创新转化模型
资本投入	lnC	-0.0383 (0.0442)	lnCC	-0.321** (0.138)
劳动投入	lnL	-0.0202 (0.0691)	lnLL	1.065*** (0.150)
时间/专利投入	t	0.457** (0.183)	lnP	0.000788 (0.104)
资本投入²	lnC²	0.0201*** (0.00517)	lnCC²	0.148*** (0.0102)
劳动投入²	lnL²	0.0186 (0.0148)	lnLL²	0.120** (0.0511)
时间²/专利²	t²	-0.275*** (0.0775)	lnP²	-0.0280* (0.0146)
资本*劳动	lnC*lnL	0.0154** (0.00698)	lnCC_lnLL	-0.126*** (0.0223)
资本*时间/专利	lnC*t	-0.0164 (0.0156)	lnCC_lnP	-0.00101 (0.0136)
劳动*时间/专利	lnL*t	0.0427* (0.0240)	lnLL_lnP	0.0109 (0.0178)
	常数项	1.703*** (0.282)	常数项	6.430*** (0.900)

变　　量		（1） 创新研发模型	（2） 创新转化模型
效率影响变量			
人员规模	lnscale1	− 0.0517 （0.0488）	0.737 *** （0.137）
产值规模	lnscale2	− 0.135 *** （0.0126）	− 0.815 *** （0.0393）
产学研	lnRES	− 0.0332 *** （0.0126）	− 0.110 *** （0.0391）
政府资金	lnGOV	− 0.107 *** （0.0112）	− 0.141 *** （0.0324）
银行贷款	lnBank	− 0.0335 *** （0.00847）	0.0155 （0.0262）
出口	lnEX	− 0.00840 （0.0149）	− 0.524 *** （0.0494）
进口	lnIM	− 0.0295 ** （0.0139）	0.131 *** （0.0414）
技术改造	lntec1	− 0.0405 *** （0.0156）	− 0.669 *** （0.0599）
技术引进	lntec2	0.0421 （0.0294）	− 0.590 *** （0.126）
消化吸收	lntec3	0.00983 （0.0357）	− 0.212 （0.142）
国内技术	lntec4	0.0248 （0.0331）	− 0.108 （0.123）
利润	Profit	0.772 （0.733）	− 0.699 （0.481）
园区内	D	0.0469 （0.101）	− 0.207 （0.312）
其他内资企业	Own2	− 0.0783 （0.174）	− 0.565 （0.516）
港澳台企业	Own3	0.676 *** （0.229）	0.418 （0.705）

续表

变 量		（1） 创新研发模型		（2） 创新转化模型
合资企业	Own4	0.482 ** (0.218)		− 1.811 *** (0.696)
外商企业	Own5	0.455 ** (0.227)		1.430 ** (0.691)
生物医药技术	f2	− 0.612 *** (0.161)		0.772 (0.492)
新材料	f3	− 1.166 *** (0.148)		− 4.600 *** (0.521)
光机电一体化	f4	− 1.645 *** (0.135)		− 1.847 *** (0.400)
新能源和高效节能	f5	− 1.745 *** (0.230)		− 0.623 (0.644)
环境保护	f6	− 1.602 *** (0.244)		− 0.430 (0.687)
航空航天	f7	− 1.015 * (0.571)		0.706 (1.575)
地球空间和海洋工程	f8	− 1.974 *** (0.740)		2.849 (1.736)
核应用技术	f9	− 0.555 (0.481)		2.070 (1.383)
其他高技术	f10	− 1.581 *** (0.158)		0.592 (0.433)
	_cons	− 7.344 (10.88)		18.36 ** (7.227)
	N	6357		6357

注：括号里是标准误，* 、** 和 *** 分别表示在 10% 、5% 和 1% 水平显著。

（3）两阶段的生产前沿面和投入产出弹性比较分析。

由于采用了超越对数生产函数形式，我们需要根据估计结果计算各个投入的产出弹性。弹性计算结果如表 3 − 7 所示。

表3-7 　　　　　　　　两阶段超越生产函数的产出弹性

第一阶段　研发阶段的产出弹性

超越函数弹性	弹性均值	2009 年	2010 年	2011 年
资本产出弹性	0.161***	0.172***	0.159***	0.150***
e_C	(0.016)	(0.022)	(0.016)	(0.023)
劳动产出弹性	0.269***	0.222***	0.268***	0.316***
e_L	(0.023)	(0.034)	(0.023)	(0.032)
时间半弹性	-0.076***	0.200***	-0.076***	-0.351***
e_T	(0.023)	0.080	0.023	0.081

第二阶段　转化阶段的产出弹性

超越函数弹性	弹性均值	2009 年	2010 年	2011 年
资本产出弹性	0.749***	0.726***	0.750***	0.771***
e_C	(0.029)	(0.028)	(0.029)	(0.029)
劳动产出弹性	0.227***	0.247***	0.228***	0.208***
e_L	(0.040)	(0.040)	(0.040)	(0.041)
专利产出弹性	-0.012	0.016	-0.012	-0.040
e_P	0.030	(0.018)	(0.030)	(0.044)

注：括号里是标准误，*** 表示在1%水平显著。

　　根据弹性结果，在创新研发阶段（第一阶段），规模报酬是递减的，投入增加1%，创新产出（专利）增加0.43%，其中，资本贡献了0.16%，劳动贡献了0.27%，说明在高技术产业研发活动中，研发人员的投入贡献率要高于资本投入的贡献率，而且这个趋势逐年加强。这与吴延兵（2012）[7]和葛仁良（2010）[35]的研究结论一致。同时，李习保（2007）[36]和白俊红（2009）[3]都发现研发经费投入不能通过显著性检验，认为人力资源投入比经费投入起到了更显著的作用。说明上海市作为创新的领先区域，已经摆脱了使用大量的资金促进企业创新的状况，而改为采用人才引进方式，印证了内生增长理论中人力资本的重要性。

　　与此不同的是，在创新转化阶段（第二阶段），规模报酬基本是不变的

（P值 = 0.36），投入增加 1%，创新效益增加 0.96%，其中，资本贡献大部分，为 0.75%，劳动贡献了 0.23%，专利投入贡献不显著。说明在高技术产业创新转化生产中，资本投入的贡献率要远高于人员投入的贡献率，这种趋势也逐年加强。专利产出弹性不显著，一方面是因为它本身是资本和劳动的函数，控制资本和劳动变量后，难以分辨其在创新收益中的贡献。其次说明公司的创新收益与专利的相关性不够强，而且不显著的负值也说明更专注于研发的企业，有可能在创新转化方面会做得不好，尽管这一作用不是特别显著。

另外，研发方程中显著的 t 半弹性表明创新研发的生产前沿面在下降，即研发最高效企业在研发产出方面也以每年 7% 的速度下滑，但是转化最高效企业在转化产出方面则保存稳定。由于研发效率和转化效率的相关系数只有 0.09，研发最高效企业并不一定是转化最高效企业。

（4）技术非效率影响因素的结果分析。

创新研发和创新转化两阶段呈现出明显的异质性。对第一阶段创新研发效率有显著促进作用的是：产值规模、"产学研"、政府资金、银行贷款、进口和技术改造。对第二阶段创新转化效率有显著促进作用的是：产值规模、产学研、银行贷款、出口、技术改造和技术引进，有显著负作用的是人员规模和进口。

企业产值规模对其创新研发和转化效率均有明显的正作用，可见大规模高产值企业利于创新，特别是有利于创新转化活动。但是人员规模对研发效率和转化效率的影响是不同的，对研发效率有一定的促进作用，但对转化效率有非常明显的阻碍作用，这可能是由于机构臃肿造成的收益下降。

"产学研"对两阶段创新均有显著的推动作用，特别是创新转化。

政府资金对研发效率和创新具有显著促进作用，而且比银行资金的作用要大得多。银行资金对研发效率促进作用明显，与"产学研"作用相当，但银行贷款在一定程度上影响了创新收益和转化效率。

进口通过引入先进技术对研发效率有提升作用，其代价是降低了创新收益。出口提升了创新收益，但是对研发却没有显著的促进作用。

技术改造对两个阶段效率都有显著促进作用，说明高新企业更多的是依赖自身的技术进步。技术引进对转化效率有显著促进作用，但对于研发效率没有促进作用，这说明技术引进存在低端化趋势。技术消化吸收和国内技术购买对效率影响不大，对研发效率有不显著的阻碍作用，对转化效率有不显著的促进作用，也说明了借助外力的技术路径的低端化趋势。

企业盈利能力和园区内外对创新效率没有明显作用。这说明虽然园区内企业在规模和创新产出距园区外企业有较大差距，但在创新效率上没有明显劣势。

在所有制方面，结果显示，在统计意义上可分成三组：内资（含国有）、合资和外资（含港澳台）三组。在研发效率上，内资组 > 合资 = 外资组。但在转化效率方面，合资 > 内资 > 外资。因此，内资所有制促进研发效率，合资所有制促进转化效率，而外资所有制阻碍两类创新效率。

从企业所属领域来看，在研发效率方面，第一梯队是地球海洋、新能源、光机电、环境保护行业；第二梯队是新材料、航空航天、生物医药行业，第三梯队是电子信息和核技术行业。在转化效率方面，新材料和光机电行业要高于其他行业，这两个行业也正是我国近年来一直大力扶持的行业。

为了更好地了解各个影响因素的重要性，我们进行了标准化系数回归，结果如表 3 - 8 所示，我们仅列出显著变量的标准化系数，所有制和行业分为 3 组。

表 3 - 8   研发效率和转化效率的显著影响因素重要性排序

	排序	变量	标准化系数	排序	变量	标准化系数
显著促进因素	1	产值规模	- 0.29	1	产值规模	- 0.58
	2	政府资金	- 0.22	2	出口	- 0.41
	3	银行贷款	- 0.08	3	技术改造	- 0.40
	4	进口	- 0.08	4	技术引进	- 0.17
	5	产学研	- 0.07	5	政府资金	- 0.09
	6	技术改造	- 0.06	6	合资企业	- 0.06
				7	产学研	- 0.06

	排序	变量	标准化系数	排序	变量	标准化系数
显著阻碍因素	1	低效行业	0.32	1	低效行业	0.22
	2	外资企业	0.11	2	中效行业	0.18
	3	合资企业	0.08	3	人员规模	0.16
				4	进口	0.11
				5	外资企业	0.08

注：基组是国有企业和高效率行业。

3.4

不同类型企业两阶段效率特征分析

通过上述模型，我们计算出各个企业的研发和创新效率值。整体而言，高新企业的两阶段效率有两个特点：（1）创新研发效率明显高于创新转化效率，说明中国创新效率的瓶颈在于创新转化效率。（2）转化效率在逐年提高，研发效率变化不大，这说明中国的创新产业整体是良性发展的。本部分将进一步对两阶段创新效率的所有制差异和行业差异分析，以总结出高技术企业效率的典型特征，并找出提高转化效率的关键企业。

3.4.1 不同所有制、不同行业企业的两阶段效率特征

从图3-1中，我们可以将不同所有制的企业大致分为三类。C类为粗放式低效率技术创新企业，企业是包括港澳台、外资企业；B类为高研发效率低转化效率的企业，为国有企业及其他内资企业；A类为高效集约型技术创新企业，为合资企业。C类外资组企业的技术研发效率和转化效率都比较低，多数企业在两阶段生产过程中盲目投资，不注重投资质量（消化吸收、技术引进等）。B类内资组企业在技术创新过程中的研发阶段效率相对较高，但在成果转化阶段效率较低，因此，这类企业应在不忽视研发效率的同时重点加强产业化的实现。以往众多学者都认为国有企业创新效率低下，本

书通过将效率值两阶段化，发现国有企业转化效率较低是造成其整体效率值不高的重要原因。A 类合资企业在技术研发和成果转化阶段皆表现出了较高的效率，主要是由于这些企业具有雄厚的经济基础和政策优势，并由此带来资金、人才、配套环境等多方面的优势，成为我国高技术企业发展的榜样。

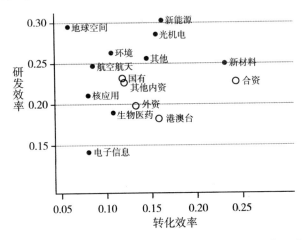

图 3-1　不同所有制和行业企业的两阶段效率特征

　　通过比较十大高技术行业的创新研发效率、创新转化效率值，可以看出各个行业之间差距较明显。我们同样将这些行业分为上述的三类，C 类包括电子信息、生物医药、核应用类企业；B 类包括环境保护、航空航天、地球空间、其他行业；A 类包括新材料、新能源、光机电行业。电子信息、生物医药、核应用两阶段效率相对于其他行业偏低，可能的原因是其资源配置能力较弱，过多的要素投入没有得到有效的利用和吸收。环境保护、航空航天、地球空间及一些其他类型的行业中多为投资巨大，资金、技术、风险高度密集的企业，投资回收周期长，技术创新成果产业化和商业化程度较低，导致市场化效益和转化效率低。新材料、新能源和光机电行业的企业平均研发、转化效率值都较高，回归方程中的系数表明这些行业对效率有促进作用。

3.4.2　不同所有制、行业企业的两阶段效率变化趋势

　　下面我们进一步分不同所有制和不同行业进行两阶段效率动态趋势分析。

图3-2刻画了三组不同所有制企业两阶段效率的演化。我们可以看出最具效率的合资组的两个效率同步上升，而内资组企业的转化效率在上升，研发效率下降；外资组企业的趋势不明显。可以看到，高新企业的研发效率差距在扩大，合资和内资的转化效率在增加，但合资增长得更快。

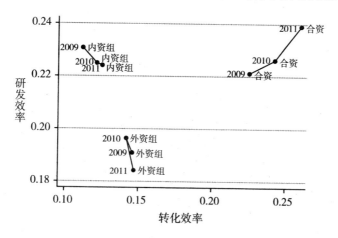

图3-2　不同所有制企业两阶段效率变化趋势

同样，我们把行业也分为三个组，从图3-3中可以看到，高效率行业和低效率行业的差距在不断加大，特别是在研发效率方面，出现了高者更高、低者更低的趋势。在转化效率方面，高效率行业比低效率行业发展更快。

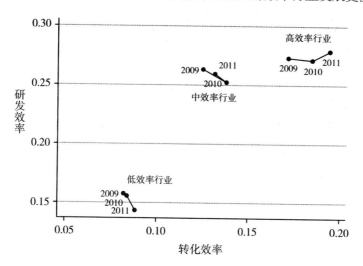

图3-3　不同行业的两阶段效率变化趋势

总体而言，三年来，虽然高新企业的整体研发效率变化不大，但是出现了两极分化的趋势。转化效率逐年上升，说明近年来，高新企业更加注重创新的转化过程，但是也存在差距不断加大的现象。

3.5
结论性评述

本书运用随机前沿分析法，测算了2009～2011年上海市2119家新兴产业企业的创新技术效率和转化效率及其影响因素，并分所有制和行业进行了趋势分析。

研究发现：

（1）企业的创新研发效率和转化效率分别是0.22和0.14，远远低于1，说明有大量的低效企业存在，尤其是低转化效率企业存在，不论哪种所有制企业或者特定行业，都存在很大程度的创新资源浪费。

（2）第一阶段创新研发生产函数代表了最大可能研发（专利）产出，研发的生产前沿面以每年7%的速度在收缩下滑，说明最高研发效率企业出现滑坡。以此前沿面为参照，企业的平均研发效率稳定，2009～2011年分别是0.224、0.221和0.220，有微弱减少。但是通过所有制和行业分析发现，研发高效企业和低效企业出现了高者更高、低者更低的两极分化的趋势。

（3）第二阶段创新转化生产函数代表了创新的最大可能转化（收益）产出，转化的生产前沿面基本稳定，说明最高转化效率企业表现稳定。以此前沿面为参照，企业的平均转化效率逐年上升，2009～2011年分别是0.128、0.136和0.141。通过所有制和行业分析发现，虽然转化效率都在提高，但高效企业和低效企业的差距也在扩大。

（4）在所有制方面，合资企业是高效集约（0.229，0.243）A类企业，从回归中的所有制效应结果可知，尽管合资所有制类型对研发不利，但是有利于转化效率。国有和内资企业呈现出明显的高研发低转化（0.227，0.120）[1] B类企业特征，国有和内资所有制类型是显著促进研发效率，但阻碍转化效率的。外资和港澳台是粗放低效（0.190，0.145）C类的，而且其所有制对研发和转化均有阻碍作用。总之是内资所有制促进研发效率，合资所有制促进转化效率，而外资所有制阻碍两类创新效率。外资企业和港澳台企业在中国的创新活动和能力不强，对于我们促进整个地区以及国家研发效率水平而言，既是机遇也是挑战。

在行业方面，新材料、新能源和光机电属于高效集约（0.274，0.184）A类行业，除了新能源在转化方面，这三个行业效应都是显著促进效率的，电子信息、生物医药、核应用类属于粗放低效（0.152，0.085）C类，其行业效应是显著降低研发效率，但是对转化效率没有明显阻碍作用，意味着其低转化效率是由其他因素引起的。

（5）创新研发和创新转化在投入产出方面有很强的异质性。在创新研发阶段规模报酬递减，劳动弹性＝0.27，资本弹性＝0.16，表明研发阶段是劳动投入贡献大，并有逐年加强趋势，说明企业的创新生产已经逐步转向为人才引进推动的资源节约型。而转化阶段是规模报酬不变，劳动弹性＝0.23，资本弹性＝0.75，资本投入贡献大，也有加强趋势。

（6）企业人员规模、银行贷款、进出口和技术引进对于创新两阶段的作用显著不同。本书分八类变量，分析了影响研发和转化效率的各个因素。其中产值规模、产学研、政府资金，技术改造对研发和转化效率都有显著的促进作用，但是企业人员规模、银行贷款、进出口和技术引进对于创新两阶段的作用却显著不同。具体地，企业人员规模对转化效率有显著负作用，银行资金对研发有促进作用，进口对研发效率促进作用，对转化效率有阻碍作用；出口对转化效率有促进作用，对研发没有显著作用，因此出口的低端性质明显。技术引进也是促进转化效率的，显示了技术引进低端化倾向。

本书的实证发现具有重要的政策含义。不同类型的企业与行业应采取

---

[1]　括号里是（研发效率，转化效率），下面相同。

不同的策略和激励措施，提升中国创新效率水平。对于各类企业，在有条件的前提下，都应加强"产学研"联系、努力获取政府资金资助、加强技术改造和扩大产值规模以提升创新两阶段效率。对于高研发低转化效率的企业和行业，还要特别着力于增加出口、减少进口、加强技术引进，努力提高转化效率。而对于低研发高转化的企业和行业，则还要特别考虑银行贷款、进口策略和扩大人员规模以促进研发效率的提升。

本章参考文献

[1] 张海洋，史晋川. 中国省际工业新产品技术效率研究［J］. 经济研究，2011（1）：83-96.

[2] 史修松，赵曙东，吴福象. 中国创新效率极其空间差异研究［J］. 数量经济技术经济研究，2009，（3）：45-55.

[3] 白俊红，江可申，李婧. 应用随机前沿模型评测中国区域研发创新效率［J］. 管理世界，2009（10）：51-61.

[4] 冯宗宪，王青，侯晓辉. 政府投入、市场化程度与中国工业企业的技术创新效率［J］. 数量经济技术经济研究，2011（4）：3-17.

[5] 官建成，陈凯华. 我国高技术产业技术创新效率的测度［J］. 数量经济技术经济研究，2009（10）：19-33.

[6] 严兵. 效率增进、技术进步与全要素生产率增长［J］. 数量技术经济研究，2008（11）：16-27.

[7] 吴延兵. 国有企业双重效率损失研究［J］. 经济研究，2012（3）：15-27.

[8] 李左峰，张铭慎. 政府科技项目投入对企业创新绩效的影响研究［J］. 中国软科学，2012（12）：123-132.

[9] 吴延兵，米增渝. 创新、模仿与企业效率——来自制造业非国有企业的经验证据［J］. 中国社会科学，2011（4）：77-94.

[10] Zhang, A. M. , Y. M. Zhang and R. Zhao（2003）. "A Study of the R&D Efficiency and Production Performance of Chinese Firms", Journal of Comparative Economics 31, 444-464.

[11] 余泳泽，刘大勇. 我国区域创新效率的空间外溢效应与价值链外溢效应［J］. 管理世界，2013（7）：6-19.

[12] 傅晓霞，吴利学. 前沿分析方法在中国经济增长核算中的适用性［J］. 世界

经济，2007（7）：56－66.

［13］官建成，何颖．科学—技术—经济的联结与创新绩效的国际比较研究［J］．管理科学学报，2009a（05）：61－77.

［14］王家庭，单晓燕．我国区域技术创新的效率测度及动态比较［J］．中国科技论坛，2010（11）：73－78.

［15］余泳泽．中国高技术产业技术创新效率及其影响因素研究——基于价值链视角下的两阶段分析［J］．经济科学，2009（4）：62－74.

［16］杜娟，霍佳震．基于数据包络分析的中国城市创新能力评价［J］．中国管理科学，2014（6）：85－93.

［17］冯志军，陈伟．中国高技术产业研发创新效率研究——基于资源约束型两阶段 DEA 模型的新视角［J］．系统工程理论与实践，2014（5）：1202－1211.

［18］Pakes，A.，Griliches，Z.，Patents and R&D at the Firm Level：A First Look，in R&D，Patent，and Productivity. ［M］. Chicago：University of Chicago Press，1984：55－72.

［19］Griliches，Z. Patent statistics as economic indicators：a survey［J］. Journal of Economic Literature，1990，28：1661－1707.

［20］吴延兵．R&D 与生产率——基于中国制造业的实证研究［J］．经济研究，2006（11）：60－71.

［21］朱平芳，徐伟民．政府的科技激励政策对大中型工业企业 R&D 投入与其专利产出的影响——上海市的实证研究［J］．经济研究，2003，（06）：45－53，94.

［22］詹宇波，刘荣华，刘畅．中国内资企业的技术创新是如何实现的？——来自大中型工业企业的省级面板证据［J］．世界经济文汇，2010（1）：50－63.

［23］Griliches，Zvi. R&D and the Productivity Slowdown，American Economic Review ［J］. American Economic Association，Vol. 70（2），1980，pp，343－348.

［24］Chin-Tai Chen and Chen-Fu Chien. Ming-Han Lin，and Jung-Te Wang，Using DEA to Evaluate R&D Performance of the Computers and Peripherals Firms in Taiwan［J］. International Journal of Business，Vol. 9，2004，pp. 261－288.

［25］朱有为，徐康宁．中国高技术产业研发效率的实证研究［J］．中国工业经济，2006（11）：38－45.

［26］Cohen，Marjorie G.，and Stephen McBride. Global Turbulence：Social Activists' and State Responses to Globalization. Aldershot，UK：Ashgate，2002.

［27］Lundvall，B-A.（2002b）The University in the Learning Economy，DRUID Working Paper，No. 6，2002. ISBN：87－7873－122－4 International Economic Review，Vol. 18，

No. 2，1977，pp，435 – 444.

［28］Guellec. D. and B. Van Pottelsberghe，2000，"The Effect of Public Expenditure to Business R&D"，OECD STI Working Papers，2000/4.

［29］Czarnitzki，Dirk（2006），Research and Development in Small and Medium-Sized Enterprises：the Role of Financial Constraints and Public Funding，Scottish Journal of Political Economy 53（3），257 – 335.

［30］Wallsten，S.，"The Effects of Government-industry R&D Programs on Private R&D：The Case of the Small Business Innovation Research Program"，RAND Journal of Economics，2000，31（1），82 – 100.

［31］Fazzari，S. M.，R. G. Hubbard and B. C. Peterson，"Finacing Constraint and Corporate Investment"，Brookings Papers on Economic Activity，1988，141 – 195.

［32］郑江淮，何旭强，王华. 上市公司投资的融资约束：从股权结构角度的实证分析［J］. 金融研究，2001（11）：92 – 99.

［33］刘志迎，张吉坤. 高技术产业不同资本类型企业创新效率分析——基于三阶段 DEA 模型［J］. 研究与发展管理，2013，25（3）：45 – 52.

［34］Jefferson，G. H.，Bai Huamao，Guan Xiaojing and Yu Xiaoyun. Economics of innovation and new technology. Economics of Innovation and New Technology，Vol. 14，No. 4，2006，pp，345 – 366.

［35］葛仁良. 中国发明专利技术效率影响因素研究——基于随机前沿生产函数的分析［J］. 科技管理研究，2010（4）：216 – 219.

［36］李习保. 区域创新环境对创新活动效率影响的实证研究［J］. 数量经济技术研究，2007，8：128 – 131.

第4章

新兴产业本土市场驱动效应
——基于宏观的视角

4.1

引　言

在科技创新的推动下，全球经济增长的动力、产业组织形态和竞争手段已经发生了革命性变化。强调发展战略性新兴产业已成为我国立足当前、着眼长远的重大战略选择。

新兴产业（Emerging Industries or New Industries）是处在发展阶段的、要素条件具有变化性的、产业本身的规律及规范尚未成熟的、未来发展轨迹不确定的产业（C. Freeman and L. Soete，1997）[1]。根据前面的研究，认为新兴战略性产业，不仅具有上述新兴产业的特点，还具备推动社会经济发展的潜力。因此可根据其作用将其定义为体现社会经济发展方向的，具有研究意义的还没有完善的产业（Bart Los，2004）[2]，是对技术具有高度依赖性的、大多在科技革命演变为产业革命过程中衍生出的新兴产业，对提高一个国家或区域综合竞争力有长期和战略影响，不应以短期利益为取舍依据、必须控制和发展的产业。

2008 年金融危机之后，许多国家开始将经济发展的重点转向对于战略型新兴产业的研究，希望通过培养新的支柱型产业而创造出新的经济发展点。但如何使新兴战略性产业顺利地衍生、成长，并成为经济持续发展支柱需要深入探讨。

目前创新理论在产业发展中的作用已被充分认识到，尤其是自主创新的价值，也就是说对创新驱动经济增长有了充分的认识，这体现在政府政策、企业研究布局等方方面面。新兴产业自主创新能力的形成绝不意味着只是国产化率的提高，也不意味着仅沿着旧有的技术轨道不断引进新技术，而是要有自己的系统整合能力和控制价值链的能力，只有在这些能力形成之后才会有持续的自主创新，而中国作为发展中国家这方面的能力还与发达国家有较大差距，在这种背景下就需要借助中国巨大的国内市场需求，并结合市场经济的特点，获得我国新兴产业的竞争优势，即通过本土市场驱动产业创新，为我国的新兴产业提供不竭的动力。

4.2

文 献 回 顾

我国是个发展中国家，这意味着技术处于追赶地位，产业处于价值链低端，即微笑曲线的低端，而新兴产业并不意味着来料加工、贴牌生产等低附加值的制造环节。我国是世界制造工厂已是公认的事实，这些制造环节为我国带来了大量的就业和区域经济增长，但同时也带来了生产的高能耗和难以弥补的环境污染，幻想再利用我国廉价的劳动力的比较优势完成新一轮的产业竞争也越来越不现实。

而新兴产业的衍生与成长以至于最后形成领先产业，需要一系列组织、知识生产体系和政府政策的支持。我们知道，现代化学工业起源于英国，但在 19 世纪下半叶，德国化工企业后来居上，第二次世界大战后美国又成为领先者。在制药领域同样经历了从德国、瑞士再到英国、美国的产业领导权的转换。半导体、计算机和软件业是一组性质相近的产业，它们起源于在美国完成的技术创新，并且最先发展起来，美国国防部的采购对美国半导体业、计算机业和软件业的早期发展具有决定性的影响，为这些行业后来长期处于世界领先地位奠定了能力基础。发达国家经验表明，虽然某些产业的领先地位与这些国家的资源和要素禀赋有着密切的联系，但新兴产业领导权的兴衰更替并不是由资源和要素禀赋结构所决定的。

对于产业的衍生与发展，学术界有着源远流长的研究，但多是根植于发达国家的理论，按照这些理论，发展中国家将很少有机会处于全球产业领先地位。其中最有影响的全球价值产业链（GVC）理论认为新兴产业企业可以切入 GVC 的各个环节：产品设计、开发、生产制造、营销、出售、消费、服务、最后循环利用等各种增值活动。这一产业发展的驱动力又被 Gereffi 分为技术者控制和采购者控制[3]。前者如波音、GM 等，后者如耐克等。在这一理论框架下包括中国在内的发展中国家的企业只能在 GVC 的这些大型技术提供商与采购商的夹缝中才能生存，根本谈不上新兴战略性产业的兴盛壮大，那么如何突破发达国家对全球价值产业链的控制呢？国内外研究主要包括以下几方面。

4.2.1 强调国际分工在产业竞争中的作用

强调国际分工在产业竞争中的作用是当前研究的一个热点，此议题在当前我国经济转型发展背景下尤其重要。对这个问题的研究主要集中于比较优势理论和产业集群理论。

一是比较优势理论。从要素以及由这种差异所导致的要素相对价格在国际上的差异解释中国对外贸易的比较优势。依照国际比较优势理论，我国应根据自身的资源禀赋选择战略型产业并予以培育。

二是产业集群理论。对产品空间地图的研究表明，一个国家生产这些产品的能力依靠它生产其相邻产品的能力（Hidalgo, Klinger, Barabasi and

Hausmann，2007）[4]。工业化国家于产品空间网络的中心位置，出口产品由机械金属制品和化学制品组成，相互之间有邻近性的产品种类很多，即产品空间非常密集。而东南亚具有比较优势的出口产品是制衣、电子产品和纺织品，处在外围，产品有一定的密集度，对比之下，贫困国家的出口产品类型少，而且绝大部分处于产品空间遥远的外围。

如果过多地强调国际分工，会使我国陷入"贫困式发展"，因为我国目前的比较优势集中在劳动密集的低附加值企业，只是通过少量的加工费维持企业的发展。这样的生产环境，以及低端劳动的投入不能有效地促进企业的创新，更不会推动新兴产业的发展。因为按国际分工理论，中国企业应专注于制造业产业，进一步削减成本，从而扩大了在全球分工中的规模优势，忽视了本土市场、企业创新成长对分工路径依赖的影响（Ghironi and Melitz，2005）[5]。

另外，企业的生产模式不应只停留在与其目前技术水平相近的层面上，根据全球经济发展的现状，对未来经济起拉动作用的仍然是高新技术行业。如果我国企业只是停留在目前的技术水平上，那么将不足以支持战略新兴产业的发展。

4.2.2 从技术进步角度出发

技术进步角度基于发展经济学的视角，从技术能力获取的角度研究产业成长的动力机制，一是市场换技术论。"以市场换技术"指通过向外国产品出让国内市场份额以获得国外先进技术从而提高国内技术水平的策略，最早源自20世纪80年代初我国汽车工业领域的"技贸结合"。这个理论认为，发达国家跨国公司有强大的技术、营销能力，发展中国家应开发自己的市场换取对方的技术，与此相对应的是"瀑布效应"论（Cascade Effect），这个理论认为全球化商业革命使全球许多产业结构进一步集中，拥有技术和营销能力的世界领先公司在各个产业部门主动在它们的供应商中挑选最能干的公司，通过"产业计划"的形式选择可以在世界各地和它们一起工作的"联盟供应商"，因此出现了"瀑布效应"（Nolan，2002）[6]，为全球巨型公司提供商品和服务的公司受到压力，进行购并，发展在全球的领先地位，这同时又给这些公司的供应商们带来巨大压力进行变革，结果在全球范围内，各个层次为系统集成者提供商品和服务的产业出现了高度集中，后发国家的产业只能在这些大型集成者与供应商的夹缝中生存。

"市场换技术"战略在我国的实施，一定限度上促进了我国产业技术水平的提高，但很多时候我们在让出了市场的同时却没有换来真正的先进技术。以汽车产业为例，合资的结果是我国的汽车厂家成为国外厂商的装配车间。而长期依靠技术引进的方针，使我国的许多企业失去了自主创新的动力，掉入了引进、落后、再引进、再落后的对外国技术依附的怪圈。

二是技术民族主义。"技术民族主义"这一说法是美国学者罗伯特·莱许1987年率先提出的。莱许当时在美国《大西洋月刊》上的一篇文章中指出，美国应该采取措施，以防以后技术突破的机会被日本人夺走。这种观点就是"技术民族主义"。莱许从美国角度出发，认为霸权国家应保护其技术前沿地位。政治学学者随后对这一观点进行演绎。有学者把"技术民族主义"定义为相信技术是国家安全的最基本条件，必须实现技术本土化才能让国家富强。这与"技术全球主义"正好相对——全球主义更多把技术看成国际合作的机会，而不是国际竞争的焦点。

另外，不少学者把"技术民族主义"概念与正在崛起的亚洲国家联系起来，称"技术民族主义"是亚洲国家破除对西方技术依赖的一种愿望。

这种观点认为经济增长依赖于高科技，而只有高科技是本土企业的，本国才能充分获益。这一观点受到Bhide等人的批评，认为科技、人才在全球化的开放格局下会自由流动，就算中国能培养出更多科学家，也无法阻止美国在冒险性经济的本土市场利用中国的发明在美国市场开发出的商业模型。例如，苹果的MP3音乐播放器最早由新加坡公司推出，却是美国的苹果公司通过构架购买音乐的产业链而大赚其钱（Bhide，2008）[7]。哈佛大学商学院Christensen教授在《创新者的困境》[8]一书中首次正式提出的概念"颠覆性创新"（Disruptive Innovation，又译成"破坏性创新"、"裂变式创新"、"排斥性创新"的理论），支持了这一观点。

我国新兴产业竞争优势获取的关键条件

企业具有市场资源和生产资源两种资源。市场资源主要表现是商机，包括市场分布、市场容量和需求强度等内容。市场资源大小成为企业生存和发展的前提条件和成长潜力。市场资源越大，企业发展的空间越大，反之，市场资源越小，企业发展空间也越少。市场规模的大小决定了一国市场势力的大小。林毅夫等人注意到战略选择与国家规模的关系，认为日本等国家和地区在经济发展的早期就放弃超越战略的原因是经济规模太小、人均拥有自然资源太少，并论证了"大国优势是中国能够将快速经济增长继续维持下去的重要保证"。

波特（1990）钻石理论认为，一国产业竞争优势的获取，关键在于要素条件、需求因素、支持性产业和相关产业、企业战略、结构和竞争，以及机遇和政府两个辅助要素的整合合作等。加拿大学者 Tim Padmore 和 Hervey Gibson 对钻石模型进行了改进，将波特的需求因素进一步区分为本地市场和外部市场两大因素。波特认为，国内需求条件（Home Demand Condition）是产业发展的动力，"本土的预期型需求可能催生产业的国家竞争力，而市场规模和成长模式则有强化竞争力的效果"；"当产业科技发生重大改革时，快速的内需成长更显其重要性。"如瑞士、韩国甚至日本都是在国内市场不够大的压力下才发展出口，大型内需市场的存在会降低母国企业出口的动力，母国市场规模越大，企业出口的动力越小。

4.3.1 "母国市场效应"所带来的母国标准的国际竞争优势

母国市场效应最早被用在国际贸易研究中，是指在一个存在报酬递增和贸易成本的世界中，那些拥有相对较大国内市场需求的国家将成为净出口国。中国有巨大的国内市场,当存在规模报酬递增的情况下,国内市场需求造成的规模经济效益对中国的贸易起到作用。"母国市场效应"对制造业的影响在国外已经受到越来越多人的重视,出现了大量关于如何确定和衡量一国的制造业是否存在的"母市场效应"的影响因素等研究。我国是一个贸易大国,其中很多外贸产品都具有规模报酬递增的特点,所以如何发挥这个庞大的国内市场的积极作用对于中国的新兴产业发展有着特殊的意义。

我国的市场换技术政策提高了外商资本的市场占有率,有助于行业技术进步,但却阻碍了本土企业自主创新能力,导致市场换技术政策实施效果并不十分理想。这是因为以获得市场份额为目标的跨国公司为保持技术差距,转移核心技术动力不强,占领市场后往往利用专利、自主知识产权保护对合资企业加以控制,而本土企业缺乏自主创新的动力,对外方先进技术的依赖增强了自主研发的惰性,同时外资企业利用优厚待遇和良好条件吸引大批国内企业科技人才,导致人才流失。而这也正是我国目前制造业面临的普遍难题,新兴产业在培育过程离不开原有的制造业基础,制造业存在的创新不足和附加值低、高能耗等顽症依然存在,已成为新兴产业成长的障碍,如何让我国现有制造业成为新兴产业成长的基础,需要充分把握不同产业特征,分析其"母国市场效应",从而有效利用我国的市场。

作为大国,与小国相比,国内市场较大,许多新兴产业通过国内市场就能够实现规模经济和产业的国际竞争优势,从而为进入国际市场奠定基础。而不是像小国一样,新兴产业在初始阶段就必须和国际市场上其他国家的相关产业进行竞争,从而丧失产业起步的条件。

4.3.2 国内市场规模及市场潜力是影响一个国家制造业技术标准形成的主要因素

国内市场规模,在相当大程度是决定一个国家有关产业、企业在国内市场上能否获得经济规模效益,实现低成本、大批量生产,并在此基础上走向国际市场,使自己的技术标准得到国际承认的关键因素。一项技术标准能否在市场竞争中得到承认，固然取决于此标准的技术是否足够先进，更取决于市场规模，没有足够大的市场规模支持，技术标准难以达到规模经济，也就难以在竞争中胜出。在这两个条件中，市场规模作用相对更大，因为对大部分技术标准而言，技术并非高不可攀，能否率先达到规模经济才是决定技术标准生死存亡的关键。

国内市场规模与市场的快速成长为产业带来持续创新的压力。波特反复强调了母国需求数量的重要性。"本土的预期需求可能催生产业的国家竞争力，而市场规模和成长模式则有强化竞争力的效果"。当产业科技发生重大改革时，快速的内需成长更显其重要性。波特认为发达国家消费的优势是需求的质量，即国内市场消费者的需求以及国内市场需求转换为国际市场需求的能力，包括细分多元的需求结构、内行而挑剔的客户、预期型需求。从需求数量方面看，主要是需求规模和成长模式，在竞争优势中，国内市场需求的成长率和市场需求的规模是一体的两方面。快速的内需成长可以鼓励厂商投资，勇敢而果断地引进科技，更新设备并兴建更大型、更有效率的厂房。国内市场会出现提前需求和提前饱和的现象。母国市场的提早需求会给企业和政府提早行动的机会，而提前饱和则会给企业带来高度的继续创新和升级的压力。

除现有的市场规模外，对新产品、新技术来说，市场潜在的规模至关重要。尤其在高技术产业中，新技术、新产品应用在相当程度上是以潜在市场为目标的。潜在市场的可能性空间不仅对企业决策至关重要，对政府是否制定某种技术路线、某种产品的政策也具有决定性作用。

4.3.3 产业选择范围大所带来的标准多元化优势

由于标准通过增进兼容性或互联性而可以扩大某种产品的应用网络，因此新技术的推动者往往通过制定标准来吸引同盟者，并以此引发对自己技术的正反馈，这就同时说明，有关标准之争的实质仍然是不同技术轨道之间为获得主导权的竞争。竞争不仅发生在个别企业之间，而且发生在以技术体系为纽带的企业群体之间；换句话说，竞争不仅发生于个别技术之间，而且发生在不同的技术体系之间。在企业层次上，一个企业可以通过控制技术体系的标准而主导整个体系和产业链，从而通过控制产生利润的关键环节而获得优势。

通过工业联盟、政府和国际性标准组织认定的标准，把自己的技术纳入标准给企业带来两个主要的优势：一是掌握对知识产权的控制，控制知识产权不仅可以带来专利费收入，而且可以成为封杀竞争对手技术轨道的武器；二是提出和制订标准的过程同时是理解和掌握产品开发技术的过程，是企业以自己的知识积累和组织资源解决技术问题的过程，所以提出标准的企业能够把新技术体系的发展纳入自己的技术轨道，从而更可能在后来的产品竞争中获得优势。

4.4

基于需求方的市场驱动型新兴产业成长策略

4.4.1　利用我国市场的特殊性突破"微笑曲线"的枷锁，取得新兴产业国际领先优势

我国市场具有其特殊性，具有巨大发展潜力，特别是低端市场和农村市场，不仅存在大量市场潜在需求者，而且存在大量的黏滞信息，具备成为颠覆性创新培育发展土壤的条件。不仅比亚迪、中集、华为、爱国者、天宇朗通等本土企业充分利用了本土市场的优势与颠覆性创新的规律实现了跨越式发展，国外企业如西门子、GE 等国际著名跨国公司也纷纷将中国市场作为其全球颠覆性创新业务的重要培育基地。西门子中国从 2006 年起，开始自上而下地推行一个名为"SMART"（聪明）的战略计划，目的是设计出一批符合 S. M. A. R. T.（即简单易用、维护方便、价格适当、可靠耐用和及时上市）理念的产品。GE 在 2009 年宣布，在未来的六年时间里，将投资 30 亿美元开发至少 100 个成本更低、使用更方便、质量也更好的医疗保健新产品。如价值 1000 美元的手持式心电图设备和一个基于 PC 机的超声

便携式机器（15000 美元），虽然最初是专门针对发展中国家的农村、贫困地区开发的，现在在美国市场上也同样畅销。可见，本土市场可以为发展中国家的创新提供重要的基础，这些创新可以在出口或 FDI 中获利。中国台湾"微笑曲线"理论，是因为本地市场的狭小，限制了其从曲线两端获得高端价值及其人对 GVC 的控制能力，而中国、印度等发展中国家本身有广饶的国内市场，有可能复制 20 世纪初美国 Ford、GE 等利用本国市场达成规模经济、迅速壮大产业的历史，从而突破"微笑曲线"的枷锁。

4.4.2　促进供给侧为主的产业政策转型

长期以来国家支持技术密集型产业更多的是从供给侧出发，通过提供公共研发支出和促进"产学研"合作，以期加快由研究到产品商业化的周期，但在政府有了大量的财政投入的情况下实施结果并不十分理想；尽管也有一些基于需求侧的政策如政府采购、补贴厂商等，但由于政策缺乏系统性和科学性，所带来的市场效果也不明显。

由于技术创新活动是由创新供给方和创新需求方共同作用而激发的，创新供给方，即创新主体通常是企业和科研院所、高校等，创新需求方则是创新的购买者。因此政府可以从两个方面来激励创新：一方面是对创新供给进行激励，另一方面是对创新需求进行激励；前者可称为供给导向的创新政策，后者为需求导向的创新政策。目前许多国家或地区的创新政策都是供给导向和异质需求导向。例如，政府通常制定向企业和科研机构提供公共资金资助的政策工具，包括资助高校的基础性研究以增加对企业基础性知识的供给，资助国家实验室的定向研究以增强面向民用目标的技术溢出以及制定有关知识产权保护的法律、法规等。

4.4.3　根植于本土市场可以获取黏滞信息，降低新兴产业企业市场风险

黏滞信息是指对于产品供给要求不高的用户所传递的信息。这样的信

息所具备的优点是包括成本小、来源广、持续时间长。通过满足这部分信息可以使企业搜集市场需求的成本大大降低，有利于企业的资金流转，另外，这部分消费者的需求较为稳定，不会出现过大的变化，这也降低了企业生产的风险。

一些国家的创新实践也从一定程度上说明了本土市场驱动的重要性。欧盟国家的框架计划主旨就是要打破市场边界，增加本土市场规模，以扩展新技术市场形成规模效益，并从政策上开始选择需求侧的新兴战略性产业培育模式。中国既有资源约束的障碍，但同时也有庞大的国内大陆型市场，这是日本、欧洲诸国等国家和地区不可比拟的。19 世纪美国的增长模式就是以出口为导向，后来转向更多地依赖内向型动力，目前中国也应该寻找驱动自身经济增长的动力。然而"大陆型经济"要更多地为本土创新提供驱动，需要政府为最具创新活力的民营企业解除更多的管制，帮助企业获取黏滞信息。

4.5

结　　语

在逐渐失去"人口红利"的中国，如何根植于本土市场发现和培养领先用户，获取黏滞信息，如何打破"微笑曲线"的枷锁，从两端切入，以"大陆型经济"刺激创新，是新兴战略性产业在面临国际激烈竞争并取得突破性产业地位的关键。我国具有很大的国内市场，通过本土市场的培养从而推动战略新兴产业的发展具有很强的现实意义。

本章参考文献

［1］The Economics of Industrial Innovation, (3rd Ed), CFreeman and L Soete, Pinter, London, 1997.

［2］Identification of strategic industries: A dynamic perspective, Bart Los, Journal of Economics, 2004, 83, (4), 669－698 (2004).

［3］Gereffi, G., Humphrey, J., & Sturgeon, T. The Governance of Global Value

Chains. Review of International Political Economy, 12 (1): 78 – 104, 1999.

[4] Hidalgo, C. A., Klinger, B., Barabasi, A. L., & Hausmann, R. The Product Space Conditions the Development of Nations. Science, 2007, 317 (5837): 482 – 487.

[5] Ghironi, F., & Melitz, M. J. International Trade and Macroeconomic Dynamics with Heterogeneous Firms. Quarterly Journal of Economics, 2005, 120 (3): 865 – 915.

[6] Nolan, P. China and the Global Business Revolution. Cambridge Journal of Economics, 2002, 26 (10): 119 – 137.

[7] Bhide, A. The Venturesome Economy: How Innovation Sustains Prosperity in a More Connected World. Princeton, NJ: Princeton Univ. Press, 2008.

[8] Clayton M. Christensen, The innovator's dilemma. China CITIC Press, June 2010, (in Chinese).

第5章

新兴产业成长为战略性
产业的筛选机制

5.1

引 言

　　新兴产业的衍生与成长与传统产业相比有特殊的规律，也因为新兴产业成长的特殊规律，即对其他产业的先导性和引领性、技术密集性、能源替代性等，必然会有一些产业成熟壮大进而成为区域经济的支撑，一方面带动上下游企业的产生与发展，另一方面在经济增长中起着引领的作用。然而现有学术研究和政策制定中对新兴产业的支持并未进行具体的分门别类，怎么才能算是战略性意义上的产业，对哪些产业应该扶植与培育，目前还存在许多分歧，不同地方政策在制定产业规划时对新兴战略性产业的描述和支持也存在差异，在本部分研究中我们尝试以所有制造业为例，从中筛选出具有战略性意义的新兴产业。

高端装备制造业作为战略性新兴产业之一，是物质资源消耗少、知识技术密集的产业，对经济社会全局发展有重要支撑作用。然而高端装备制造业在我国产业结构中还并未起到引领作用，因此如何使高端装备制造业发展成为我国的主导产业是目前我国转型经济面临的一个难题。

许多学者对高端装备制造业的发展和优化升级进行了研究。陆燕荪（2010）提出高端装备制造业应注重学习能力与自主创新能力的提高，才能应对全球竞争加剧、环境资源约束日趋严峻和高级人才短缺等挑战[1]；宦璐（2010）提出用高新技术和先进适用技术改造传统产业，从而推动装备制造业的高端化升级改造[2]。屈贤明（2010）认为，高端装备制造作为战略性新兴产业，具有技术先进的特征，对国民经济的带动作用大，但同时又处于产业成长初期，需要在能源、资源的供给体系方面提供足够的保障[3]。这些研究比较详细地描述了装备制造业的基本特征，但要解决现状中存在的诸多问题，有必要首先在制造业中厘清与识别那些真正处于"高端"的装备制造业，从而研究与把握其成长规律，并以此为依据创造资源和政策环境条件，推动这一产业的良性快速成长。

鉴于此，首先要建立装备制造业具备战略性产业特征的识别机制，合理选择装备制造业主导产业的衡量基准，依据主导产业识别基准的指标特征体系，对上海市 29 个工业行业进行综合评价。从现有制造业企业中识别具有主导产业潜力的高端装备制造业。

5.2

主导产业识别指标文献综述

自赫希曼于 1958 年提出主导产业选择的产业关联度基准[4]之后，关于识别标准不断改进，赫希曼认为各产业在投入产出上的相关联程度可以说明其产业的主导作用；罗斯托在《经济成长的阶段》中吸取赫希曼的不平衡发展理论的基础上，提出主导部门基准[5]；日本经济学家筱原三代平于 1957 年在《产业结构与投资分配》一书中提出的收入弹性基准和生产率上升基准等[6]。

国内学者周振华于 1992 年提出"周振华三基准",即增长后劲基准、短缺替代弹性基准、瓶颈效应基准[7],认为我国目前产业基础不完善,产业自我协调能力不强以及生产要素市场化程度不高,存在严重的流动障碍,还不存在国外学者所提出的主导产业识别指标实现的条件,因此各省市应该依据经济发展规律和自身产业结构的状况,对这些识别指标进行改进,进而建立起一个系统性的选择标准体系。关爱萍、王瑜(2002)根据区域产业特色,选取可持续发展、市场需求、效率、技术进步、产业关联以及竞争优势几个方面来选择区域主导产业[8];张海洋(2004)根据中国国情和湖北制造业的具体现状选择了产业增长潜力、就业、产业比重、关联度、生产率及可持续发展能力作为主导产业的识别基准[9];李长胜、贾志明(2006)通过分析产业的相对市场份额和市场增长率以及产业的发展潜力作为青岛市制造业主导产业的选择基准[10];赵攀、张伟(2009)根据我国和北京的经济发展具体特点,摒弃以建立在比较优势理论上的各种流行的主导产业的选择标准,建立"六要素模型"对北京市制造业的主导产业选择进行实证研究[11];蔡兴(2010)在前人研究的基础上,设计了一个低碳经济背景下制造业主导产业选择的指标体系,对中国制造业主导产业进行了识别和评价[12]。

学者对主导产业识别基准的研究主要围绕产业增长、市场需求、产业关联度和生产效率四个方面,本书在吸取现有主导产业识别基准基础上,根据上海市装备制造业发展现状,选择适合上海市装备制造业主导产业识别的基准并确定其指标特征体系。

5.3

上海市装备制造业产业发展现状

2009 年年末,上海装备制造业企业数为 7351 户,资产达 11518.70 亿元,占全市规模以上工业企业资产总额的 47.2%,是上海市工业经济重要组成部分。近年来总体正处于扩大规模、调整布局的阶段，从装备制造业成长的三个阶段看，大多数还处在一般加工制造阶段，离产品的研发设计、生产能力扩张阶段以及独有品牌、独有技术的产品制造阶段仍有较大差距；从产业构成看，全市装备制造业产业体系未能在制造业产业体系中占据高端地位，依旧处于中低层次，现代装备制造业发展不足，与我国经济发展的迫切需求不相适应；从产业竞争角度看，装备制造业的自我创新能力不足，核心技术短缺导致产业层次的提高和竞争能力的增强受限。因此，从发展阶段上说，上海市工业整体处于工业后期，在这一阶段装备制造业的发展对工业经济的持续增长至关重要，再者上海市作为长三角装备制造业的核心城市，其主导产业的选择和培育显得尤为重要[13]。

发展地方高端装备制造业的一个思路是依据其基本特征从现有制造业中加以识别和选取，高端装备制造业科技含量高，具有较强的创新能力和较高的劳动生产率，同时具有良好的市场前景和较高的需求收入弹性，持续的经济效益和持续增长能力也是不可或缺的因素之一。更重要的是，具有较强的技术扩散外溢效应，产业关联度高。根据以上高端装备制造业特征，确定技术创新与生产效率、市场前景、效益与增长能力以及产业关联与集中度这四个指标对制造业进行筛选。

5.4
指标选取与数据处理

5.4.1 技术创新和生产效率指标

具有较高的生产效率是成长为主导产业的必备条件，而产业技术能力是高生产效率不可或缺的，即如果要成长为主导产业，必然具备更好的产业技术能力。选择技术进步快、技术水平高的产业作为主导产业，这样才能保证在国际分工中不断占据比较利益最大的领域。本章用工业新产品率指标来衡量技术创新和生产效率。

$$工业新产品率 = \frac{新产品}{工业产值} \qquad (5-1)$$

新产品比重可以衡量产业可持续发展潜力，并在长期发展中预示产业升级能力（包含对社会的综合影响能力），它是产业新产品产值与其工业总产值之比，反映产品更新换代的程度。

5.4.2 市场前景指标

要成为具有主导能力的高端装备制造业，需具有广阔市场前景和较强市场竞争优势，并具有引导和带动上海市经济发展潜力的。下面用三个指标来衡量产业的市场前景：一是需求收入弹性指标，反映市场需求状况，收入弹性高的产品或产业部门，其社会需求也相对较高，市场潜力越大；二是产业竞争力指标，产业的竞争力最终表现为市场占有率，市场占有率高，说明产业的市场竞争力强；三是出口能力指标，在开放经济中，具有较大的出口能力是主导产业必须具备的特征，主导产业的产品应在出口总额中占较大的比例，对平衡国际收支差额的贡献也大。用出口交货值率来衡量产业的出口能力。

$$需求收入弹性 = \frac{地区\,i\,产业增长率}{地区\,GDP\,增长率} \qquad (5-2)$$

$$市场占有率 = \frac{地区\,i\,行业工业销售产值}{全国\,i\,行业销售产值} \qquad (5-3)$$

$$出口交货值率 = \frac{工业产品出口交货值}{工业销售产值} \qquad (5-4)$$

5.4.3 效益和增长能力指标

一个产业具有较高的经济效益就能够有力地推动地区经济的发展，因此具有较高的经济效益，尤其是具有持续上升的经济效益，是一个产业成为主导产业的重要条件。产业的经济效益可用利润占有率指标来衡量，利润占有越大，经济效益越高；增长能力代表产业的增长速度，产业的增长速度越快，它在地区经济系统中的地位和作用也越重要。本章用增长区位商来衡量装备制造业的增长能力。

$$利润区位商 = \frac{地区\ i\ 行业利润总额占本地区的比重}{全国\ i\ 行业利润占全国的比重} \qquad (5-5)$$

$$增长区位商 = \frac{地区\ i\ 行业增长率}{全国\ i\ 行业增长率} \qquad (5-6)$$

5.4.4　产业关联与集中度指标

主导产业与其他产业具有广泛、密切的技术经济联系，通过聚集经济与乘数效应的作用带动地区内相关产业的发展，进而带动整个地区的经济发展。因此，产业关联效应是选择上海地区装备制造业主导产业的一个重要基准，即选择那些产业延伸链较长、带动效应大的产业作为主导产业。

本章运用区位商及贡献率指标来衡量产业关联和集中度。区位商，又称专门化率，是产业的效率与效益分析的定量工具，是一种较为普遍的集群识别方法，用来衡量某一产业的某一方面，在特定区域的相对集中程度。在产业结构研究中，运用区位商指标可以分析区域优势产业的状况。需要说明的是，产业关联及集中度一般可通过投入产出表中的感应度系数和影响力系数来进行反映，但地区投入产出表中的感应度系数和影响力系数反映的产品需求量不能区分此产品是本地生产的还是外地生产的，因而本章采用了贡献率系数指标。

$$产业集中度 = \frac{地区\ i\ 行业产值占本地区比重}{全国\ i\ 行业产值占全国比重} \qquad (5-7)$$

$$资产集中度 = \frac{地区\ i\ 行业资产总额占本地区比重}{全国\ i\ 行业资产总额占全国比重} \qquad (5-8)$$

$$行业贡献率 = \frac{地区\ i\ 行业产值增加额}{地区产值增加额} \qquad (5-9)$$

本章选取的样本为 2006～2010 年上海市 29 个传统制造业工业 1305 个观测结果。数据主要来自《中国统计年鉴》（2006～2010），《中国科技统计年鉴》（2006～2010），《上海统计年鉴》（2006～2010）和《上海科技统计

《年鉴》（2006～2010），并对相关数据进行了处理。

5.5
模型构建

因子分析原理是用较少个数且相互独立的公共因子的线性函数和特定因子之和来表达原来观测的每个变量，从研究相关矩阵的内部依赖关系出发，把一些具有错综复杂关系的变量归纳为少数几个综合公因子。选用2006～2010年五年的数据，采取 SPSS 社会经济统计软件中的因子分析法（Factor Analysis）评价上海市工业企业 29 家传统制造业的综合得分，分年份考察所有传统制造业在每个年份中指标的变化情况极其综合得分，筛选出在这个时间段内综合分数稳定偏高的行业，即识别出制造业中具备主导产业潜力的行业。因子分析模型如式（5－10）所示。

$$x_1 = a_{11}F_1 + a_{12}F_2 + \cdots + a_{im}F_m + \varepsilon_1$$
$$x_2 = a_{21}F_1 + a_{22}F_2 + \cdots + a_{2p}F_j + \varepsilon_2$$
$$\vdots \qquad\qquad\qquad\qquad\qquad (5－10)$$
$$x_p = a_{p1}F_1 + a_{p2}F_2 + \cdots + a_{pm}F_m + \varepsilon_p{}^{[civ]}$$

其中 aij 称为因子载荷，即第 i 个变量与第 j 个公共因子的相关系数。

在分析时，用尽量少的公因子包含尽可能多的原始信息，通常以公因子累计贡献率大于85％作为确定公因子数量标准，提取数据的主要信息，避免了指标间的信息重叠，同时本章将在此基础上，也从解释变量的角度出发，提取出能够最好地对指标进行解释的公因子个数；以公因子所对应的特征值占所提取公因子总的特征值之和的比例作为权重计算城市各制造业的综合得分，克服了人为确定指标权重的主观性。综合得分越高，说明此行业的具备发展成为高端装备制造业的潜力越大，反之则越小。

5.6

因子分析及其实证结果

5.6.1 指标相关性检验

根据指标体系对上海市 29 个工业行业进行综合评价。我们以 2010 年的数据结果为例,从表 5 – 1 可知需求收入弹性与增长区位商;市场占有率、产业集中度与利润区位商、资产集中度;利润区位商与产业集中度、资产集中度等指标存在着极其显著的关系。表间许多变量之间的相关性比较强,证明它们存在的信息上的重叠。

表 5 –1   相关系数矩阵

关联度	工业新产品率	需求收入弹性	市场占有率	利润区位商	增长区位商	产业集中度	资产集中度	行业贡献率	出口交货值率
工业新产品率	1.000	– 0.083	0.452	0.457	– 0.079	0.453	0.517	0.461	0.149
需求收入弹性	– 0.083	1.000	– 0.107	0.095	0.890	– 0.112	– 0.203	0.195	– 0.150
市场占有率	0.452	– 0.107	1.000	0.762	– 0.038	1.000	0.893	0.518	0.361
利润区位商	0.457	0.095	0.762	1.000	0.234	0.763	0.864	0.353	0.010
增长区位商	– 0.079	0.890	– 0.038	0.234	1.000	– 0.038	– 0.022	0.161	– 0.177
产业集中度	0.453	– 0.112	1.000	0.763	– 0.038	1.000	0.895	0.519	0.360
资产集中度	0.517	– 0.203	0.893	0.864	– 0.022	0.895	1.000	0.359	0.200
行业贡献率	0.461	0.195	0.518	0.353	0.161	0.519	0.359	1.000	0.319
出口交货值率	0.149	– 0.150	0.361	0.010	– 0.177	0.360	0.200	0.319	1.000

5.6.2 公因子提取

公因子个数提取原则主要包括两个标准:第一个是对应特征值大于 1 的 m 个因子,第二个是因子累计贡献率大于 85% 的前 m 个因子。

表 5-2　方差分解主成分提取分析

Component	Initial Eigenvalues			Extraction Sums of Squared Loadings			Rotation Sums of Squared Loadings		
	Total	% of Variance	Cumulative %	Total	% of Variance	Cumulative %	Total	% of Variance	Cumulative %
1	4.302	47.801	47.801	4.302	47.801	47.801	3.570	39.670	39.670
2	2.042	22.688	70.489	2.042	22.688	70.489	2.010	22.330	62.001
3	1.096	12.179	82.668	1.096	12.179	82.668	1.390	15.449	77.449
4	0.790	8.777	91.446	0.790	8.777	91.446	1.260	13.997	91.446
5	0.446	4.959	96.405						
6	0.180	2.002	98.407						
7	0.110	1.217	99.625						
8	0.033	0.371	99.996						
9	0.000	0.004	100.000						

通过表5-2可知，前三个因子的特征值大于1，累计贡献率达到77.45%，并不足以同时满足两个选择主成分的标准。可以看出，前4个因子的累计贡献率达到91.45%，所以本章选择从解释变量的角度出发，两者兼顾，发现按四个因子进行提取更容易从经济学的角度对个主成分进行解释。

为了更好地公因子解释，可通过因子旋转的方法得到一个好解释的公因子。所谓对公因子更好解释，就是使每个变量仅在一个公因子上有较大的载荷，而在其余的公因子上的载荷比较小。表5-3是旋转后的因子载荷矩阵，采用主成分法计算的因子载荷矩阵可以说明各因子在个变量上的载荷，即影响程度。但为了使载荷矩阵中的系数向0~1分化，对初始因子载荷矩阵进行方差最大旋转，旋转后的因子载荷矩阵如表5-3所示。

表5-3 　　　　　　　　旋转后的因子载荷

	Component			
	1	2	3	4
资产集中度	0.948	-0.112	0.206	0.031
产业集中度	0.910	-0.047	0.210	0.292
市场占有率	0.909	-0.044	0.209	0.294
利润区位商	0.901	0.179	0.199	-0.148
需求收入弹性	-0.091	0.967	0.040	-0.024
增长区位商	0.067	0.961	-0.029	-0.100
工业新产品率	0.326	-0.125	0.870	-0.060
行业贡献率	0.267	0.261	0.677	0.439
出口交货值率	0.125	-0.135	0.059	0.926

从载荷矩阵中可以看出，在第一个公因子中，资产集中度、产业集中度、市场占有率和利润区位商均有较高的载荷，说明第一公因子基本反映了这些指标的信息，因此可以将此因子定义为产业关联与集中度影响因子；第二公因子在需求收入弹性和增长区位商两个变量上有较大的载荷，定义为效益和增长能力影响因子；第三公因子在工业新产品率和行业贡献率上载荷较大，定义为技术创新和生产效率影响因子；第四公因子基本反映了

出口交货值率的信息，定义为市场前景影响因子。

在提取四个主成分因子时，从经济学上很容易对四个公因子进行解释，同时，因子累计贡献率达到了91.45%，选择提取四个公因子比提取三个更容易说明问题，这四个因子是可以基本反映全部指标的信息的，所以书中决定用四个新变量来代替原来的十个变量。

5.6.3　各指标的公因子得分

因而为了考察各地区的发展状况，我们将四个公因子表示为九个变量的线性组合，如式（5-11），采用回归法求出因子得分函数。

$$fac_1 = \beta_{11}X_1 + \beta_{12}X_2 + \cdots + \beta_{im}X_m$$
$$fac_2 = \beta_{21}X_1 + \beta_{22}X_2 + \cdots + \beta_{2p}X_j$$
$$\vdots \qquad\qquad (5-11)$$
$$fac_p = \beta_{p1}X_1 + \beta_{p2}X_2 + \cdots + \beta_{pm}X_m^{[cv]}$$

式（5-11）为因子得分函数，可计算每个指标的公因子得分。SPSS直接输出了各个指标公因子得分的系数矩阵，以2010年为例输出的函数系数矩阵如表5-4所示。

表5-4　　　　　　　　因子得分系数矩阵

	Component			
	1	2	3	4
工业新产品率	-0.151	-0.115	0.837	-0.254
需求收入弹性	-0.039	0.485	0.023	0.062
市场占有率	0.275	0.000	-0.131	0.135
利润区位商	0.322	0.076	-0.072	-0.247
增长区位商	0.057	0.481	-0.090	-0.011
产业集中度	0.275	-0.002	-0.129	0.133
资产集中度	0.318	-0.056	-0.096	-0.114
行业贡献率	-0.157	0.134	0.539	0.276
出口交货值率	-0.063	0.008	-0.136	0.812

由系数矩阵将四个公因子表示为九个指标的线性形式。因子得分的函数为：

$$F_1 = -0.151X_1 - 0.039X_2 + 0.275X_3 + 0.322X_4 + 0.057X_5$$
$$+ 0.275X_6 + 0.318X_7 - 0.157X_8 - 0.063X_9$$

$$F_2 = -0.115X_1 + 0.485X_2 + 0.000X_3 + 0.076X_4 + 0.481X_5$$
$$- 0.002X_6 - 0.056X_7 + 0.134X_8 + 0.008X_9$$

$$F_3 = 0.837X_1 + 0.023X_2 - 0.131X_3 - 0.072X_4 - 0.090X_5$$
$$- 0.129X_6 - 0.096X_7 + 0.539X_8 - 0.136X_9$$

$$F_4 = -0.254X_1 + 0.062X_2 + 0.135X_3 - 0.247X_4 - 0.011X_5$$
$$+ 0.133X_6 - 0.114X_7 + 0.276X_8 + 0.812X_9$$

5.6.4 因子综合评价模型

在这里，SPSS 已经计算出了四个因子的得分，四个因子分别从不同的方面反映了上海市 29 个工业制造业的发展状况水平，但单独某一个因子并不能对单个行业在所有行业中的地位和潜力做出综合评估，因此按每个公因子所对应的特征值占所提取因子总特征值之和的比例作为权重计算因子综合评价模型：

$$F = \frac{\lambda_1}{\lambda_1 + \lambda_2 + \lambda_3 + \lambda_4}F_1 + \frac{\lambda_1}{\lambda_1 + \lambda_2 + \lambda_3 + \lambda_4}F_2$$
$$+ \frac{\lambda_1}{\lambda_1 + \lambda_2 + \lambda_3 + \lambda_4}F_3 + \frac{\lambda_1}{\lambda_1 + \lambda_2 + \lambda_3 + \lambda_4}F_4 \qquad (5-12)$$

其中 λi 表示第 i 公因子的特征值[14]。得出：

$$F = 0.5227F_1 + 0.2481F_2 + 0.1332F_3 + 0.0960F_4$$

通过计算可以得出综合得分，并求出各地区的排序。本章考察了上海市 29 个传统工业企业五年中每年的指标，因此表 5 - 5 将列出 2006 ~ 2010 年五个时间段中这些工业企业的综合得分情况，观察这 29 个制造业工业企业在此时间段内各个行业的综合实力变化，筛选其中得分和排名较为稳定的行业，即具备整合成为高端装备制造业主导产业的行业。

表 5 - 5　　　　　　　上海市制造业五个年份的综合得分

制造业	2010 年综合得分	2009 年综合得分	2008 年综合得分	2007 年综合得分	2006 年综合得分
农副食品加工业	- 0.42473	- 0.88507	- 0.96528	- 0.74442	- 0.82535
食品制造业	- 0.04549	- 0.12756	0.03472	- 0.13323	- 0.14419
饮料制造业	- 0.88704	- 0.60044	- 0.39286	- 0.69229	- 0.62958
烟草制品业	1.58635	0.90543	0.64994	0.77096	0.95097
纺织业	- 0.15134	- 0.72797	- 0.66555	- 0.87218	- 0.73516
纺织服装、鞋、帽制造业	- 0.28966	0.00516	0.13115	- 0.06859	0.23335
皮革、毛皮、羽毛（绒）及其制品业	- 0.36730	- 0.49070	- 0.32532	- 0.37968	- 0.50517
木材加工及木、竹、藤、棕、草制品业	- 0.76591	- 0.48050	- 0.51461	- 0.35201	- 0.62175
家具制造业	1.08948	0.54817	0.76407	1.11436	1.25792
造纸及纸制品业	- 0.13667	- 0.91569	- 0.64890	- 0.80223	- 0.74988
印刷业和记录媒介的复制	0.06600	0.47168	0.27977	0.33176	0.38002
文教体育用品制造业	0.20947	0.86003	0.61647	0.45152	0.57635
石油加工、炼焦及核燃料加工业	0.01867	- 0.15758	0.23466	0.07274	- 0.18662
化学原料化学制品制造业	0.11097	- 0.33066	- 0.02890	- 0.26264	0.00824
医药制造业	- 0.33756	- 0.17098	- 0.37917	- 0.37710	0.07513
化学纤维制造业	- 0.57797	- 0.43465	- 1.56808	0.83822	- 1.34305
橡胶制品业	- 0.67973	- 0.20402	- 0.27395	- 0.43181	- 0.18626
塑料制品业	0.12990	0.16659	0.15723	- 0.10163	- 0.21436
非金属矿物质制品业	- 0.89246	- 0.59986	- 0.43451	- 0.77453	- 0.57562
黑色金属冶炼压延加工业	0.18692	- 0.18221	- 0.22177	- 0.07780	0.20129
有色金属冶炼压延加工业	- 0.61175	- 0.55860	- 0.66300	- 0.93121	- 0.63940

制造业	2010年综合得分	2009年综合得分	2008年综合得分	2007年综合得分	2006年综合得分
金属制品业	−0.10690	0.63397	0.50466	0.40056	0.32073
通用设备制造业	0.39381	1.34256	1.24318	1.28143	1.17666
专用设备制造业	0.26048	−0.04749	0.26088	−0.23913	−0.26366
交通运输设备制造业	1.10727	1.18958	0.55870	0.80269	0.86572
电器机械及器材制造业	0.01297	−0.05502	−0.06713	0.07369	0.26680
通信设备、计算机及其他电子设备制造业	0.97094	0.58261	1.21715	0.86160	0.66172
仪器仪表及文化、办公用机械制造业	0.10913	0.41959	0.38712	0.40415	0.61821
工艺品及其他制造业	0.02213	−0.15639	0.10933	−0.16319	0.02693

5.6.5 结论

以四个指标为基准，可以看出上海的制造业中具备高端装备制造业特征的产业主要包括电子和机械两大支柱产业，在排名前15位的行业中，排除制造业中分属轻工业的最终消费品制造业，通用设备制造业排行第一；交通运输设备制造业，通信设备、计算机及其他电子设备制造业，仪器仪表及文化、办公用机械制造业分别排名第二、第三、第四名；金属制品业、专用设备制造业、电器机械及器材制造业、黑色金属冶炼及压延加工和石油业、炼焦及核燃料加工分别排行第五、第六、第七、第八、第九名。

产业集中度高的行业中，排名前三位的是：通用设备制造业，通信设备、交通运输设备制造业和计算机及其他电子设备制造业。除烟草制品和家具制造业之外，上海市的机械、电子具有较高的产业集中度和产业关联度。

与全国相比，效益较高并且行业增长速度占优势的行业有有色金属冶炼及压延加工业、电器机械及器材制造业、交通运输设备制造业和专用设备制造业。

产业前景方面，通信设备、计算机及其他电子设备制造业、文教体育用品制造业、仪器仪表及文化、办公用机械制造业、电器机械及器材制造业的市场前途比较广阔，前景比较明朗。

劳动生产力方面，交通运输设备制造业、电器机械及器材制造业、专用设备制造业和通用设备制造业有较高的生产效率和技术创新效率。

5.7

讨　　论

上海市是国家装备制造业重要基地之一，凭借涉及门类多、产业基础好、总量规模大及综合配套强的优势，制造业在产业竞争力和经济带动方面发挥了巨大的作用[15]。要提高上海市制造业整体的综合竞争能力，关键在于加快上海高端装备制造业的发展，巩固和推进高端装备制造业的主导产业地位。但如何对这些高端装备制造业提供更好的市场环境和政策环境条件一直是政府所面临的一个问题，通过识别机制的主导产业判定可以确定一些更具经济效率的支持措施。

首先，继续扶持电子、机械两大传统主导产业的发展，着重推动汽车制造、电站及成套设备、船舶、轨道交通、港口机械为龙头的交通运输设备制造业。以自主创新为目标，充分利用上海装备制造业的配套齐全优势，创建由装备制造企业、大学、科研院所和其他机构组成的，"产、学、研、用"相结合的产业技术创新联盟[16]。其次，扶持文教体育用品制造业，形成新的产业增长点。从市场前景指标的得分情况来看，上海市文教体育用品制造业排名第二，具有很好的产业发展潜力，从目前的态势看，该行业的规模不够大，缺乏产业竞争能力，然而随着工作节奏步伐的加快和生活水平的提高，人们对休闲、运动的时间需求越来越大，体育健身器材制造业具有广阔的市场前景，通过扶持宝德、奥雷等体育健身器材制造企业，形成新的工业增长点。最后，凭借建设和完善产业技术装备基地，引进新能源高新技术产业化项目，充分发挥科技、知识、人才的溢出效应[17]。

本章参考文献

［1］陆燕荪．科研院所对于基础共性技术研究缺位［C］．2010 中国制造业高峰论坛，2010（9）.

［2］宦璐．高端装备"十二五"规划将出台［N］.中国有色金属报，2010 - 12 - 16.

［3］屈贤明．关于高端装备制造业的发言［R］.http：//www.tedala.gov.cn，2010 - 10 - 13.

［4］Albert O. Hirschman. The Strategy of Economic Development［M］. Yale University Press，1958.

［5］Walt Whitman Rostow. The process of economic growth［M］. Clarendon Press，1952.

［6］［日］筱原三代平．产业结构与投资分配［Z］.一桥大学经济研究，1957.

［7］周振华．产业政策的经济理论系统分析［M］.中国人民大学出版社，1992.

［8］关爱萍，工瑜．区域主导产业的选择基准研究［J］.统计研究，2002，12（12）：37 - 40.

［9］张海洋．湖北制造的主导产业选择［N］.省情咨文，2004（10）.

［10］李长胜，贾志明．城市主导产业及其选择研究——以青岛制造业主导产业的选择为例［J］.青岛科技大学学报，2006，22（2）：5 - 10.

［11］赵攀，张伟．北京制造业的主导产业选择实证研究［J］.经济师，2009（2）：280 - 282.

［12］蔡兴．低碳经济背景下中国制造业主导产业选择［J］.系统工程，2010，28（12）：105 - 110.

［13］石瑜．上海装备制造业发展现状、特点与问题［J］.统计科学与实践，2010（6）：45 - 51.

［14］HH Harman. Modern factor analysis［M］. University of Chicago Press. 1967.

［15］Xue Wei. Statistical Methods and Application by SPSS［M］. Electronic Industry Press，2004.

［16］James M Lattin，J. Douglas Carroll，Paul E. Greeen. Analyzing Multivariate Data［M］. China Machine Press. 2002.

［17］S. X. Zeng，H. C. Liu，C. M. Tam，Y. K. Shao. Cluster analysis for studying industrial sustainability：an empirical study in Shanghai［J］. Journal of Cleaner Production，2008，

16（10），pp. 1090 – 1097.

[18] 王越，费艳颖，刘琳琳 . 产业技术创新联盟组织模式研究——以高端装备制造业为例［J］. 科技进步与对策 . 2011（24）：70 – 73.

[19] Bin Guo, Jing-Jing Guo, Patterns of technological learning within the knowledge systems of industrial clusters in emerging economies：Evidence from China ［J］. Technovation, 2011, 31（2 – 3），pp. 87 – 104.

第6章

新兴产业中的颠覆性创新：
以医疗器械产业为例

6.1

基于颠覆性创新的上海市医疗器械产业成长机制

作为医疗卫生事业的三大支柱之一，现代医疗器械产业已成为一个国家或地区科技进步的重要标志，成为世界各经济强国竞相角逐的战略制高点和21世纪的朝阳产业。然而，与发达国家领先企业相比，上海医疗器械产业在技术上和市场竞争中都处于"后发"地位。如何将这种后发劣势转变为后发优势是当下最有意义的议题之一。

发展医疗器械产业必须植根于对产业成长机制的深刻理解之上。颠覆性创新是近年来管理理论研究领域新兴的热点问题，而且颠覆性创新作为一种创新，在产业成长过程中越来越起着关键性的作用，它能有效帮助"后发"企业规避主流市场的竞争并构筑自己的竞争优势，从而实现成长甚至赶超。因此，研究基于颠覆性创新理论的产业成长机制，探讨其中内在机理和所需外部条件，用颠覆性创新理论来指导上海医疗器械产业的发展，对于医疗器械产业的健康成长具有重大的理论和实践意义。温家宝在多次的重要讲话中指出战略性新兴产业代表着科技创新的方向，也代表着产业发展的方向。强调了发展战略性新兴产业已成为我国的重大战略选择。"十二五"期间，国家将医疗器械产业纳入新兴战略性产业，医疗器械产业要为医疗卫生服务体系和医学模式转变提供支撑。

我国医疗器械产业于 20 世纪 80 年代开始发展，起步晚但整体发展速度较快，尤其是进入 21 世纪以来，产业整体步入高速增长阶段。2000～2009年 10 年间，我国医疗器械产业市场规模翻了近 6 倍，复合增长率高达21.1%，增长速度超过同期全国药品市场规模的增长速度。进出口贸易也在2005 年由逆差转变为顺差，常规医疗器械设备已基本实现自主生产，高端医疗设备拥有自主知识产权的产品逐步实现进口替代且部分出口海外市场。经过 30 多年的持续高速发展，中国医疗器械产业已初步建成了专业门类齐全、产业链条完善的产业体系。

在肯定我国医疗器械产业发展取得优良成绩的同时，也必须强调我国医疗器械产业发展还存在种种问题。科技部社会发展科技司张兆丰副处长指出目前我国医疗器械产业具有需求迫切、市场庞大、竞争激烈及创新活跃 4 大基本形势，主要存在技术产品落后、创新链条脱节和研发能力薄弱的问题。由于我国医疗器械产业发展基础薄弱、起步较晚，国内高端医疗设备市场基本上被跨国公司的产品牢牢占据。具体而言，我国医用器械领域中约 80% 的 CT 市场、90% 的超声波仪器市场、85% 的检验仪器市场、90% 的磁共振设备、90% 的心电图机市场、80% 的中高档监视仪市场、90% 的高档生理记录仪市场被跨国公司垄断。我国医疗器械产品总体水平比发达国家要落后 15 年，主要医疗器械产品达到世界先进水平的不到 5%[1]。

与发达国家成熟产业相比，技术上的后发性和市场竞争中的后发性都说明我国医疗器械产业是"后发产业"。对上海而言，如何发展医疗器械产业，将"后发劣势"转变成"后发优势"已经成为当下颇有意义的研究问题。从历史来看，发展中国家或地区要通过创新在产业成长上赶超发达国家并非易事，一方面因为创新和经济系统本身的复杂性，另一方面科技飞速发展带来的技术更新加快使医疗器械产业的发展面临着深刻、复杂的国际和国内背景。

6.1.1 医疗器械概况

1. 国际背景

医疗器械产业大量应用新技术、新材料，涉及光学、电子、超声、磁、计算机等多种交叉学科的融合，医疗器械产品更是综合了人工材料、生物力学、影像技术、信息处理等多种科技的应用，因此，它是一个国家制造业和高科技水平的标志之一。为了在竞争中占据有利位置，世界各国尤其是经济大国，都在积极促进医疗器械产业优化升级。国际环境既显示出挑战，也显示了机遇：

（1）全球医疗器械行业空间巨大。

医疗器械产业又称永远的朝阳产业。即使遭遇金融危机，全球医疗器械市场销售总额依然保持8.35%的复合增长率达，从2001年1870亿美元增长到2009年的3553亿美元。据美国著名医疗器械研究机构 Frost & Sullivan 预测，随着经济复苏、发达国家医改政策消化和新兴市场需求的快速增长，全球医疗器械行业成长性优于药品市场，未来几年销售增速将升至10%以上水平。

（2）外企占据高端市场。

从全球高端医疗器械市场来看，主要市场份额基本由美国、欧洲和日本占据，其中美国品牌占到40%以上，欧洲品牌占30%左右，日本品牌占15%～18%，而中国品牌仅占2%。以我国医疗器械产业为例，国内80%的高端市场由外企掌控，国内高端市场的竞争主要是国外企业之间的较量。

（3）中国市场成为外资争夺的焦点。

医疗器械产业国际巨头公司都已经纷纷开始布局中国市场，针对中国中低端市场在进行高端产品向低端产品延伸战略，正在积极通过与中国企业合作、本地化研发等手段向中低端市场渗透。以 GE 医疗为例，GE 医疗近些年大力推行在我国的本土化研发，并与本土企业新华医疗合作，开发出多款针对我国农村、贫困地区医院需求的低成本产品，如"便携式超声仪"。

2. 国内背景

（1）政府扶持新兴产业发展。

短期来看，新医改政策将刺激中低端医疗器械市场，为我国医疗器械产业带来了新的发展机遇。2009 年我国正式推出针对农村医疗基础设施、公共医疗、城市医疗服务和基础医疗的报销四个方面的医疗改革计划。因为我国基层医疗机构医疗器械配备水平较低，我国 2000 余所县医院装备配置平均缺口率达到 30% ~ 50%，加之现有设备中有 15% 左右是 20 世纪 70 年代前后的产品，60% 左右是 80 年代中期以前的产品，因此，新医改将带来我国医疗器械"填补缺口"和"更新换代"的大量需求。

（2）国内医疗器械产业潜力巨大。

长期来看，我国医疗器械行业有着巨大的增长潜力。从医疗器械市场规模与药品市场规模的对比来看，全球医疗器械市场规模大致为全球药品市场规模的 40%，而我国这一比例不到 15%；从人均医疗器械费用来看，我国目前医疗器械人均医疗器械费用仅为 6 美元/人，而主要发达国家人均费用大都在 100 美元/人以上。另外，我国 65 岁以上人口预计到 2030 年将达到 25%，而人口老龄化的过程将在相当长一段时间内存在；经济水平增长带来的消费升级将持续促进对医疗器械需求，尤其是对中高端市场发展产生巨大推动作用。人口老龄化和消费升级等内生因素将长期驱动我国医疗器械产业发展，国内医疗器械市场至少还有 5 ~ 10 年的高速增长期，预计未来几年将继续维持 20% ~ 30% 行业增速[2]。

（3）技术差距大，但开始出现创新成长型企业。

相比国际企业，一方面，我国医疗器械企业小、多、散，以致高端市场由外企掌控，产业整体呈现技术差距较大，亟待自主创新的状况；另一方面，近年来我国医疗器械产业也出现不少后发企业创新成长甚至赶超的案例，在心血管支架、X 光机、监护仪等子行业领域均在不同程度上实现了进口替代（见表 6-1）。

表 6-1　　　国内部分医疗器械产业子行业进口替代情况

领域	国内企业所处市场地位	外资竞争对手
心血管支架	微创医疗、乐普医疗、山东吉威共占据了市场 70% 以上	强生公司、波士顿公司和美力敦公司
心脏封堵器	北京华医圣杰、上海形状（乐普子公司）和先健科技占市场的 90%	美国 AGA 医疗有限公司、德国 Occlutech Gmbh 公司
生物型硬脑（脊）膜补片	冠昊生物占国内市场 40%~45%，国内市场第一；本土企业占约 70%	德国贝朗医疗、美国强生公司等
X 光机	万东和上海医疗器械集团分别占据了中低端市场的 50%~60% 和 20%~30%	GE、西门子、飞利浦等
监护仪	迈瑞医疗监护系列产品占国内近 40% 市场份额，位居全国第一，全球市场占有率位居第三	飞利浦、Draegerwerk、GE、HP
消毒灭菌	新华医疗国内市场占有率 70%，国内市场第一	洁定（Getinge）、思泰瑞（Steris）、3M 等
冻干机	东富龙约占冻干机市场的 22%，国内市场第一；冻干系统国内第二，仅少于伊马爱德华	伊马爱德华、泰事达等

6.1.2　相关理论研究

1. 颠覆性创新理论

颠覆性创新（Disruptive Innovation，又译为破坏性创新）是 Christensen C. M.（1997）在《创新者的困境：当新技术导致大企业失败时》一书中提出的概念。Christensen 深入研究了磁盘驱动器、机械挖掘机、钢铁冶炼等诸多行业的兴衰过程，将技术创新与市场创新成功地融合在一起，提出颠覆性创新理论以解释每个行业普遍发生的奇特现象，即实力强大的在位企业在某些技术变革发生时，常常会裹步不前直到被淘汰。Christensen（2004）从市场影响角度，将针对现有主流市场上的产品性能改进的创新称为维持性创新，而另一类针对低端市场和新市场的创新称为颠覆性创新。他指出，由于技术进步的速度总是要大大超过消费者对产品性能利用的速度导致颠覆性创新新产品应运而生，虽然起初在主流市场之外，但随着立足于低端市场和新市场的新产品性能的不断改进，新产品会逐渐侵蚀现有的市场。对现有市场而言，这种新产品具有颠覆性，故称为颠覆性创新。

颠覆性创新的内涵和特征研究是颠覆性创新研究的一个重要领域。

最初 Christensen（1997）认为颠覆性技术的特征就是"简单、方便、便宜"。随后，Christensen（2003）进一步拓展了他的理论，提出只要创新满足从非主流市场演进最终颠覆原有主流市场，改变竞争规则的特点即颠覆性创新，因此颠覆性创新不仅仅包括技术上的革新，还应囊括商业模式的创新和客户价值提供方式的创新。克里斯坦森（2004，中译本）从目标产品或服务的性能和目标顾客或市场应用这两个维度研究了维持性创新、低端市场的颠覆性创新和新市场的颠覆性创新三者之间的特征和区别（见表 6 - 2）。

表 6 - 2　　　维持性创新、低端市场和新市场的颠覆性
创新三者之间的区别

维度	维持性创新	颠覆性创新	
		低端颠覆式	新市场颠覆式
目标产品或服务的性能	导致此行业的主流客户最重要的产品特征的性能改进。这些改进的性质可能是渐进的或破坏的	根据主流市场低端产品的传统性能衡量标准，使用该技术制造出的产品足够好	导致"传统的"性能降低，但新的性能得到改进——通常是简单和方便
目标顾客或市场应用	主流市场上最具吸引力（如最能获利）的顾客，愿意为改进的性能支付更高的价格	以要求低于主流市场顾客需求的，低端产品性能的客户为目标	以非消费为目标：过去因缺乏资金和技术而无法购买和使用该产品的顾客

在 Christensen 的基础上，国内外许多学者纷纷提出了自己对颠覆性创新理解的。Richard Leifer（2001）从技术改进的强度列出了颠覆性创新具有的一项或者多项特征：①具备一系列全新的性能特征；②已知性能特征提高 5 倍或 5 倍以上；③产品成本大幅度削减（成本削减 30% 或 30% 以上）。John W. Kenagy（2001）、Thomond 和 Lettice（2002）、Govindarajan 和 Kopalle（2006）等学者均从技术、市场、影响等方面总结了颠覆性创新必须具备的特征：颠覆性创新产品技术简单，但能满足新出现的或利基市场上过去所无法满足的需求；起初立足于低端或新市场，颠覆性创新被主流市场的顾客视为不够水准，新产品提供的价值开始并未被主流市场所接受。但随着产品、服务和商业模式知名度的增加，主流市场会对颠覆性创新价值的理解发生变化；低端或新市场使在产品、服务和商业模式上的投资的绩效不断提高，并创造出或进入新的利基市场，扩大顾客的数量，最终颠覆并取代现有的主流产品、服务或商业模式。我国学者田红云等（2006）对颠覆性创新特征高度概括为非竞争性、初始阶段的低端性、简便性和顾客价值导向性。

（1）颠覆性创新产生条件研究。

颠覆性创新为何会发生一直是学术界研究的重点。克里斯坦森（2004，中译本）认为技术进步的轨迹与消费者所能利用的产品性能的轨迹二者不一致导致颠覆性创新的产生。在技术跨越机会方面，Perez C. 和 Soete L.（1988）认为在技术轨迹变迁的条件下，实现跨越的固定投资和所需的最小技能经验都大大降低，这就为实力相对较弱的后发企业提供了良好的契机。克里斯坦森认为，颠覆性创新使在位企业的累积性知识难以发挥作用，被迫与后发企业站在同一起跑线上，为后发企业提供了跨越发展的可能。在市场跨越机会方面，Christensen（2003）的研究表明在位企业之间的研发竞争使产品性能的改进速度大大超越消费者可以实际接收的速度，许多性能属性增加了消费者获得产品成本和使用学习成本，而获得的净价值却没有得到相应提升，从而产生市场机会跨越窗口。另外，W. Chan Kim 和 Renée Mauborgne（2005）提出的"蓝海战略"中其实也融入了颠覆性创新理论，他们提出了同时降低成本并增加顾客价值的方法，即通过降低、消去、提升、创造四项行动获得新的价值结构，其中的降低、消去策略即对应颠覆性创新中的低端破，提升、创造策略则对应新市场破坏。

（2）颠覆性创新影响因素研究。

在 Christensen 的颠覆性创新研究中，主要是从企业管理的角度分析了后发企业开展颠覆性创新的影响因素。主要包括外部因素和内部因素两方面，其中客户需要、创新资金来源、新产品营销渠道是最重要的影响颠覆性创新开展的外部因素，而价值观、资源配置程序、企业家（或高级执行主管）是最为重要的影响颠覆性创新的内部因素中（Christensen and Bower，1996）。其他学者关于颠覆性创新影响因素的研究主要关注市场接受度、产品特征、商业模式等方面对颠覆性创新能否成功的约束效果。Sandberg（2002）通过研究企业对颠覆性创新的反应得出了市场接受程度是颠覆性创新能否取得成功的关键的结论。Thomond 和 Herzber 等（2003）提出了"机会识别、机会发展、解决方案和后续开拓"四阶段概念模型，以推广颠覆性创新战略的实施。Charitou 和 Markides（2003）认为在位企业自身的产业地位和反应能力、颠覆性创新者的性质以及颠覆性创新引发的增长等因素是影响颠覆性创新效果的核心变量。Chesbrough（1999）实证研究表明，美国硬盘驱动器产业状况没有在日本发生主要是因为日本的法规和文化没有激励企业，融资体系效率低下难以支持企业开展颠覆性创新。我国学者张洪石（2005）考察了环境变化、环境支持、环境依赖、企业历史、非正式资源和能力、正式资源和能力、外部资源和能力、自有能力、组织模式、跨部门合作、非正规过程、学习性过程、执行性过程、正规过程、非传统管理、决策者背景和传统激励等 17 个因子，说明环境变化因素、环境支持因素、非正式资源和能力因素、外部资源和能力因素、组织模式因素、非正规过程因素、学习性过程因素、非传统管理因素等有助于颠覆性创新。

2. 产业成长机制研究综述

学术界对产业成长的研究开始较早，国内外已经积累了一定的科研成果，涉及的内容较为广泛。本书的目的是探索我国医疗器械产业成长机制，研究的对象属于战略性新兴产业且具有"后发性",并始终结合技术创新的要素,因此本书以创新和新兴产业成长为视角,总结了成长机制研究的理论基础,并从内在机理和外部条件两方面总结和评述了成长机制相关理论研究成果。

(1)新兴产业成长的内在机理研究综述。

新兴产业是为了区别"传统产业"和"成熟产业"而提出的概念。Freeman C. 和 Soete L.(1997)根据新兴产业自身特点,将其定义为处在发展阶段的、要素条件具有变化性的、产业本身的规律及规范尚未成熟的、未来发展轨迹不确定的产业。我国目前对于新兴产业的定义为:随着新的科研成果和新兴技术的发明、应用而出现的新的部门和行业。新兴产业虽然在一定程度上区别于传统产业,但是针对新兴产业成长内在机理的研究均是在传统产业成长理论上的继承和创新。

成长动因是新兴产业成长机理的重要研究方向。Poter(1990)提出了产业竞争学说,认为供给条件、需求条件和国内外企业的竞争环境变化会导致新旧产业的变迁,并提出了对于生命周期理论的质疑,认为有的产业不一定会遵照这种"S"型曲线,而是可能跳跃或是倒退,而且不同产业的发展特征并不相同。Adner Ron 和 Levinthal 等(2001)通过对互联网、光纤维等新兴产业的发展模式和路径研究,主张科技的发展会带来产业的演变。

成长模式研究是产业成长内在机理研究的另一重要内容。Michael 和 Charles(2000)提出了一个"商业孵化器论",他们认为新兴产业的产生与发展即新兴产业的孵化是首先通过整合区域中的优势产业要素(技术和市场因子),增加多样性再创新,逐步形成了结构化,实现优势产业要素的产品化和市场化,从而出现新兴企业。再通过新兴企业的示范效应,带动同类新兴企业的出现,进一步形成了新兴企业群,自我复制和扩散,促使新兴产业的生成。

(2)新兴产业成长的外部条件研究综述。

新兴产业成长的外部条件研究是考虑到新兴产业的发展过程中要受到诸多外部因素的影响和制约。因为外部影响因素很多,这部分的研究相当丰富。S. Hung 和 Y. Chu(2006)认为,在一个产品的制造中,公司会使用各种各样的技术，但其中有一些核心技术是对产品的生产和服务有不可替代的重要性。而新兴技术指的是相关核心技术但是还未显示出其改变产品竞争基础的潜力。从新兴技术转变成一个新兴产业这个过程非常复杂。首先要经过新兴技术的产业化，这就需要找到新兴技术的使用者，为此全球很多国家通过立法的形式将创新商业化作为创新本身的一部分。Agarwal 和 Bayus（2004）则将新兴产业发展与企业动向联系起来考虑，将新兴产业成长过程以企业发展角度分为起步前，起步后到开始销售前以及销售后三个阶段，认为企业进入时机的不同将导致存活率不同，经过检验证明，企业进入时间导致的存活率以每个阶段往后依次递减，即越早进入越好，但是在同一个阶段里没有先后顺序的问题。Toby Harfield（1999）主要研究了新兴产业对于追求利益的竞争和行业间合作关系的处理，并说明在新兴产业出现的过程中，相对于政府的鼓励措施，市场竞争对于新兴产业的发展更为必要。万军（2010）分析了日本新兴产业的发展，发现日本通过建立产业集群，降低生产要素的成本，并辅以特定的技术制度为新兴产业的发展提供了良好的基础。另外我国学者也在颠覆性创新机会问题上得出了自己的结论。

3. 有关我国医疗器械产业成长的研究

关于我国医疗器械产业的研究数量不多，而且大多数以描述归纳等方式总结现状并对我国医疗器械产业发展方向做出判断和提出建议。卜绮成（2010）经验性地总结了医疗器械产业的发展过程中的颠覆性创新案例，列举了多源动态旋转聚焦式立体定向伽玛射线治疗系统。直接数字化低剂量狭缝式线扫描 X 线摄影系统等引进消化吸收（或学习消化吸收）后再创新对已有产品有重大更新的例子。方华（2009）描绘了 67 个国家和地区的医疗器械市场情况，得出医疗器械产业未必一定是顶尖的高技术产品才能进入国际市场，许多国家除了需要一定量的高精尖产品外，更多需要的是"适宜的"产品。何灼华等（2010）认为我国医疗器械生产企业需要考虑新医疗体制改革对其产品的影响，研发导向要"向前移往下移"，"前移"是指用于疾病早期诊断的产品、保健产品，"下移"是指以建设社会主义新农村为中心的低值产品。通过政策的把握和产品的自主研发，我国医疗器械企业的产品才能占据市场，不断发展。池慧（2010）认为医疗器械产业的突出特点就是技术的交叉融合，最快应用和体现高新技术的发展。虽然在很多大设备上我国与国际水平差距大，但依据解决我国实际问题，应用新技术切入，既较易实现自主创新、形成特色，又可以提升临床技术水平。

4. 小结

颠覆性创新理论的研究主要是着重企业管理的视角和理论自身的完善。对于新兴产业成长机制的研究日益增多，但是其广度和深度都还不够，主要还是通过对高新技术等相关产业研究而得到一些经验性的结论。尤其是国内对于新兴产业系统而具体的研究还很少，很难满足我国当前发展新兴战略性产业的要求。本书将颠覆性创新理论立足于产业层面，探索上海医疗器械产业成长机制是对现有研究成果的继承和创新，在逻辑上和理论上也是可行和适用的。

首先，颠覆性创新理论是基于产业分析而产生发展的。颠覆性创新的理论框架和提出基础就是 Christensen 对磁盘驱动器、机械挖掘机、钢铁冶炼等诸多行业的兴衰过程的深入研究。另外，颠覆性创新重点研究在不同技术模式下主流的在位者与新进者的竞争过程，这个研究逻辑只有在产业层次上才是有意义的。其次，颠覆性创新能改变产业规则，通过颠覆原在位企业的竞争优势基础，行业内后发新进入者的市场势力发生变化，并导致产业不断向前发展。Dutton（1986）指出了颠覆性创新常常能为后发企业开发新的市场，带来潜在的应用。而日本的精益生产就是一个产业通过一定运作模式来实现颠覆性创新。最后，颠覆性创新理论强调产业条件、环境的适用性。Christensen 和 Raynor（2003）就指出了印度和中国能够以低成本优势在医药行业、软件行业对在位者进行低端颠覆。Chesbrough（1999）研究表明环境不同使美国硬盘驱动器产业状况并没有在日本发生。

由此可见，颠覆性创新理论本身逻辑基于产业层面产生，用于分析产业成长的内在机理和适用条件统一完整。而且颠覆性创新理论更适合于起步较晚、在竞争中处于后进劣势的发展中国家或地区。

6.1.3 上海医疗器械产业发展现状

医疗器械是典型的知识和资金密集型产业，是当今世界典型的高技术产业，也是我国未来新兴产业发展的重点。医疗器械属于多学科交叉与融合的行业，涉及半导体、光学、机械学、声学、电学、计算机等许多的学科，且需要较为强大的技术集成能力，对于科技含量和技术要求较高，其竞争的核心是嵌入式计算机和现代高技术相结合的产物。建立多学科交叉的研发体系是提高企业技术创新能力的重要途径。在现今的数字化时代，数字技术已成为医疗器械设备中的主流技术，拥有知识产权的数字化技术将是未来医疗器械产业的核心竞争力，这种竞争不是简单的技术仿制就能跟上。数字技术的发展使医疗器械具有更强的移植性、扩展性、可复用性、可升级性，这些特性的出现将促使企业向更大、更强、更专的方向发展。在优势技术为先导的数字化时代，是资源配置与整合的时代，具有资本和技术优势的企业可进行资源配置与整合，而仅有一项的企业，则根据自身的规模与优势将自有优势技术资源与大公司实现对接，是其发展的最好出路。跨国公司实施的竞争策略是以知识产权技术为先导，以强大的资本实力相辅助，从过去以抢占市场份额为主要手段，变为以自主知识产权和优势技术来获得市场主控权的竞争为手段。

在国际上，医疗器械产业是一个高度集中和垄断的产业，我国医疗器械产业的企业构成则是以中小企业为主体，而大型企业数量则较少，而且以外资企业为主导，其销售产值所占比重不很高，但出口交货所占比重最大。这与国际医疗器械产业中所表现的特点截然不同，说明我国医疗器械的企业在快速发展过程中，大型规模的企业不多。

中国医疗器械行业相对全球产业发展状况，仍处于起步阶段，但发展潜力大，市场增长很快。预测在未来几年内，中国将超过日本，成为全球第三大医疗器械市场。中国作为一个拥有十三亿人口的大国，随着经济的飞速增长和人民生活水平的不断提高。人们对医疗保健的需求也自然随之快速膨胀。中国医疗器械产业继续保持了高速发展的态势，但监管和行业发展仍面临很多问题。

上海历来是我国医疗器械产业科研、生产、经营、教育的主要基地。经过多年的整合和发展，上海的医疗器械产业已基本形成门类较为齐全、多种所有制并存的产业体系，近年来发展速度较快。

1. 上海医疗器械产业现状评价

（1）产业生产规模较小，但经济效益增长迅速。

2008 年，全市医疗器械行业工业总产值 119.51 亿元，同比增长 20.0%。其中工业总产值超过 500 万元，除西门子、康德莱、锐柯等部分跨国企业，其余均为中小型企业，约占企业数的 20%，但实现销售产值约占行业的近 80%。近年来，民营、外资企业增长迅速，而且对于产业发展的贡献度不断提高。占总数 12% 左右的外资企业（含外商投资、中外合资、港澳台），约占行业工业销售产值总数的 52%，出口销售产值的 76%；占总数 45% 左右的私营企业，占行业工业销售产值的 15%，出口销售产值的 8%。

2009 年，上海高技术制造业从业人员达到 43.83 万人，资产总计为 3648.33 亿元。其中，医疗设备及仪器仪表制造业企业数 455 家，从业人数 6.21 万人，资产总计 103.75 亿元，完成工业总产值 294.03 亿元。此行业的企业数合计占全市高技术制造业企业总量的 29.2%，从业人数占全市高技术制造业企业总量的 2.8%，资产总计占全市高技术制造业企业资产总量的 3%，工业总产值占全市高技术制造业工业总产值的 5%。各项比重明显低于电子信息产品制造领域，略高于医药制造业，总体上看份额不大（见图 6－1）。

医疗设备及仪器仪表制造业虽总体看来生产规模较小，但近几年来经济效益增长快，将是未来上海高技术制造业的重要发展方向。

2009 年，上海医疗设备及仪器仪表制造业完成工业总产值 294.03 亿元，比上年增长 5%，而全市高技术产业工业总产值 23873.08 亿元，较上年增长 3.2%，医疗器械产业产值增长高出全市高技术产业工业总产值的增长 1.8 个百分点。

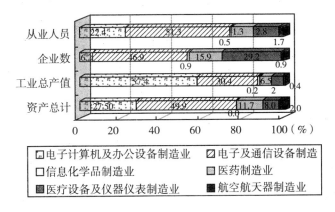

图6-1 上海市高新技术产业发展状况

资料来源：2009年和2010年中国高技术产业统计年鉴。

从经营层面角度来看，2004～2009年，上海医疗设备及仪器仪表制造业在主营业务、利润和利税三个经营业绩指标上均呈现稳步上扬的态势。主营业务收入从2004年的168.7亿元增长到2009年的301.81亿元，增长幅度高达79%，除个别年份外，年增长幅度均保持在两位数以上。相比主营业务收入，利润增长情况更加明显，由2004年的17.1亿元增长到2009年的34.17亿元，增长幅度近100%。

尤其值得关注的是，2009年，在国际金融危机的不利影响下，上海高技术制造业主要经济效益指标全面下降。实现主营业务收入5768亿元，比上年下降1.1%；实现利润总额72.94亿元，比上年下降40.2%；上缴税金总额48.95亿元，比上年下降0.3%。上海医疗设备及仪器仪表制造业得益于国内旺盛的市场需求，经济效益良好，主营业务收入、利润总额双双实现8%和49.6%的高增长（见表6-3）。可见上海医疗设备及仪器仪表制造业经济效益提高的速度与质量。

表6-3 2009年上海高技术制造业经济效益实现情况

行 业	主营业务收入（亿元）	增速（%）	利润总额	增速（%）
本市工业	25198.94	-0.9	1405.74	43.8
高技术制造业总计	5768	-1.1	72.94	-40.2

续表

行　　　业	主营业务收入（亿元）	增速（%）	利润总额	增速（%）
信息化学品制造业	13.88	−3.4	1.14	23.2
医药制造业	357.75	16.6	47.08	26.7
航空航天器制造业	24.34	18.7	1.69	11.8
电子及通信设备制造业	1696.44	−15.2	−30.8	——
电子计算机及办公设备制造业	3376.87	6.1	21.19	1.2
医疗设备及仪器仪表制造业	301.81	8	34.17	49.6

资料来源：2009 年和 2010 年中国高技术产业统计年鉴整理而得。

（2）产业研发力度加强，创新成果显著。

近年来，上海医疗设备及仪器仪表制造业的研发投入力度不断加强。R&D 活动人员折合全时当量由 2004 年的 589 人/年增长到 2576 人/年，增长了近 5 倍。另外，研发经费的投入力度也越来越重。R&D 经费内部支出由 2004 年的 1.03 亿元增长到 2009 年的 5.96 亿元，增长幅度达到 500%，每年增长率均保持在两位数以上，且 2009 年的投入是 2008 年的一倍之多。更值得关注的是，新产品开发经费支出份额增长得更加迅速，由 2004 年的 1.02 亿元增长到 2009 年的 9.73 亿元，增长幅度达到了 900%。由此可见，上海医疗设备及仪器仪表制造业的科研投入力度不仅在不断加强，而且具有开发引导的方向性。

科研投入的加大换来了上海市医疗器械产业的成果产出显著增加，2009 年上海医疗设备及仪器仪表制造业专利申请数 564 项，其中发明专利 190 项，共拥有发明专利 324 项。另外，上海市 2009 年的新产品产值和新产品销售收入均创造了历年来的新高。分别由 2004 年的 18.8 亿元和 19.5 亿元增长到 2009 年的 63.2 亿元和 60.8 亿元，分别增长了 237% 和 212%。

2. 上海医疗器械产业的支撑体系

（1）技术支撑——以医疗器械、疗养为代表的南汇"国际医学园区"。

上海国际医学园区以先进医疗器械制造业和现代医疗服务业为核心并

涉足医药研发、销售和生物医药服务外包等领域，以打造高科技医疗器械及生物医药产业基地和高端医疗服务平台为目标的现代化医学科学城。上海国际医学园区分为六个主要功能区，包括医疗器械及生物医药产业区、医学研发区、国际医院区、国际康复区、医学院校区和国际商务区。

各个功能区形成了功能互补、资源共享的有机整体。构筑了医疗器械及生物医药和现代医疗服务两条完整的产业链。自 2005 年园区开发建设正式启动至今，吸引了包括全球医疗设备"三巨头"之一的西门子医疗亚洲科技园、德尔格（医疗）上海有限公司、上海先声药业有限公司、上海华谊生物技术有限公司、上海常隆生命医学科技有限公司等数十家医疗器械及医药企业。园区注重现代服务业的配套建设，专辟了医谷商务园、留学生创业园、"产学研"基地等项目，为致力于医学相关产业的归国人士及中小企业创业者创造了施展才华的空间和舞台。而在现代医疗服务产业方面，作为上海"十一五"重点工程项目的上海质子重离子治疗中心已开工建设，此外中德友好医院、日本德泰口腔医院等也相继入驻，由于医药学区成立的时间还比较短，因此还在一个探索发展的阶段。

（2）组织支撑——产业协会等组织为产业提供高校和企业的合作平台。

为了搭建上海市医疗器械产业的"产学研"合作平台，沟通部分高校的医疗器械新技术、新产品科研信息，促进科研成果产业化，上海医疗器械行业协会牵头，通过联合举办技术交流会等形式积极推动各方合作。协会举办上海医疗器械行业"产学研沙龙"活动，如在上海理工大学医疗器械学院举办的上海医疗器械行业"产学研沙龙"（2009～2006 年），参与方由 5 个高校、17 个相关企业以及市发改委、社会融资机构等 25 个单位，约 53 名有关专家、企业领导和技术负责人、课题负责人等组成。展示了来自复旦大学、上海交通大学、上海大学、上海理工大学等高校的 26 项潜在产业化科研成果。还有在上海技贸宾馆举行的"产学研"沙龙，参与方有 5 所高校、8 家医院和 16 家相关企业以及市科委、市药监局和社会知识产权服务机构等 30 多家单位的 92 名有关研究人员、技术负责人、科技管理人员、课题负责人等。

3. 上海医疗器械产业成长的环境特征

（1）具有较强的人才优势，部分技术取得突破。

在上海市拥有的七十多位两院院士中，医疗器械和医学类的专业院士占了相当大的比例；全市十多个高校、几十个研究所都有与企业协同开发医疗器械的传统和经验，形成了一批学科和项目带头人；近年来又引入了不少带回先进技术的"海归"专业人士，其专业起点和创业积极性较高。近年来，医疗器械产业发展受到上海市政府和主管部门领导的高度关注和重视，已通过实施重大科研项目，形成电子胃镜、植入式心脏起搏器、手术导航系统、医用高能电子直线加速器等多项突破性成果并投入生产。

（2）行业协会发挥积极作用。

上海医疗器械行业协会积极开展主题是促进上海医疗器械（生物医学工程）产业发展、促进产业自主创新和科研成果产业化，通过"沙龙"形式，搭建"产学研医"的合作平台，通过交流、沟通，促使各方寻找合作发展机遇。

（3）国家政策变化带来医疗器械需求增长。

近年来，国家有关部门通过对医保药品实行政府定价，废止医院自行采购而实行集中招标采购制度，逐步降低了医院对药品收入的依赖程度。医疗体制改革的加快，无疑成为我国医疗卫生机构设备更新和完备的又一助推剂。对医院而言，如果没有了药品收入的支撑，单纯依靠财政补贴很难生存下去。在这种情况下，通过改造医院软硬件条件，提高医疗服务收入是医院减少对药品收入依赖程度的重要途径。随着国内医疗体制逐步理顺，医院的医疗服务性收入将逐步成为主角，由此产生的对中高档医疗设备的需求将构成医疗器械行业发展的一个持续动力。

6.2

颠覆性创新与产业成长机理及条件分析

颠覆性创新实现产业成长的机制研究，分解出来就是研究颠覆性创新为什么、什么情况能实现产业成长。因此本部分主要从理论的角度构建出颠覆性创新实现产业成长的内在机理，并进一步揭示产业实现颠覆性创新成长的必要外部条件。

6.2.1 颠覆性创新与产业成长的内在机理研究

1. 颠覆性创新的形成机理

探究颠覆性创新为什么能实现产业成长，必须从颠覆性创新自身的形成机理开始，层层推进分析其对产业成长的影响。从颠覆性创新的概念来说，是通过技术和商业模式的创新实现对主流市场的颠覆，然而针对医疗器械产业的特质，商业模式的创新并不常见，因此本节重点分析颠覆性创新从技术层面的形成机理。

颠覆性创新的"颠覆性"事实上并不是技术的本质，它只是描述了基于一种非连续的技术对市场的影响。这种不连续则是通过产品的性能作为中介表现出来的。产品的性能能够对消费者的购买行为产生影响，因为这种性能能够帮助消费者解决工作或生活中出现的问题，满足消费者的质量或效率的某种需求。Paap Jay 和 Ralpk Katz（2004）用"性能杠杆"帮助解释了颠覆性创新的技术替代的机理所在（见图6-2）。

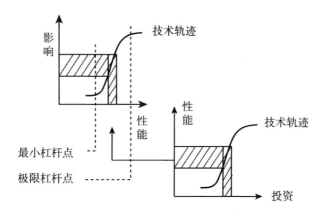

图6-2 颠覆性技术替代的基本模式

资料来源：Paap Jay 和 Ralpk Katz（2004），下同。

Paap Jay 和 Ralpk Katz（2004）指出，对消费者而言，技术的价值并不在于技术本身，而更多在于技术所能够给消费者带来的变化。理性的消费者对产品性能价值的衡量取决于这一性能带来的满足与购买成本之比。当一项新技术物化为一个新产品，并表现出某种特定的性能时，消费者接受这一性能有一个过程，只有当产品性能达到一定程度时才能对消费者的购买行为产生影响，而此产品性能所导致的消费者工作或生活的改善必须好过最低限度（称为"最小杠杆点"）。同样的，消费者对产品某一性能价值的衡量也有一个上限，超过这个上限，产品的某个性能再高对消费者也毫无意义，因为此时原有的性能已经"足够好"，产品性能超过这个限度时消费者已经用不上了。如茶杯的保温性能，通常要求保温 24 小时就可以了，而再运用高科技将保温性能提高到 10 天或者更高，对一般的消费者来说并没有太大的价值。这个"足够好"的程度即称为"极限杠杆点"。

产品性能概念的引入能够有效解释主导设计（技术）和企业在技术上的投资问题。通常，一个新产品的产业化初期，由于技术不太成熟，性能不太稳定，新产品的性能对消费者吸引力不大，当产品性能达到最小杠杆点时开始对消费者产生影响。随着消费者对新产品性能的接受，产品性能的改进对消费者的影响增大，当产品性能达到一定程度以后，性能的进一步改进对消费者影响会变小，当产品性能达到极限杠杆点时，产品性能的进一步改进对消费者来说几乎没有影响。因此，这个过程中企业针对产品的技术创新投入也会随着这种影响的变化而变化，即在产品性能达到极限杠杆点之前，会加大技术投入增量且市场效果明显，但达到之后企业进一步的投资则收效甚微。因此，在达到或接近极限杠杆点前进行的技术投入过程中，某项技术代表了各种不同技术的功能特性之间的最佳技术折中会成为主导设计[3]。

Chirstensen 和 Suarez 等（1998）强调指出，主导设计出现以后会吸引大量的市场份额，就会迫使其他企业模仿这种设计（若他们想赢得顾客），在位企业的创新开始集中于主导设计的渐进性改进和主导市场的维持性创新。

2. 创新与产业成长的一般形成机理——A-U 模型

描述创新与产业成长的理论基础则是艾伯纳西（N. Abernathy）和厄特

巴克（James M. Utterback）提出的 A – U 创新过程模型。传统 A – U 创新过程模型指出，在一个特定产品生命周期过程中，产品创新、工艺创新及产业组织的演化可以划分为三个阶段（见图 6 – 3），即流动阶段、转移阶段和专业化阶段。

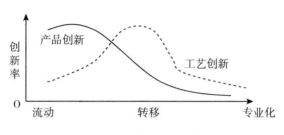

图 6 – 3　传统 A – U 模型

　　流动阶段的特点是，彻底的产品创新很频繁但迅速减少，多以剧变形式出现。新技术粗糙、昂贵和不可靠的，但能满足在市场某些方面的需求。到转移阶段，彻底的工艺创新频率则很高，产品趋向于一种主导产品设计和大批量生产的转移。这种转移加剧了价格和产品性能方面的竞争，降低生产成本的动机可能是竞争导致生产工艺的彻底变革。最后到专业化阶段，彻底的产品创新和工艺创新频率都降低，市场越来越成熟，产品趋向高度标准化，生产流程也越来越自动化、集约化、系统化、专业化。创新的焦点转移到为创造更高效益而进行的渐进的工艺改进的探索中。进入这个阶段的产业，只有引入彻底创新，才能再次得到迅速成长。

　　传统 A – U 模型只描述了一个特定技术发展轨道上的产品创新和工艺创新的过程。但从动态的角度来看，在技术并未发生突变性的跃迁前，同一轨道上的核心技术会在时间上有不同的创新产生，这些不同技术物化的产品会带来不同的市场需求，故而对应于新的核心技术创新会有不同的产品创新和不同的工艺创新高潮，因此，为了更细致地刻画技术轨迹与创新还有产业成长的关系，提出了加上产品生命周期的长期 A – U 模型（见图 6 – 4）。

　　长期 A – U 模型指出，一个完整产品生命周期 "S" 型曲线包括：①技术突变期；②动荡期；③主导设计；④渐进式和结构式创新期四个阶段。每一轮技术周期都是从一项技术突变开始的，技术突变打破了现有的渐进式技术创新模式，并由此产生一个技术动荡期。动荡期是混乱和不确定的，产品创新极其频繁，各种技术物化的产品以各自不同的运作规则进行竞争，以求被市场接受。这些竞争既存在于现有技术和新技术之间，又存在于新技术的各种变体之间。随着技术发展和市场接受，工艺创新达到最高而产品创新最低时，产品趋向于一种主导产品设计并大批量生产，技术周期进入主导设计阶段；之后针对主导设计的渐进式和结构式创新将会维持很长一段时期，直到下一次的技术突变带来产品生命周期的跨越。

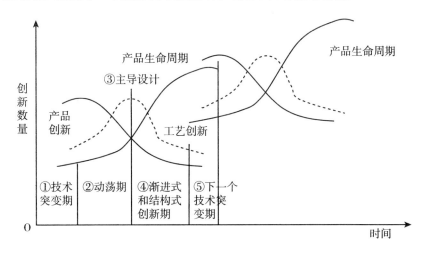

图 6 – 4　创新模式与产品生命周期的综合长期 A – U 模型

长期 A – U 模型深入细致地描述了在同一个产品生命周期中的创新过程的特点和不同种类创新的时间分布，它显示任何产业存在着一个创新流构成的技术周期。从这个周期来看，在同一技术轨道内创新过程存在着波动，产品创新和工艺创新的交替发生会导致产业阶段性创新特征的不同，从而推进产业成长。这些技术周期贯穿于整个产品更新换代"S"型曲线的跃迁过程，其中，动荡期同突变式产品创新结合在一起，主导设计与根本性的工艺创新结合在一起，渐进式变革阶段与渐进式和结构性创新结合在一起。

3. 颠覆性创新与产业成长的内在机理

传统 A – U 模型只从技术创新的角度研究了创新过程，未考虑到市场创新。而长期 A – U 模型虽涉及了创新与市场的内容，即在技术并未发生突变性的跃迁前，同一轨道上的核心技术会在时间上有不同的创新产生，这些不同技术物化的产品会带来不同的市场需求，但并没有深入解释这种基于不同市场不同需求产生的新的技术创新会带来的产业变化。Poter（1990）曾提出了产业竞争学说，认为供给条件、需求条件和国内外企业的竞争环境变化会导致新旧产业的变迁。并提出了对于生命周期理论的质疑，认为有的产业不一定会遵照这种"S"型曲线，而是可能跳跃或是倒退，并且不同产业的发展特征并不相同。这也为颠覆性创新实现产业成长提供了理论基础。

（1）颠覆性创新影响产业成长的机理。

颠覆性创新的实质是开发主导设计（技术）掌控主流市场以外的低端市场和新兴市场。考虑到同一时间、同一领域不同需求产生的不同市场，颠覆性创新使技术轨道内的变化也能带来全新的产业基础，甚至可能全面淘汰旧的技术、工艺、装备和产品，使原先的产业面临危机。本书在 A – U 模型基础上加入代表市场因素的价值网络来分析颠覆性创新实现产业成长的内在机理。以颠覆性创新视角，市场按对主导设计（技术）的需求分为成熟价值网络 B 代表的主流市场和价值网络 A 代表的低端市场或新市场（见图 6 – 5）。

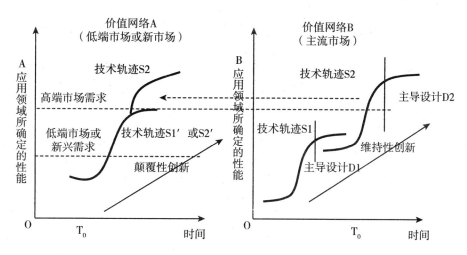

图 6 – 5　后发产业实现颠覆性创新成长的内在机理

成熟价值网络中的成熟企业一般遵循连续"S"型曲线跃迁成长，如图 6 – 5 右。技术轨迹 S1 中的每 1 项技术的渐进性改进都会推动产品性能沿着单个曲线不断得到改善，而从技术轨迹 S1 发展到 S2 则包括一项突破性的技术跳跃，而在技术突破的阶段，多半是主流企业完成的维持性创新，新兴企业很难在这个过程中超越领先企业，或占据更好的市场地位。因为通常大型领先企业会预见到当前技术最终将失去发展潜力（"S"型曲线最终变得平缓），并在发现、开发和应用大体延续了历史发展速度的新技术方面走在行业的最前端，这也是为什么它们会提前 10 年甚至更长时间，冒着巨大财务风险开始致力于新技术研发的原因和目的所在。换而言之，在成熟价值网络即主流市场中的后发企业或者是产业，想利用这个时机实现跳跃发展存在显而易见的难度。

根据 A－U 模型，在主流价值网络 B 的技术发展轨迹中某种技术创新会发展成主导设计时，在主流价值网络 B 之外存在其他的价值网络 A，而 A 网络所需要的性能与 B 网络存在明显差异化，这可能是技术的落后造成，也可能是消费能力差异化导致的。而这个价值网络 A 的存在就提供了颠覆性创新成长的可能。

颠覆性创新所"创新"的是一种针对低端市场或者新兴市场的需求，因此在某个市场的技术轨迹发展到主导设计时已经存在发生机会（见图 6－5 左）。假设整个行业主导技术的发展按照 S1 向 S2 的发展轨迹，大型企业也在跳跃中实现领先，主流市场进入 S2 阶段。而典型的后发产业就表现为技术和市场的滞后性，后发企业所处市场可能局部才开始甚至还未进入 S1 阶段，性能需求可能停留在其对旧主导产品 D1 的需求，或者优于 D1 但低于 D2 的需求。针对后发产业的所处的价值网络和市场，主流市场的主导产品 D2 性能已经过度供给，消费者选择产品或服务时所遵循的各种标准的排序将发生变化，给颠覆性技术带来机遇。后发企业如果能把握这个阶段的市场特征，展开以低端市场和新兴市场需求为导向的产品创新，开启基于低端市场和新市场价值网络的新技术轨迹 S1′或 S2′，则能在新兴价值网络开始其商业化运作，解决后发产业起步的问题。而这种针对低端需求的技术创新通常可能只是某几项成熟的技术再组合，并不涉及突破性技术创新，因此能有效规避技术落后的劣势，甚至可能变成开展颠覆性创新的优势所在。

依靠颠覆性技术的出现和发展的产业起初都在自己的内部价值网内沿着自己的技术轨道运行。但是当它们发展到一定水平，并且足以满足主流价值网所需要的性能水平和特征时，颠覆性创新将侵入主流市场价值网络并淘汰成熟技术以及成熟企业，导致产品市场竞争基础发生根本性变化，从而实现从低技术轨迹 S1′ 或 S2′ 向高技术轨迹 S2 的跃迁。从产业成长角度，即完成了一次产业升级。

由此可见，颠覆性创新成长机制主要从根本上解决了后发产业面临的三个难题：一是后发产业技术相对落后问题（针对低端市场需求和新市场需求的构筑自己的技术轨迹而不是囿于原有的技术轨迹）；二是市场开拓难问题（基于不同价值网络并从价值网的下方冲击成熟市场）；三则是成果转化难问题（成果研发和创新直接以市场需求为导向）。

（2）颠覆性创新实现产业成长的途径。

对主流价值网络不具吸引力的颠覆性技术属性正是建立新市场时所依赖的属性[4]。这种具有颠覆性的创新来源的途径有很多种，如针对特性市场的性能需求提高产品质量、降低产品成本、形成产品特色、提高劳动生产率等，但是总的可以归结为两个：提高"性价比"和实现差异化。

第一，提高"性价比"。

颠覆性创新提高产品性价比的途径主要有三种：①通过产品创新，生产出新的、更先进的设备或工具，从而大幅度提高产量，降低成本；②通过工艺创新，改变原有生产流程和方法，形成新的流程，在总体性能不变的情况下，提高产量或减少资源损耗从而降低成本；③颠覆性技术创新改变了生产的组织方式，从而增加单位时间的产量。

第二，实现产品的差异化。

颠覆性技术创新的一大特点就是跳出了现有主流市场上产品性能体系的框架，通过提供不同性能体系的新产品，满足细分市场的需求，最终达到进军主流市场的目的。改变产品性能体系实际上就走的是产品差异化的道路，而产品差异化是厂商避开恶性价格竞争的有效途径。尽管颠覆性创新萌芽初期的利基市场不同于主流市场，但是随着颠覆性技术的进步，最终会形成一个威胁主流市场产品的全新替代性新产品。

（3）颠覆性创新实现产业成长的表现。

① 扩大产业规模。颠覆性创新虽然最终会取代原有的市场，但其发端于低端市场以及新市场，在成长初期其对现有主流技术和主流市场并不构成威胁，因此颠覆性创新必然带来整个市场容量的扩张，导致产业规模的扩大。

② 优化产业结构。产业结构优化是指实现产业结构与资源供给结构、技术结构、需求结构相适应的状态[5]。颠覆性创新是针对市场进行的创新，其动力是满足低端市场和新市场，关键是解决了技术进步与市场需求发展轨迹之间的差异，因此有针对性地改善产品的性能和设计，能促进产业产出效率提高并减少重复建设生产线的浪费。

③ 合理化产业组织。产业组织包含市场结构、市场行为和市场绩效三个方面。在市场结构方面，颠覆性创新用新的技术来替代现有主流技术，颠覆了现有主流厂商的竞争优势，将更多资源集中于后发企业，从而促进本土企业组织演化。市场行为方面，颠覆性创新针对的是明确的市场和需求，能为后发企业的研发行为提供充足的动力，并能减少企业盲目行动所造成的浪费，缩短产品产业化和商业化时间，提高创新成功率，促进产业结构由简单到复杂，功能由小到大的转变。市场绩效方面，颠覆性创新开发的新产品在满足消费需求的过程中起初针对的低端市场和新市场通过成本降低等获得低端利润，但最终能通过取代原有主流市场获得高端利润，从而提高产业效益。

4. 小结

从颠覆性创新与产业成长机理可以看出，颠覆性创新摆脱了现有的技术轨迹，开辟了新的技术路径。其成长机制能从根本上解决后发产业起步面临的技术相对落后、市场开拓困难和成果转化困难的三个主要问题。通过以上分析看出，颠覆性创新为产业竞争优势的构建和发展中国家的产业成长和技术跨越提供了一个完全不同的思路。

6.2.2 产业实现颠覆性创新成长的外部条件分析

克里斯坦森（2004，中译本）认为颠覆性创新本质上是技术创新与市场创新的成功融合，技术进步的轨迹与消费者所能利用的产品性能的轨迹两者不一致导致颠覆性创新的产生。因此，从逻辑上来说，颠覆性创新的机会主要从技术层面和市场层面着手分析。

1. 技术的"机会窗口"

根据克里斯坦森（2004，中译本）的观点，基于性能需求的差异，颠覆性创新可以通过不断地改进创新使产品性能在新的技术轨迹中快速上升，并与旧技术存在较大的壁垒差异，形成转轨时期独特的技术跨越窗口（见图6-6），并最终超过原有技术，实现跨越。另外，技术跨越窗口随着颠覆性技术轨迹向上延伸而逐渐变小，直至最终颠覆性技术轨迹与原有技术轨迹交于一点而消失。这是因为在新技术轨迹上升过程中，技术范式不断明晰，应用市场不断扩大，将导致大量企业的跟进从而展开激烈的竞争；同时，为降低成本，企业最低有效规模不断扩大，所需的固定投入也不断增高，这些都导致机会窗口的缩小。

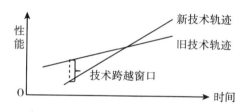

图6-6 颠覆性创新中的技术机会窗口

Paap Jay 和 Katz Ralph（2004）从性能和驱动力之间更深层次的关系分析了这种机会窗口的存在，认为颠覆性创新技术替代出现有三种模式：

（1）与主导驱动力相关的旧技术走向成熟。

第一种模式是，现有的主导驱动力中仍有相当需求未被满足，但是旧的技术已经达到成熟，无法再将产品性能作进一步的提高或提升幅度很小，此时市场出现了一项新的技术（或生产运营模式），此技术能够大幅度地提高主导驱动力中所包含的产品性能，结果新技术代替了旧技术。市场的主导驱动力基本上没有太大变化，但是一种新的技术出现代替原来成熟的技术，其技术替代机理具体见图6-7。这种技术替代的机会常在于技术发生实质性的突破，形成更高一级的技术轨迹，从而形成更高级主流市场和主导设计，并使低端和新市场机会显现出来。

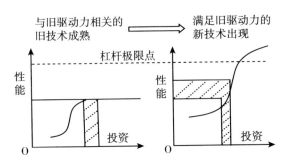

图 6 - 7　颠覆性技术替代的第一种模式

（2）旧技术不能满足新主导驱动力未能满足的需求。

先前的驱动力成熟，新的驱动力出现，而且旧技术不能满足新的主导驱动力中未能满足的需求。

第二种模式是，现有产品的性能已经完全能够满足消费者的某种需求，达到足够好的地步，消费者开始关心主导性能以外的别的性能，但是限于原有技术的局限性，新的性能需求无法通过旧技术的提升加以解决，只有通过新技术才能使消费者新的需求得到满足（见图 6 - 8）。

事实上这种新的驱动力可能出现在原有主流市场，也可能出现在非主流市场。而颠覆性创新的机会则是在非主流市场出现这种驱动力（一般往往是低端市场），满足新驱动力的新技术短期内对主流市场影响不大，但是当新技术进步到一定程度时就会满足原有主流市场上驱动力，这时候主流市场上的消费者就会被新市场所吸引。

（3）环境变化创造出新的主导驱动力。

环境的变化往往会使消费者产生新的需求，这就导致新的主导驱动力的出现。当原有技术能够满足顾客新的需求时，技术替代不会发生，但是当原有技术不能够满足新的主导驱动力时，将会形成产生新技术的市场压力（见图 6 - 9）。

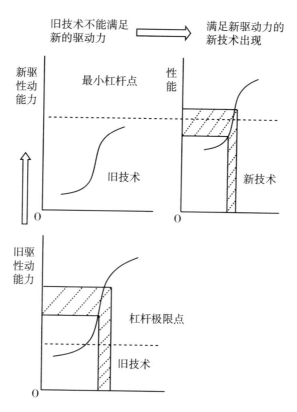

图 6-8　颠覆性技术替代的第二种模式

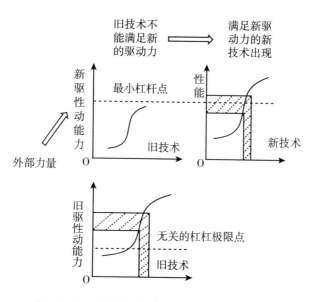

图 6-9　颠覆性技术替代的第三种模式

2. 市场的"机会窗口"

颠覆性创新本质上是通过满足主流市场外的非消费者开启了一个潜力巨大的非竞争市场。在维持性创新中，沿着技术轨迹的发展，产品性能的改进速度大大超越消费者性能需求的极限杠杆点，许多性能属性增加了消费者获得产品成本和使用学习成本的上升，而消费者获得的净价值却没有得到相应提升，从而产生市场机会窗口（见图 6 – 10）。

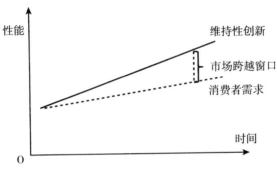

图 6 – 10 颠覆性创新的市场"机会窗口"

过度创新导致消费者实际可感知价值的减少，也为后发企业提供了低端破坏与新市场破坏的可能性。Christensen（2003）分析了来自低端市场的商业模式颠覆性创新必须具备两个特点：（1）现有的产品已经超越了足够好的程度。（2）能创造出不同的商业模式。而新市场的颠覆性创新必须具备的特征是：（1）创新所针对的目标顾客过去由于缺乏金钱和技术而无法自己完成相应的工作。（2）创新所针对的是那些喜欢简单产品的顾客。颠覆性产品必须是技术上简单易懂，以那些乐于使用简单产品的顾客为目标。（3）创新能帮助顾客更简单更有效地完成他们正努力试图完成的工作。

因此，归纳市场机会窗口：（1）现有的产品已经超越了足够好即极限杠杆点的程度，存在低端市场颠覆的机会。（2）现有产品的价格与功能使缺乏金钱和技术的顾客无法购买和使用，存在新市场颠覆的机会。

6.3

颠覆性创新与医疗器械产业成长实证分析

此部分是在第3章理论分析的基础上，验证颠覆性创新成长机制对医疗器械产业成长的适用性。首先分析了医疗器械产业具备实现颠覆性创新成长的外部条件，其次验证颠覆性创新与医疗器械产业成长的正相关关系，最后利用心脑血管介入医疗器械行业实现颠覆性创新的案例分析，再一次验证和总结医疗器械产业的颠覆性创新成长机制。

6.3.1 医疗器械产业颠覆性创新成长外部条件分析

医疗器械产业指医疗仪器设备及器械制造行业（代码368），覆盖的子行业如表6-4所示。

表6-4 医疗仪器设备及器械制造行业子行业目录

行业代码	行业名称
368	医疗仪器设备及器械制造
3681	医疗诊断，监护及治疗设备制造
3682	口腔科用设备及器具制造
3683	实验室及医用消毒设备和器具制造
3684	医疗，外科及兽医用器械制造
3685	机械治疗及病房护理设备制造
3686	假肢，人工器官及植（介）入器械制造
3689	其他医疗设备及器械制造

资料来源：中国高技术产业统计分类目录统计。

不同子行业，涉及的医疗器械不同，按功能可以分为诊断类、治疗类、保健类，按照先进程度又可以分为低端设备和高端设备，按照目标客户可以分为医院器械和OTC器械[6]（见表6-5）。

表 6 – 5 　　　　　　　　**医疗器械分类（深色的为高端产品）**

诊断类	物理诊断类	体温计、听诊器、血压计、叩诊锤、B超仪、普通心电图机等
		Hotler、彩超等
	化学诊断类	半自动血细胞分析仪器、全自动生化分析仪、酶免仪、HP测定仪、电泳仪、全自动血气分析仪、尿液分析仪等
		药敏分析仪、全自动免疫分析仪、全自动PCR分析系统等
	影像诊断类	高频X光机、DR、CT机等
		MRI、PET – CT、造影系列等
治疗类	手术器械	基础的刀、剪、钳、镊、针、钩等
		玻璃体切割器、体外循环设备等
	光学仪器及内窥镜设备	视网膜镜、纤维内窥镜、医用放大镜等
		腹腔镜、关节镜、角膜接触镜等
	物理治疗及康复设备	胸背部矫形器、骨科牵引器、磁疗机、紫外线治疗机等
		电压高位治疗仪电化学癌症治疗机等
	监护类仪器	监护类仪器一般都是模块化产品，加入的模块越多越高端
	植入性耗材	心脏支架、人工耳蜗、人工晶体等
保健类	保健类	按摩椅、吸氧机、轮椅等

1. 医疗器械产业状况特征分析

医疗器械产业长期实行一种追求数量增长的外延式粗放型扩张战略。与发达国家相比，我国医疗器械工业基础薄弱，规模较小，发展较为滞后。但同时落后的医疗器械装备和技术水平与社会日益增长的医疗需求之间的巨大矛盾，促进了近几年医疗器械市场的快速增长。

（1）医疗器械装备与技术水平总体落后。

我国在一次性耗材、义齿材料、轮椅、卫生材料及医用敷料等产品的产能已居世界第一，但这些产品多为低附加值、高耗能的产品。从 2010 年我国医疗器械市场构成来看，高端产品仅占 25%，而中低端产品则占 75%。因此，我国高端医疗器械产品市场主要被外资垄断，且价格昂贵。以高端的数字医疗影像设备领域为例，国内有近 70% 的核磁共振、CT、X 光机等高端医疗设备市场主要集中在 GE、西门子和飞利浦等外资公司手里。

在资源分布方面，我国医疗资源区域分布不合理，20% 的城镇人口占有 90% 的医疗资源，基层医疗机构仅拥有 10% 的医疗资源，三线城市和农村基本医疗器械严重匮乏。从新医改确定的基层医疗结构设备配置水准要求可知（见表 6－6），我国在一些如 CT 机、彩超、自动生化分析仪等低端医疗器械仍存在较大缺口。

表 6－6   基层医疗结构设备配置清单

机构类别	配置标准
县医院	CT、X 光机、超声诊断仪、彩超、自动生化分析仪、酶标分析仪、内窥镜、清洗消毒机等 17 类
县中医院	X 光机、心电图机、CT、超声诊断仪、彩超、生化分析仪、麻醉机等 16 类
中心乡镇卫生医院	X 光机、生化分析仪、B 超、心电图机、麻醉机、多普勒胎儿诊断仪等 18 类
村卫生室	简易诊断设备、简易消毒灭菌设备、供氧设备、输液装置等基础设备
社区卫生服务中心	心电图机、B 超、离心机、血球计数仪、尿常规分析仪、生化分析仪、血糖仪、基础诊断设备、基础预防保健设备等

资料来源：《县医院等 5 个基层医疗卫生机构建设指导意见》，《卫生部、国家中医药管理局关于印发城市社区卫生服务中心、站基本标准的通知》。

另外，医疗资源装备上还显现出高端医疗器械配备严重不足的情况，全国 17.5 万家医疗卫生机构拥有的医疗仪器和设备，有 15% 左右是 20 世纪 70 年代前后的产品，有 60% 是 80 年代中期以前的产品。

（2）社会医疗需求日益增长。

社会医疗需求的日益增长主要受益于新医改政策、人口老龄化、居民家庭收入水平稳步提升和健康意识的提高。

2009 年 4 月，我国出台 8500 亿元新医改方案。新医改主要包括四个方面：农村医疗基础设施、公共医疗、城市医疗服务和基础医疗的报销。针对医院市场，我国二级、三级城市医院的医疗系统将进行全面改造，医疗设备市场将迎来一轮发展的高峰。针对最终消费者，新医改使新农合和城镇居民医保覆盖范围扩大，使患者接受诊疗服务时自付比例下降，对诊断的准确性要求逐渐增高，引致医疗器械的需求旺盛。据统计，2010 年新型农村合作医疗的参保人数已达到 8.35 亿人，占农村口总数的 96.3%，城镇居民基本医疗保险的参保人数也达到 1.87 亿人，三大基本医疗保障制度已覆盖超过 93% 的人口。

另外，巨大的人口基数和老龄化趋势将有效刺激医疗器械需求。中国 65 岁以人口占总人口比重从 1990 年的 5.6% 上升到 2006 年的 7.9%。据统计，未来人口老龄化将进一步加剧，到 2025 年和 2050 年将分别达到总人口的 12.6% 和 19.6%。据上海老龄科学研究中心数据，人口老龄化将导致医疗卫生总费用年增长率提高 1.54%。

再者，近年来，居民家庭收入水平稳步提升，根据国家统计局数据显示，2010 年全年城镇居民家庭人均总收入 21033 元，比上年增长 11.5%。其中，城镇居民人均可支配收入 19109 元，增长 11.3%；农村居民人均纯收入 5919 元，增长 14.9%。城镇居民和农村居民的人均收入每年都在以 10% 左右的速度增长。收入增长带来的健康需求的上升将长期带动医疗器械市场的高层次化发展。值得注意的是，城镇居民与农村居民的收入差距在逐年扩大，这也在一定程度上丰富了未来医疗需求的层次化和差异化。随着人们健康意识的提高、生活品质意识的提升，也将进一步推动医疗器械市场的消费升级。

2. 医疗器械产业颠覆性创新成长外部条件分析

从颠覆性创新的角度来说，医疗器械产业表现出的落后医疗器械装备和技术水平与社会日益增长的医疗需求之间的巨大矛盾，正是医疗器械产业利用颠覆性创新成长机制的宝贵机会。

（1）技术机会窗口分析。

① 医疗技术进步导致旧技术走向成熟。

医疗器械设备的发展是紧跟临床医疗技术发展的节奏。信息技术、医学影像学、医药学和疗设备之间的不断融合、优势互补，也将使临床治疗不断达到一个新的水平，越是在临床医疗技术发生创新的领域，第一种技术窗口越是格外明显。这种机会是医疗器械产业本身具有的以及技术发展的时代赋予的。

以微创手术与介入性医疗器械产业发展为例。微创手术发展促进了微创手术设备也将得到更大的增长[7]。微创介入医学技术的不断发展对介入性医疗器械的要求不断提高。以心血管支架为例，现有的主导驱动力中仍有相当需求未被满足，但是旧的技术即普通裸金属支架技术已经达到成熟，无法再将产品性能作进一步的提高或提升幅度很小，此时市场出现了一项新的技术即含药支架技术，此技术能够大幅度地提高主导驱动力中所包含的产品性能，结果代替了旧的裸金属支架，但是现阶段药物洗脱支架仍有许多亟待解决的问题，产业内的研发和创新还在不断跟进，国际上大的公司如美国强生、波士顿科学公司平均每 12 个月产品就升级换代一次。因此，新技术的更新换代、主驱动力下新技术的不成熟提供的这种机会窗口对医疗器械产业而言，不但能解决起跑线落后的问题，而且针对特定市场实施的颠覆性创新则更具有影响力。

② 以降低医疗成本为主的新驱动力显著。

现代医疗器械技术发展呈现出以下趋势：器械和系统内部的功能更为复杂，但外部操作方式却更趋简单化；更为智能化和简易化，使康复护理工作社区化、家庭化；以更先进的技术低成本化。这些新的趋势实质上则是新的驱动力。我国在新医改的驱动下，政府和社会卫生支出占卫生总费用比重从 2001 年的 40% 提高到 61.8%，降低医药费用和治疗费用已成为趋势，因此治疗仪器、耗材国产化是必然趋势，以降低医疗成本为目的的新驱动力尤其明显，这就提供了第二种技术机会窗口。

以核磁共振 MRI 设备市场为例。因为磁体和电子、计算机技术的日新月异和新的扫描技术的突破，核磁共振 MRI 设备的磁场强度越来越高，成像质量越来越好，而磁场强度越高，其市场售价也就越高。进口 MRI 设备以超导中、高档 MRI 系统为主，主要装备在省级医院和部分中等医院；而1.5T 以上的高场强 MRI 系统则多数安装在中央级的大型和超大型医院，售价一般在 120 万~300 万美元。然而，相对进口高端、超导 MRI 系统而言，0.5T 的中等场强 MRI 系统已经能满足临床诊断的各种需要，且价格有较大优势。也就是说旧驱动力对清晰度、扫描速度等要求已经最大程度获得满足甚至超过国内市场出现基于"性价比"的新驱动力，即在效果、性能相仿的情况下，价格更低的要求日以彰显。典型的案例就是国内一批如北京万东医疗、美时医疗等公司开发的具有价廉物美优势的针对中级医院的低场磁共振仪从而成功打开市场。

③ 社会发展创造出新的主导驱动力。

目前，我国家用医疗器械产品仅占国内医疗器械市场总销售额的 14%。而在国外这一比例一般在 25% 左右。然而，近年来随着人均收入、健康意识的提高和经济增长的外部性，我国对小型化、方便性以及价格和运行成本低家庭医疗器械需求日益增大，发展空间巨大。另外，还有基于降低成本的驱动力，医疗器械市场出现了小型专项检查设备取代大型设备的情况，如医生可以带着移动超声设备。

（2）市场机会窗口分析。

从市场的角度来讲，医疗器械产业的下游即医院、卫生院及社区医疗活动、门诊部医疗活动，以及部分私人客户。新医改政策和消费升级是医疗器械产业实现颠覆性创新的主要市场机会窗口。

① 新医改政策帮助拓展市场。

在新一轮医疗体制改革方案中，一方面明确了私立医院和公立医院共同发展的原则，纳入医保范围的私立医院在基本医疗服务层面开始建立与公立医院平等的准入条件和竞争关系，从而享有同等的国民待遇；另一方面对公立医院特需门诊、VIP 病房的削减和控制将为私立医院释放较大的市场空间。这就为私立医院的发展带来了契机，随着私立医院的崛起，巨大的医疗市场需求必然会带动产业链上游的医疗企业的繁荣。纳入医保范围的民营医院将大量采购基础诊断、治疗器械和耗材，以应对进入医保范围后大量病源的到来，中低端医疗器械的采购量将迅速增加；提供特需服务医疗的私立医院将提供高端专业服务，高端器械将是这种医院的首选。这就提供了低端市场和新市场机会（见表 6 - 7）。

表 6 - 7　　　　　私立医院的发展对医疗器械企业的机会

医院类别	纳入医保的民营医院	医保之外的民营医院	中外合资医院
医疗器械企业的机会	采购基本医疗诊断用、治疗用器械	采购特需器械、中高端器械	采购进口器械、高端器械
对策	参与竞标、生产中低端器械	研发新器械，生产中高端器械	引进进口器械，生产高端器械

② 消费升级、人口老龄化等因素导致新需求多样化。

可支配性收入增加、医疗报销比例的上升引致的医疗消费升级将有效释放市场需求。一个典型的案例就是心脏支架系统市场。近年来冠心病发病率不断增高，随着医疗技术水平日益提高，心脏支架系统产品价格下降和人民生活水平提高，越来越多的人能负担得起心脏支架系统而接受冠状动脉介入（PCI）手术。2002 ~ 2008 年我国 PCI 手术病例的年均复合增长率超过 40%，依赖于 PCI 手术病例数的心脏支架系统数量也从 4 万套增长到 29.8 万套，预计未来国内对于心脏药物支架系统的需求仍将呈现快速增长的趋势。

人们健康意识的提高、人口老龄化特点会进一步丰富上海的医疗需求。随着健康意识的提高，医疗模式也将由治疗型向预防保健型转变，因此用于家庭、个人医疗保健的诊疗仪器、康复保健装置，以及微型健康自我检测医疗器械和用品将有广泛的需求和应用。人口老龄化则是推动家用医疗器械发展的主力之一，以满足老年人的慢性疾病和残疾医疗护理需求的居家医疗器械市场需求将多样化和扩大化。

3. 小结

升级换代、弥补缺口以及环境变化等内外部动力相互交织打开了上海医疗器械产业技术机会，人口老龄化、消费升级和健康意识提升成为未来潜在市场空间的诱发力量，医药卫生体制改革释放被压抑需求给行业发展注入额外动力，中国医疗器械行业实现颠覆性成长的外部条件完全具备，机会窗口完全打开。

6.3.2 颠覆性创新与医疗器械产业成长相关性分析

在考察了医疗器械产业实现颠覆性创新的外部条件以后，本节主要通过统计分析方法验证医疗器械产业的成长与颠覆性创新的相关性，进一步说明颠覆性创新成长机制对医疗器械产业的适用性。

1. 医疗器械产业颠覆性创新程度测度

（1）颠覆性创新程度测度指标。

由于技术创新过程的性质特点，决定了我们"无法直接衡量技术创新的质量和数量"[8]，因此，对于技术创新的度量通常总是采用一些替代性指标来反映。颠覆性创新的界定是基于创新对市场的影响，产业内颠覆性创新的数量和质量也无法通过直接的统计方法获取相关的数据。但是可以通过对反映整个产业发展状况的数据分析，间接地推测产业的颠覆性创新程度。田红云（2007）认为，由于颠覆性创新理论以产业的技术和需求为出发点，会导致现有市场竞争规则的变化，引起市场结构发生变化，因此有关产业颠覆性创新特征指标的设立可以从行业技术和需求的变化入手，通过设立反映市场结构的变化指标来反映行业颠覆性创新的程度。考虑到数据的可得性和口径的一致性，本书在田红云（2007）的6项指标体系上作了一些调整，从技术和市场两个层面，共设立了7个指标来反映产业的颠覆性创新程度（见表6-8）：

表6-8　　　　　　颠覆性创新程度测度指标

颠覆性创新程度测度指标	产业技术替代和更新状况层面	新产品销售收入（X1）
		发明专利数量（X2）
		新产品销售收入占行业产品销售收入的比重（X3）

续表

颠覆性创新程度测度指标	市场需求和市场结构层面	产品销售收入的环比发展速度（X4）
		集中度的年度方差（X5）
		大中型企业数量（X6）
		大型企业利润占行业利润总额的比重（X7）

① 产业技术替代和更新状况层面的指标。

颠覆性创新从技术层面讲是一种技术替代和更新，会对现有的市场结构和竞争规则产生影响，因此技术替代和更新越频繁则反映颠覆性创新程度越大。

新产品销售收入（X1）。新产品是指工业企业采用新技术原理，新设计构思研制、生产的全新产品或在结构、材质、工艺等某一方面比老产品有明显改进，从而显著提高了产品性能或扩大了使用功能的产品。新产品销售收入反映了行业技术创新状况，尤其是采用新技术的创新，因此，行业的颠覆性创新越显著，新产品销售收入越大。

发明专利数量（X2）。发明专利是指对产品、方法或对其改进所提出的新技术方案，其对技术进步所起的作用比较大，且创新的性质最接近颠覆性创新，因此发明专利的多少能反映出颠覆性创新的程度。

新产品销售收入占行业产品销售收入的比重（X3）。新产品几乎代表了所有技术创新投入要素或相关要素相互作用的最终结果，其销售收入情况不仅反映了技术创新的直接成果，也反映了技术创新的市场化和商业化的成果。使用新产品销售收入占行业销售收入的比重这个指标，一方面反映了行业技术替代的情况，并进一步反映了颠覆性创新的程度；另一方面也剔除了通货膨胀以及居民收入的变化对新产品销售收入的影响。

② 市场需求和市场结构层面的指标。

颠覆性创新动摇了主导厂商的竞争优势，必然会引起市场结构的变化，因此行业市场需求和市场结构变化越大，也就说明行业颠覆性创新的程度越明显。

产品销售收入的环比发展速度（X4）。产品销售收入是指企业销售产品的销售收入和提供劳务等主要经营业务取得的业务总额。产品销售收入包括四个部分：产品销售成本、产品销售费用、产品销售税金及附加、产品销售利润。对产业而言，年度产品销售收入基本反映了当年的产业市场规模，而产品销售收入的增长率则反映了每年产业市场的扩张状况。由于颠覆性创新会导致市场的扩张，而维持性创新对市场扩张的影响比较小，因此，产品销售收入年增长情况可以反映颠覆性创新的程度。同样由于环比发展速度是一个比值，因此不同行业之间环比发展速度之间的对比就剔除了居民收入增加和通货膨胀的影响。

集中度的年度方差（X5）。田红云（2007）提出选取行业排名前四、前八等企业销售收入总和占行业总销售收入的比重作为衡量此行业市场结构的指标。本书碍于数据的可得性和统计口径的一致性，以《我国高技术产业统计年鉴》中的大型企业销售收入占行业产品销售收入的比重反映市场集中度的变化情况。根据颠覆性创新理论，颠覆性创新会削弱主导厂商的竞争优势，因此必然会引起市场结构发生剧烈的波动，从市场结构的波动情况我们大致可以推断产业创新的颠覆性特征是否明显。

大中型企业数量（X6）。一般来讲，在主流市场上占据技术主导优势的企业往往是大中型企业，从行业大中型企业每年的排名变化可以了解到颠覆性创新削弱主导厂商的竞争优势的情况，但是欠缺产业中的大中型企业排名的统计资料，因此，从每年大中型企业数量的变化来推测产业中的颠覆性创新特征，颠覆性创新越显著，该行业大中型企业数量年度方差也越大。

大型企业利润占行业利润总额的比重（X7）。颠覆性创新动摇了主导厂商的竞争优势，在应对颠覆性创新的策略上会在一定程度上影响主导企业的价格策略，对其产品利润构成影响。尽管颠覆性创新萌芽初期的利基市场不同于主流市场，但是随着破坏性技术的进步，最终会形成一个威胁主流市场产品的全新替代性新产品。因此，大型企业利润波动情况可以反映颠覆性创新的程度。同样使用相对值剔除通货膨胀以及其他因素对利润的影响。

（2）研究方法和数据来源。

在技术创新程度评价方面，常用的评价方法主要有个人判断法、专家筛选法、德尔菲法等，而这些评价方法的特点是主观性过强，缺乏评价结论的准确性。而因子分析法通过对指标的标准化处理和数学变换，消除指标间的相关影响及由于指标分布不同、数据本身差异造成的不可比性，用较少的指标就可以反映原有的绝大部分信息，同时能够克服通常对指标权重选择的主观性[9]。因此，本书应用因子分析法分析我国医疗器械产业颠覆性创新程度，能够从根本上保证评价和相关性分析的科学性和合理性。

数据选取方面，因为我国医疗器械行业发展较晚，从20世纪80年代才开始，统计数据也是从1995年开始统一化，因此，为了保证数据统计口径的一致性，本书利用了1999～2010年《高新技术产业统计年鉴》中的1998～2009年的医疗设备及仪器仪表制造业相关数据。再利用SPSS 18.0对数据进行因子分析，对描述我国医疗器械产业颠覆性创新能力的若干指标进行提取，用提取的公因子对颠覆性创新能力进行评价。需要说明的是软件在处理数据时会自动将原始数据进行无量纲处理，所以本书在因子分析之前无须再对数据进行无量纲处理。

（3）因子分析及结果。

① 指标间相关性检验。

检验相关性的方法主要有 KMO 样本测度和 Bartlett 球形检验。样本充足测度 KMO 是用来检验变量间的偏相关是否很小，其值越接近1表明越适合进行因子分析。一般认为 KMO 值在0.6以上较适合做因子分析，最低值不能低于0.5。而通过 SPSS 18.0 软件运算得如下结果（见表6-9）。

表6-9　　　　　　　　　　　**KMO 和 Bartlett 的检验**

取样足够度的 Kaiser-Meyer-Olkin 度量		0.630
Bartlett 的球形度检验	近似卡方	99.006
	df	21.000
	Sig.	0.000

从表6-9可以看出 KMO 的值为0.630，此值大于0.6，说明观测变量适合进行因子分析。同样 Bartlett 球体检验值也符合要求，其结果在 P = 0.000 的水平上显著，两者可以说明所取因素适合进行因子分析。

② 公因子提取与命名。

根据因子分析的输出结果，按照特征值大于 1 的原则，我们选取了两个因子作为主因子。表 6 - 10 列出了两个因子的方差贡献率。

表 6 - 10 　　　　　　　　　　　　　解释的总方差

成分	初始特征值			提取平方和载入			旋转平方和载入		
	合计	方差的百分比（%）	累积（%）	合计	方差的百分比（%）	累积（%）	合计	方差的百分比（%）	累积（%）
1	3.935	56.216	56.216	3.935	56.216	56.216	3.570	50.999	50.999
2	2.291	32.733	88.949	2.291	32.733	88.949	2.656	37.949	88.949
3	0.411	5.876	94.825						
4	0.280	4.001	98.825						
5	0.064	0.921	99.746						
6	0.014	0.206	99.952						
7	0.003	0.048	100.000						

注：提取方法为主成分分析。

从表 6 - 10 可知，前两个因子的特征值大于或接近 1，分别是 3.935 和 2.291，而且这两个因子的累计方差贡献率为 88.949%（超过 80%），因此可以从原来的 7 个指标中提取的两个主因子能够代表所有指标的信息。

③ 因子得分统计。

从 SPSS 18.0 软件我们可以直接得到各公因子得分系数矩阵（见表 6 -11），列出各公因子的线性表，得到各因子的得分，表明了医疗器械产业颠覆性创新能力在这两个因子中的水平。

表 6 -11 　　　　　　　　　　　　成分得分系数矩阵

	成分	
	1	2
X1 新产品销售收入	0.271	- 0.009
X2 发明专利数	0.272	0.011
X3 新产品销售收入占行业产品销售收入的比重	0.271	0.064
X4 产品销售收入的环比发展速度	- 0.043	- 0.341

	成分	
	1	2
X5 集中度的年度方差	0.012	0.354
X6 大中型企业数量变动变化	0.259	0.051
X7 大型企业利润占比变化	0.068	0.384

注：提取方法为主成分；
旋转法为具有 Kaiser 标准化的正交旋转法。

为了对医疗器械产业颠覆性创新的整体水平有一个综合性的评价，可以根据表 6－11 中的 2 个主因子所代表的贡献率确定权重。其中，第一个主因子的权重为 0.562，第二个主因子的权重为 0.327。2 个主因子按各自的方差贡献率加权相加为综合评价得分。其计算公式为：$F = 0.562F_1 + 0.327F_2$。由综合评价因子得分分值的大小确定每年我国医疗器械产业的颠覆性创新程度特征（见表 6－12）。需要说明的是，本书对医疗器械产业 1998～2009 年产业颠覆性创新程度特征的因子分析得到的因子得分主要是要说明时间序列上的相对变化，具体数值并不具有经济意义。

表 6－12　　　1998～2009 年我国医疗器械产业颠覆性
创新程度因子得分

年份	主因子 F_1	主因子 F_2	综合得分 F	以 1998 年为基期
1998	271.5324	－ 0.08582	152.5731	1
1999	380.2059	－ 0.10093	213.6427	1.400264
2000	447.9682	－ 0.13151	251.7151	1.649800
2001	488.4738	－ 0.10198	274.4889	1.799065
2002	453.8446	－ 0.15040	255.0115	1.671405
2003	799.5882	－ 0.26340	449.2824	2.944702
2004	899.101	－ 0.39499	505.1656	3.310973
2005	1291.954	－ 0.27964	725.9865	4.758285
2006	1650.731	－ 0.22152	927.6383	6.079958
2007	2666.263	－ 0.20295	1498.3730	9.820689

续表

年份	主因子 F_1	主因子 F_2	综合得分 F	以1998年为基期
2008	3273.466	-0.04856	1839.672	12.05764
2009	6049.494	0.25591	3399.899	22.28373

由图 6-11 可见，我国医疗器械产业的颠覆性创新程度在逐年增强。这也与我国医疗器械产业部分分支行业实现进口替代和市场份额反超的现实相符。

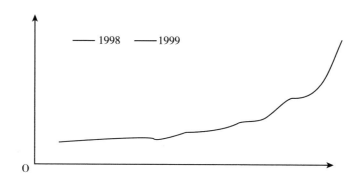

图 6-11　颠覆性创新影响特征变化（以 1998 年为基期）

2. 医疗器械产业成长状况测度与分析

关于产业成长的测度研究有三种角度：第一种从产业规模角度分析产业成长，认为产业成长即产业规模的扩张。第二种从产业结构和组织的角度分析产业成长，认为产业成长表现为产业结构和产业组织，由简单到复杂，由弱小到强大，由功能欠缺到功能完备等。第三种从产业生存和发展演化的角度分析产业成长，认为产业成长是一个逐步进化的过程，产业的组织结构逐步复杂功能提升，产业的生命力逐步增强。向吉英（2007）认为"有质又有量"的产业成长包括三个方面的内容即产业规模扩张，产业技术更新即产业结构优化和产业组织合理化。因此，本书将从这三个方面全面测度我国医疗器械产业的成长状况，其中，产业规模的扩张选择工业总产值为指标，从产出成果的角度反映产业成长；产业结构优化表现为技术更新，因此使用产业劳动生产率即产业总产值与从业人员人数的比率为指标，从效率角度说明产业结构的发展情况；产业组织合理化表现为市场绩效的提高，因此选择产业利润情况作为反应指标（见表 6 – 13）。

表 6 – 13　　　　　我国医疗器械产业成长测度指标

产业成长	产业规模扩张	工业总产值
	产业结构优化	劳动生产率
	产业组织合理化	利润总额

我国医疗器械产业当年价生产总值、全部从业人员平均人数、利润总额均来自 1999 ~ 2010 年《中国高技术产业统计年鉴》。整理数据见表 6 – 14。

表 6 – 14　　　1998 ~ 2009 年我国医疗器械产业成长测度数据

年份	当年价生产总值（亿元）	劳动生产率（万元/人·年）	利润（亿元）
1998	128.56	10.39	4.52
1999	133.26	11.48	6.56
2000	163.23	13.94	8.49
2001	197.35	15.55	15.57
2002	235.87	17.69	19.56
2003	203.63	23.82	16.45
2004	296.40	22.56	29.80
2005	352.50	27.18	30.50
2006	473.80	31.56	42.90
2007	610.40	35.34	62.10
2008	832.40	37.30	81.90
2009	973.50	41.78	112.10

资料来源：1999 ~ 2009 年《中国高技术产业统计年鉴》整理而得。

由表 6 – 14 数据可见，我国医疗器械产业 1998 ~ 2009 年在质和量上都得到了长足的发展。当年价生产总值从 1998 年的 128.56 亿元增长到 2009 年的 973.5 亿元，增长幅度近 8 倍，且年均增长率达到 21%，这都说明了

我国医疗器械产业的总体规模增长的实力和潜力。劳动生产率从 1999 年的
10.39 万元/人·年逐年上升到 2009 年的 41.78 万元/人·年，增长了 4 倍，
年均增长率保持在 10% 以上，这充分说明我国医疗器械产业单位人员生产
效率、生产能力越高，侧面反映出劳动人员素质的提高，以及新产品的开
发和销售效率的提高。产业利润也保持年均近 40% 的增长率，快于产业生
产总值增长速率，这充分体现了我国医疗器械产业市场行为的效率提高和
市场绩效的增加，进一步反映了医疗器械产业组织的合理化进程。

3. 颠覆性创新与医疗器械产业成长相关性分析

为了检验医疗器械产业颠覆性创新与产业成长的相关性，此节利用前
面因子分析法度量的颠覆性创新因子得分，针对医疗器械产业成长的三方
面表现即产业规模、产业结构和产业组织，分别进行相关性分析。利用
SPSS 18.0 对颠覆性创新因子得分（X）与工业总产值（Y1）、劳动生产率
（Y2）和利润总额（Y3）进行相关性分析，结果如表 6-15 所示。

表6-15　　　　　　　　　相关性

		Y1	Y2	Y3
X	Pearson 相关性	0.961**	0.879**	0.978**
	显著性（双侧）	0.000	0.000	0.000
	N	12	12	12

注：**，在 0.01 水平（双侧）上显著相关。

从表 6-15 可以看出，颠覆性创新与产业成长的三个指标均呈显著性正
相关关系，首先是与产业组织指标利润相关性最强，其次是产业规模指标即
产业生产总值，最后是产业结构指标劳动生产率，简单相关系数依次为
0.978、0.961、0.879，在显著水平为 0.01 时，都通过统计检验。这充分说明
了颠覆性创新与我国医疗器械产业成长呈显著正向相关性，与前面推得的理
论结论完全符合，也再一次验证了颠覆性创新机制的有效性和适合性。

4. 小结

通过因子分析对我国医疗器械产业颠覆性创新程度的测度能明显发现

我国医疗器械产业的颠覆性创新程度在不断加强；产业规模、产业结构和产业组织三个方面的成长情况得出我国医疗器械产业实现了质和量的成长；相关性分析验证了我国医疗器械产业的成长与颠覆性创新程度呈显著正相关关系，进一步说明了产业实现颠覆性创新成长机制在我国医疗器械产业的有效度和可行性。

6.3.3　心脑血管介入医疗器械行业实现颠覆性创新成长案例

介入医疗器械行业是医疗器械产业中一个特殊的高科技子行业，综合了医学、药学、材料学、机械制造、免疫学、细胞学等多种学科的新技术，且紧跟微创介入医学技术的发展节奏。在微创介入医疗技术发展过程中，治疗心脑血管疾病的微创介入治疗是具有代表性的技术之一，相关的介入器械产业发展非常迅猛，这主要是由于心脑血管疾病是人类的主要疾病，致死率和致残率很高，同时由于相关的介入器械聚集了众多高新技术产业，并且是一次性耗材，使用量大面广[10]。因此通过对心脑血管疾病的微创介入治疗技术和产业的了解，可基本把握整个微创介入，技术和产业的发展趋势[11]。我国心血管介入治疗器械行业从 2004 年国产支架刚投放市场到2011 年市场占有率超 70%，经历了从无到有，从被外资垄断到发展成国产高度化的全过程，而这个过程正是一个典型的颠覆性创新实现我国医疗器械产业成长的案例。

1. 心脑血管介入医疗器械行业发展状况介绍

（1）行业背景。

心脑血管介入器械主要包括以下几类：心血管介入器械、脑血管介入器械、外周血管介入器械和电生理介入器械。在我国心脑血管介入器械中，心脏冠脉介入产品占 80% 以上。而冠脉支架成为市场发展的主导力量。

长期以来，由于技术垄断，进口冠脉支架在中国的售价要比欧美市场高出一倍。尽管我国开展微创介入治疗较早，但由于手术费用高、对做手术的医生要求较高等因素的限制，导致了手术的普及程度远没有达到西方国家的水平。另外，近年来随着我国冠心病发病率增高，医疗技术水平日益提高，接受心脏介入治疗的患者越来越多。同时，随心脏支架系统产品价格下降和人民生活水平提高，越来越多的人能负担得起心脏支架系统。我国冠脉介入手术已从 2000 年的 2000 余例上升到 2010 年的 31.4 万例，近年来都在以大于 50% 的比例增长，预计到 2012 年将达到 53.1 万例。

（2）行业技术发展现状。

冠脉支架技术系统发展从第一代血管支架即金属裸支架开始。金属裸支架植入血管后，可暂时解决血管狭窄问题，但时间一长容易形成血栓，造成血管再狭窄，因此出现了第二代血管支架。

第二代血管支架是以不锈钢和钴铬合金为基础药物涂层支架，通过药物层的缓慢释放，延缓血栓再形成，可以使血栓再形成的概率降低 80%，曾一度被誉为医学史上的重大发明。但药物涂层支架也存在一些问题，包括当支架上的药物释放速度、释放完毕之后仍然会再次形成血栓以及金属永久支架会引起并发症等问题。理想中的支架应具有支架的作用但又可在一定时间内降解。因此，以降低第二代血管支架存在的潜在危机，既要保证药物支架的有效性，又要具有金属裸支架的安全性，第三代生物可降解血管支架概念开始出现。

第三代生物可降解血管支架由可吸收材料制成，在需要的一段时期内能支撑血管，达到血运重建的目的，支架最终能在体内降解为无毒产物，随机体正常代谢排出体外。生物可降解支架可以避免金属永久支架引起的并发症，具有更好的生物相容性。

目前，生物可吸收支架开始成为关注的焦点和热点，国际上已有几家公司和研究机构正在进行这方面的研究。而现阶段仍然是第二代药物涂层支架主导市场。因此，包括国际巨头以及国内领先企业，都在针对药物洗脱支架的涂层技术、载体和支架材料做研发和改进，不断推出新型药物洗脱支架。如乐普医疗 2011 年自主研发的新一代药物支架"血管内无载体含药（雷帕霉素）洗脱支架系统，微创医疗正在临床实验可生物降解药物涂层的新型洗脱支架，山东吉威则继续研发可降解涂层药物支架。

（3）行业格局与竞争状况。

2004 年以前，我国冠脉支架系统市场主要被国外企业所占据，以美国强生公司（JOHNSON & JOHNSON）、美国美敦力公司（MEDTRONIC（AVE））、美国波士顿科技公司（BOSTON SCIENTIFIC）规模最大。2004年，微创医疗成为国内第一家药物支架系统生产企业；2005 年，乐普医疗成为国内第二家可以生产雷帕霉素药物支架系统企业，随着国内企业对核心技术的不断突破，国产药物支架系统的市场占有率逐年增加。根据中国医疗器械行业协会外科植入物专业委员会统计，2006 年、2007 年、2008 年国有产品市场占有率分别达到 59% 、65% 、70% 左右。而到 2009 年，国内冠脉支架系统市场占有率前七名的企业为微创医疗、乐普医疗、山东吉威、强生公司、美敦力公司、大连根艺和波士顿公司，共占据约 99.7% 的市场份额（见图 6 – 12），其中国产厂商份额达到 77% ，已经彻底打破了药物支架系统行业被国外企业垄断的局面，且占据明显竞争优势。

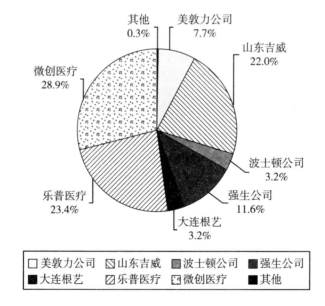

图 6 – 12　2009 年中国冠状动脉支架市场植入支架数目公司份额情况

资料来源：《微创医疗科学有限公司招股说明书》。

（4）行业发展具有颠覆性创新特征。

从产品受众市场来说，国外企业的产品主要集中在我国经济发达地区如北京、上海、广东等地，而国内企业除上述区域外，进入所有省市级地区及部分地县级医院等低端市场。

从性价比角度来看，我国国产在产品性能、质量方面与国外技术水平总体差距不大的情况下占据明显价格优势。这直接打破近年来国外产品在国内市场上长期维持高价的格局，每例患者支架费用从 2004 年的 5.9 万元（见图 6 – 13），降到目前的 1.8 万元，降幅高达 70%。

（万元/患者）

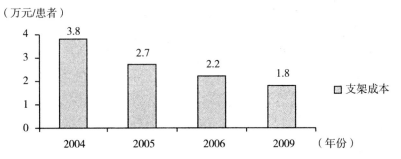

图 6 – 13   2004 ~ 2009 年国内患者负担的支架成本变化趋势

2. 关键企业成长路径和特征分析

（1）关键企业成长路径分析。

① 微创医疗器械（上海）有限公司成长路径。

微创医疗器械（上海）有限公司成立于 1998 年，为中国领先的医疗器械开发商、制造商及营销商，主要专注于治疗血管疾病及病变的微创介入产品。现主要产品为第二代钴铬合金药物洗脱支架 Firebird 2。据招股说明书显示，2007 ~ 2010 年，集团第一代与第二代支架系统收入占其总收入90% 左右，且 90% 为国内市场。

公司推出关键支架产品的时间和技术情况如下：2000 年上市一种无药物涂层的球囊扩张型不锈钢支架 Mustang，即第一代裸金属支架。2004 年生产了第一代自主品牌药物洗脱支架 Firebird，一种不锈钢制成的球囊扩张支架，外层涂有雷帕霉素（一种药物），为国产首款药物洗脱支架。2009 年公司推出第二代药物洗脱支架 Firebird2。一种钴铬合金制成的球囊扩张支架，外层涂有雷帕霉素（一种药物）。比不锈钢支架相比具有更细，支撑力更强且弹性更好，且干扰磁共振成像可能性更小的特点。目前集团正在进行第三代药物洗脱支架 Firehawk 的临床试验。其是一种涂有雷帕霉素的球囊扩张型钴铬合金标的洗脱支架，采用了一种专门的可生物降解药物涂层，能减少药物释放量，并尽量降低对患者的影响，计划于 2013 年商业性上市。

数据显示，公司的市场份额一直保持增长态势（见表 6 - 16），并在 2009 年以 28.9% 的市场份额居国内第一。

表 6 - 16　　　2006 ~ 2009 年微创医疗市场占有率变化　　　单位：%

	2007 年	2008 年	2009 年
市场份额	26.6	28.7	28.9

资料来源：《微创医疗器械（上海）股份有限公司招股说明书》。

② 乐普医疗成长路径。

乐普医疗自 1999 年成立以来，一直致力于冠状动脉支架、球囊导管等主营业务产品的研发和生产销售，其是国内较早获得冠状动脉药物（雷帕霉素）洗脱支架系统生产技术的企业。公司主导产品为冠状动脉药物支架系统，占其业务主要比重约 90% 左右。

公司推出关键支架产品的时间和技术情况如下：2000 年，公司成功开发生产出我国第一条冠状动脉支架系统 H-Stent 裸支架。2005 年，公司推出"血管内药物（雷帕霉素）洗脱支架系统"，其是在第一代 H-Stent 裸支架的基础上发展出来的，针对裸支架，重点解决了一些关键技术：药物的喷涂技术、支架平台的再优化、支架与输送系统装配的稳定性和生产过程的质量控制。目前公司正在开展纳米微孔无载体药物支架和分叉药物支架等新一代血管支架产品的研发和产品注册工作。公司自主研发的下一代无载体药物洗脱支架产品技术性能国内领先，抗体药物复合支架产品技术性能国内首创、国际领先。

公司的药物支架产品自 2005 年上市后，在药物支架市场占有率迅速攀升，4 年间已由不足 3% 提高至 25.8%（见表 6 - 17）。

表6-17   **公司药物支架市场占有率变化**   单位:%

	2005 年	2006 年	2007 年	2008 年
乐普医疗市场份额	<3	18.2	25.5	25.8

资料来源:《乐普(北京)医疗器械股份有限公司招股说明书》。

③ 山东吉威成长路径。

山东吉威医疗制品有限公司于2003年8月20日在威海成立。2005年推出爱克塞尔(Excel)药物支架系统。Excel支架采用新型聚乳酸类生物可降解材料作为涂层,可在3~6个月内降解成二氧化碳和水;采用单面涂层技术(即只在支架的血管壁一侧涂层),降低了内皮化延迟,预防迟发性血栓的发生。

爱克塞尔药物涂层支架系统也是中国市场上第一支可生物降解的药物涂层支架,而且相比国外进口支架每支高达2.5万元左右,而国产支架每支仅在1万多元。性能相仿加上巨大的价格优势使公司迅速打开市场,市场份额到2009年已达到22%。

(2)关键企业成长路径特征分析。

① 核心技术创新属于集成创新。

裸支架系统作为当时国外冠脉介入治疗原始创新方案的器械部分,其技术方案在概念原理的层面是透明并已经为业界所共知,微创医疗和乐普医疗都是在此概念原理基础上,对国外成熟冠状动脉支架生产、设计、质控等方面的技术的模仿和工艺改进。

而现阶段市场上的不同药物涂层洗脱支架在抑制再狭窄问题上的原理几乎相同,所不同的是药物、药物载体以及支架工艺的不同。我国企业的发展和创新则是在支架设计及雕刻加工、药物涂覆工艺和药物缓释控制上进行改进和创新,并不具有重大技术突破。微创医疗推出的第二代药物洗脱支架 Firebird2 关注的是支撑力、弹性和干扰磁共振成像的可能性。乐普公司推出"血管内药物(雷帕霉素)洗脱支架系统"重点解决药物涂层的稳定性、牢固度、支撑力和贴壁性能。山东吉威推出爱克塞尔(Excel)药物支架系统则解决了预防迟发性血栓的难题。

② 价格是核心优势。

国内外企业的药物支架产品从药物支架产品的构造方面来看,国内外企业均拥有自己特有的支架设计方案，特点各异；在有效药物方面，大部分企业的药物支架产品相近，通过在支架上涂覆雷帕霉素来实现抑制平滑肌细胞增生的功效；在产品品质方面，国内外企业技术水平总体差距不大，国外产品整体略高于国内同类产品；在产品价格方面，进口药物支架单价在1.59万~1.93万元，而同等质量的国产支架单价在1.08万~1.10万元，患者使用国产产品可比国外同等产品节约1/3左右的诊疗器械费，国内产品具有较大的价格优势。

③ 拥有独立、自主的知识产权体系。

知识产权是提高核心竞争力的重要资源。微创医疗成长过程中非常重视知识产权管理。截至2010年12月31日，微创医疗共获授62项中国专利及2项欧盟专利。冠脉支架系统和在此基础上研究开发的药物支架系统、大动脉覆膜支架系统都是微创公司自主研发并拥有和自主知识产权的核心技术产品。乐普医疗自主创新开发出多项专有技术平台，已申报78项专利技术。山东吉威的核心技术也都是拥有独立、自主的知识产权体系。值得强调的是，重视知识产权的动态发展是使他们没有因为模仿陷入"技术陷阱"的关键，这也是最终能通过低端颠覆实现自主创新的必要条件。

④ 最终实现技术追赶和反超。

国内企业不仅实现了市场份额的反超，也实现了整体的技术追赶，甚至局部达到领先水平。以微创医疗为例，1999年的球囊扩张导管技术与国外相比落后30年；2002年开发出的可治疗胸和腹主动脉瘤的大动脉覆膜支架及输送系统技术比国外晚了3年；2004年推出的第一代国产药物洗脱支架产品技术则与国外几乎同步；2009年，推出的第二代药物支架技术已经走在国际的前列。另外，乐普医疗的支架产品目前的总体技术水平已处于国内领先地位。第一代药物支架技术与国外已不存在差距；第二代无载体药物支架在技术原理上已领先国外产品，特别是无载体药物（雷帕霉素）洗脱支架和药物分叉支架技术。

3. 心脑血管介入医疗器械行业成长机制分析

由微创医疗、乐普医疗和山东吉威三家公司的发展路径可见，心脑血管介入医疗器械行业的成长最引人注目的就是，在被跨国公司垄断的本土市场，利用"性价比"优势和自主品牌，占领国内低端市场，完全实现后发企业的追赶，并带动整个产业升级，即一个典型的通过颠覆性创新实现产业成长的案例。因此，利用颠覆性创新理论分析心脑血管介入医疗器械行业成长内在机理和外部条件（见图6-14）。

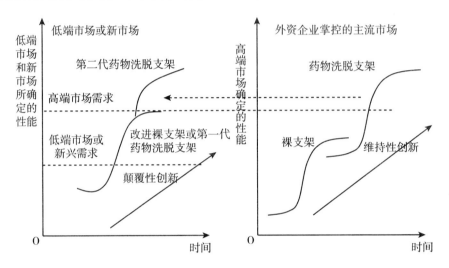

图6-14　心脑血管介入医疗器械行业实现颠覆性创新成长机理

（1）低端进入阶段。

2004年前，这一时期为低端市场进入时期。这时期技术相对稳定，主导设计突出。心脑血管介入医疗器械行业完全空白，技术和市场完全被外资企业主导，主流市场药物洗脱支架定价较高，受众人群主要是沿海发达城市。主流市场先以裸金属支架占领高端市场，再通过维持性创新在2002年推出第一代药物洗脱支架，由不锈钢支架和不可降解药物涂层组成。心脑血管介入医疗器械行业作为后发产业，在国际支架技术更新至药物洗脱支架，成为主流市场的主导设计时，以微创医疗和乐普医疗为代表的一类后发企业正通过引进和模仿国外成熟裸支架技术推出自己的第一代裸支架产品。这个时间段，国内主流市场与国内低端市场在支架需求上存在产品2和产品1的区别，主流高端市场中高收入的少数人群倾向技术进步的产品2，而以中低收入病患为主的低端市场则仍倾向于产品1国内需求市场。这种主要药物洗脱支架和裸支架之间的成本悬殊影响，受药物洗脱支架这项新技术刚开发投产成本未规模化造成的。也是在这个阶段，微创医疗和乐普医疗成功利用改良"性价比高"版的裸支架实现了低端市场的颠覆。

（2）发展阶段。

2004～2008年，发展阶段（颠覆性创新延伸阶段），随着医疗技术的发展，消费者和医生对支架系统的安全性和稳定性有了更高的要求，新驱动力的存在使药物洗脱支架取代了裸支架。不管是原有主流高端市场还是微创医疗和乐普医疗涉及的低端市场和新市场性能需求都达到了第二阶段，即药物洗脱支架阶段。这阶段主流市场的药物洗脱支架从简单金属裸支架加普通药物涂层的第一代药物涂层支架，发展到现在出现的第二代可降解涂层药物支架，再发展到了第三代改变支架输送系统的药物支架。这一时期主流市场技术更新速度加快，性能改进与获得成本同时上升，超过了"足够好"的极限，尤其超过了我国受惠医改新增的大部分非发达城市顾客的承受能力，无法满足他们对"性价比"的需求而形成的产生新技术的市场压力，为后发企业提供了技术窗口和市场窗口。微创医疗、乐普医疗和山东吉威针对国内低端市场和新市场的"性价比"需求，在相同原理上针对涂层工艺、支架载体等进行集成创新，推出性能相仿、成本较低的药物洗脱支架，成功实现对低端市场和新市场的颠覆。

（3）超越阶段。

2008年后，进入超越阶段。随着自主创新水平和技术能力提升，企业通过进一步提高技术性能，产品已能满足高端市场需求，侵入成熟价值网络并侵蚀原有主流市场份额。这一阶段，国内颠覆性创新成长起来的企业通过研发投入和技术创新，已经与原主导厂商在技术上平齐，并基于原始主流市场的性能需求推出更先进更具性价比的产品，正如乐普医疗在可降解支架的研发上已经领先世界。虽然还是在原有低端市场和新市场推出，但是性价比已经好到足以让原有主流市场的顾客放弃原主流产品，而进入由后发企业创造的新价值网络体系中，最终实现彻底的颠覆性创新成长。值得强调的是，这一阶段的企业发展已经开始谋求其他医疗器械市场的开发策略。

综上所述，心脑血管介入医疗器械行业的成长，实质上是没有涉及太多新技术的新产品结构创新，而是通过引进和模仿国外成熟裸支架技术，利用工艺创新和集成创新方式进一步发展药物洗脱支架，这种支架在性能和品质上与国外高端产品相差不是很大，但是价格优势明显，"性价比"很高，因此颠覆或重新定义了已有技术轨线的发展水平、速度和方向，帮助我国心脑血管介入医疗器械行业打破外资垄断的局面，并形成了基于自主知识产权的产业成长和升级。

4. 小结

心脑血管介入医疗器械行业的成长实质上是一种典型的低端市场和新兴市场的复合型颠覆性创新，是利用主导设计与本土市场需求的矛盾而重新开辟技术发展轨迹并实现产业成长的典型案例。这也再一次验证了上海医疗器械产业利用颠覆性创新理论从一个后发追赶者的视角实现产业成长的可能性和机会所在。

6.3.4 医疗器械产业颠覆性创新成长的产业对策

吴敬琏（1999）明确提出发展高新技术产业过程中，制度重于技术，国内不够完善的制度会阻碍技术的创新。医疗器械产业作为战略性新兴产业对政策体制的要求更高，更应重视适应医疗器械产业颠覆性成长机制的政策体制建设。

1. 利用颠覆性创新解决技术落后难题

产业颠覆性创新成长机制第一个作用就是解决后发产业技术落后的难题，提示医疗器械产业发展中不应片面强调发展高、精、尖产品，强调研发技术内容的"颠覆性"。在医疗器械产业起步较晚，技术积累和研发投入都不充足的情况下，强调"高、精、尖"既不现实，也只会起到揠苗助长的作用。利用颠覆性创新理论来探寻我国医疗器械产业成长机制，既考虑到现实因素，又考虑到长远发展的目标情况。强调"起初"技术本身不具有颠覆性，一方面，是说明颠覆性创新的机会不是在于技术本身的颠覆性，而是针对本地区医疗器械产业市场的特点开创能够颠覆市场的产品，这种产品包含的技术可能只是某几项成熟的技术再组合，但这并不影响颠覆性创新最终实现产业成长的目的；另一方面，要强调的是"起初"这个时间点，这就意味着，随着企业成长进入稳定阶段，在资金和技术的累积下，以及自主创新的努力和自主产权的意识增强，企业最终能实现实实在在的技术突破，在技术本身实现"颠覆"。

2. 利用颠覆性创新解决市场开拓难题

产业颠覆性创新成长机制第二个作用就是解决后发产业市场开拓的难题，强调对低端市场和新兴市场的关注和产品的"性价比"。但是必须指出市场的低端定位并不代表产业就是简单的低价格发展策略，最终的落脚点还是具备竞争力的知识产权。产业成长归根到底是让相关企业"活得了"、"活得好"和"活得久"。当前，目前医疗器械市场高端市场均由外企掌控，不论是研发资金、技术水平还是人才储备，国内多数企业都无法相比。为了绕开正面竞争，颠覆性创新理论指导我国国内企业以中低端市场和新兴市场为目标，依靠填补国内相关领域空白的低成本、高使用率产品赢得属于自己的市场份额，这也是最佳的"活得了"策略。但是，必须强调的是，以低端市场和新兴市场为目标的生产研发并不意味着企业的发展方向就是简单地不讲究质量和技术只讲价格的成本竞争。颠覆性创新提示的机会不是单纯为了"活得了"、"活得了"，而是为了企业最终能"活得好"、"活得久"、"活得了"。因此，颠覆性创新要求企业开发的产品必须综合考虑成本、质量和品牌等因素。

3. 利用颠覆性创新解决成果转化难题

产业颠覆性创新成长机制第三个作用就是解决后发产业成果转化的难题，强调以非主流市场需求为导向的创新，而这种导向的创新能从根本上解决因为政府或企业远见性不够而导致的研发成果产业化转化难的问题。颠覆性创新指导医疗器械产业的发展即未必一定是顶尖的高技术产品才能打开市场，"适宜的"产品也会存在潜在市场。尽管最初只能应用与远离主流市场的小型市场，但颠覆性创新技术之所以具备颠覆性是因为其性能将足以与主流市场的成熟产品一争高下，日后将具备逐渐进入主流市场的潜力，换而言之，当前性能表现严重滞后于主流市场消费者预期的产品则可能在日后变得极具竞争力。这就指导企业的技术和产品研发导向应该以非主流市场需求为导向，目标不是像成熟企业用某种产品和技术去影响市场，而是去满足某些市场的某种需求来开拓自己的市场，以有效解决研究成果产业化的效率问题。

4. 结 论

利用颠覆性创新理论，从产业成长的视角总结了产业颠覆性创新成长机制，验证和分析了颠覆性创新成长机制对上海医疗器械产业的适用性，得出的主要结论如下：

（1）颠覆性创新能摆脱现有的技术轨迹，利用产品性能和市场需求的差异开辟新的技术路径，进而影响实现产业的成长。其内在机理是从根本上解决后发产业起步面临的技术相对落后、市场开拓困难和成果转化困难的三个主要难题。而这种机理的必要外部条件必须是存在技术和市场跨越机会窗口，其中技术窗口包括三种情况，即与主导驱动力相关的旧技术走向成熟；先前的驱动力成熟，新的驱动力出现而且旧技术不能满足新的主导驱动力中未能满足的需求；环境变化创造出新的主导驱动力。而市场窗口包括现有的产品已经超越了足够好即极限杠杆点的程度而存在低端市场颠覆的机会和现有产品的价格与功能使缺乏金钱和技术的顾客无法购买和使用而存在新市场颠覆的机会。

（2）颠覆性创新成长机制对上海医疗器械产业适用。第一，我国医疗器械产业具备实现颠覆性创新成长的外部条件，存在相应的技术机会窗口和市场机会窗口。技术机会窗口主要是表现在技术进口替代、医改带来的缺口弥补以及消费升级带来的环境变化引致的旧技术无法满足新驱动力的情况；市场机会窗口则是新医改打开的低端市场机会和消费升级、人口老龄化、健康消费观念增强等形成的新兴市场机会。通过对心脑血管介入医疗器械行业实现颠覆性创新案例分析也再一次验证了上海医疗器械产业存在颠覆性创新成长的机会和条件。第二，颠覆性创新与医疗器械产业成长呈显著正相关关系。本书通过因子分析方法对医疗器械产业颠覆性创新程度进行了测度，再利用相关性分析，从实证角度检验了医疗器械产业成长的三方面指标即产业规模、产业结构和产业组织均与颠覆性创新程度呈正向相关关系。第三，心脑血管介入医疗器械行业的成长案例分析再一次验证了医疗器械产业利用颠覆性创新成长机制实现产业成长的可能性和机会所在。

（3）医疗器械产业颠覆性创新成长机制的核心内容是：利用颠覆性创新解决技术落后难题、利用颠覆性创新解决市场开拓难题、利用颠覆性创新解决成果转化难题。基于颠覆性创新成长机制的要点，归纳了相关产业政策。企业是产业颠覆性创新成长的核心主体，技术进步是产业颠覆性创新成长的根本目标以及本土市场需求导向是产业颠覆性创新成长的主要手段。

6.4
医疗器械产业培育实例

6.4.1 爱尔兰医疗器械产业发展案例研究

1. 产值与规模

爱尔兰的医疗技术产业已经发展成为医疗器械和诊断产品全球市场的一个主要集群地。爱尔兰目前拥有世界上最大的心脏搭桥支架产品的生产中心，世界主要的医疗器械生产商均在爱尔兰设有分公司，现在是仅次于德国的欧洲第二大医用制品出口国，2009 年出口上升了 14%。大约 200 多家公司在此参与开发、生产和销售多种产品和服务，从一次性塑料及伤口护理产品到精密金属植入物和微电子设备，包括心脏起搏器骨科内置物、诊断和采取措施设备、隐形眼镜和支架等。医疗器械产业也已成为爱尔兰出口经济的支柱产业。

（1）爱尔兰医疗器械产业关键事实和数据。

• 在爱尔兰，目前有 200 家医学科技公司，每年出口产品价值为 7.2 亿欧元；产业雇佣人数达到 25000 人，人均医疗技术人员指数是欧洲之最。

• 劳动力高技能的特点：医疗设备和诊断产业超过 40% 的雇员有第三级资格。

• 爱尔兰医疗器械和诊断产品的出口现在占总商品出口数的 8%，而且全球医疗器械行业增长前景依然很好。

• 行业里超过 90 家公司是爱尔兰本土企业，超过 80% 的公司都在活跃创新。

• 世界上的许多顶尖的医学科技公司已经在爱尔兰重点投资。在医疗器械领域，世界"25 强"中有 15 家企业进入爱尔兰。由此一些本土的积极研究型的公司正在新兴起来并且逐渐具备国际竞争力。

• 爱尔兰政府已经确定了医疗技术产业为未来工业增长的核心驱动力，并为此提供了广泛的支持和鼓励。

• 爱尔兰的医疗技术产业正在发生变化，从突出的制造型转向研发驱使的复杂技术型。现在爱尔兰积极开展积极密切广泛的合作，合作范围包括研究机构、临床医生、制造业公司和政府机构。

• 爱尔兰拥有能与全球最大规模的集群即明尼苏达州集群和马萨诸塞州集群相媲美的医疗器械产业集群。

（2）研发情况。

在欧洲，爱尔兰拥有最高人均医疗技术人员的核心医疗技术产业集群。全球十大公司中的 9 家都在这里设立了生产研发基地。超过 40 年的经验成功塑造了一个充满动力的、服务良好的产业部门和一个全球公认的卓越的基地。

爱尔兰聚集的 200 多家医疗器械公司，有一大部分聚集在西部地区。西部集群主要有三块地区：戈尔韦（Galway），梅奥（Mayo）和奥法利（Offaly），其中戈尔韦是最具规模集群（见图 6 - 15）。

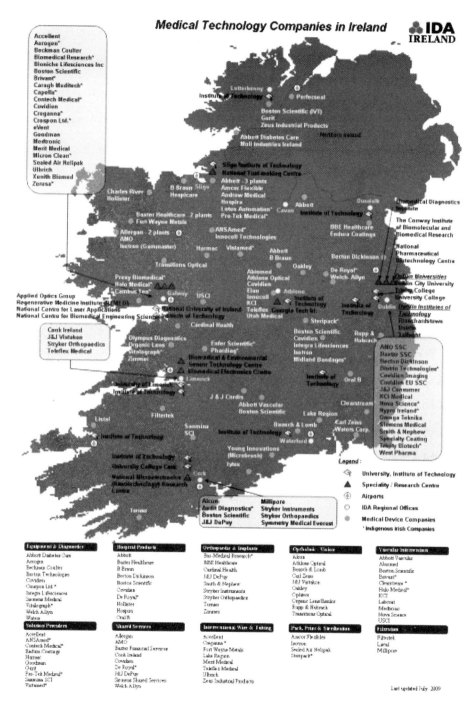

图 6 - 15　爱尔兰医疗技术企业分布

资料来源：爱尔兰医疗器械协会网站。

2. 爱尔兰医疗器械产业成功发展核心因素

爱尔兰医疗器械协会（IMDA）2004~2007年专门制作了一套战略"将爱尔兰发展成研发的首选目标位置"（IMDA，2003），在最新的2008~2011年战略计划中依然强调这个战略目标。这是爱尔兰医疗器械产业发展的一个重要举措，其目的是通过吸引大量跨国公司进入设立子公司，通过一系列政策和手段影响和促进这些子公司的研发能力，从而带动整个爱尔兰医疗器械产业的发展。

全局来看，爱尔兰医疗器械产业发展模式即主要依靠政府主导的努力，包括税收改革和对网络建设的强调，吸引了大量的医疗器械制造企业并在本土进行研发。从吸引大量优秀外资企业入驻，设立研发基地开始，目的是进一步通过财政支持加大本土企业参与研发的可能，从而提高爱尔兰医疗器械产业的整体竞争力。

Bertil Guve 等人认为成功推动医疗器械产业发展的四个关键要素是：强大且一致的激励、世界一流的能力、活跃且互相连接的网络以及满足研究和早期商业化的充足资金。因此爱尔兰医疗器械产业的发展也不外乎这四种关键要素的综合作用。

（1）强大且一致的激励。

在激励方面，爱尔兰出台了一系列政策支持，使许多跨国母公司在爱尔兰设立研发基地，并且加大研发力度。

爱尔兰实行低税政策，公司税仅为12.5%，这较欧盟大部分国家30%~40%不等的公司税要优惠得多。除公司税外，爱尔兰的个人所得税也较低。2004年的爱尔兰预算，引入了研发支出"抵税"制度。爱尔兰将研发费用税收抵免比例从20%提高到25%。爱尔兰的低税收在发达国家中极为少见，对外国直接投资有很大吸引力。

另外，欧洲层面的政策也在一定程度上帮助爱尔兰有效激励跨国企业进驻设厂研发。例如，在产品批准时间方面，针对高风险的设备在欧洲的批准速度比在美国快三倍，前者批准周期在240天，相比美国则为773天。同样的，低风险的装置在欧洲的批准时间不超过120天，而在美国则为

178 天。

可以说国家层面和欧盟层面都对研发进行慷慨广泛的支持和鼓励，而且这些支持只是提供给非欧洲医疗设备制造商的子公司。

（2）世界一流的产业集聚地。

爱尔兰医疗器械产业具备世界一流的能力，在很大程度上来说，是跨国公司扮演了重要角色。一方面，大批世界一流的企业在爱尔兰设立子公司并进行研发，产生知识溢出效应，这一点从爱尔兰能引进医疗器械产业全球前"25强"企业中的15家企业设立子公司并进行研发就能得到验证；另一方面，跨国企业子公司的进入也带动了爱尔兰医疗器械产业集群的形成，并成不断扩大趋势，产生集群效应。

爱尔兰拥有较大规模的集群，其产业规模与美国两大医疗技术产业中心（马萨诸塞州和明尼苏达州）相当。其中戈尔韦是最具规模的先进公司的聚集地，吸引了一些国际公司，包括波士顿科技和美敦力公司。爱尔兰西部医疗器械产业集群正在扩大，新增了许多初创企业且原有公司的规模也在不断扩大。在医疗器械部门，毫无疑问爱尔兰在某些产品方面在全球举足轻重，如介入血管产品。现已证明，在爱尔兰的部门搞产品开发是可行的目标。

（3）活跃且互相连接的网络。

爱尔兰医疗器械产业发展中的活跃且互相连接的网络是依托其以下主要核心职能机构：

● 爱尔兰生物技术产业协会（The Irish BioIndustry Association，IBIA），是爱尔兰生物技术行业的领先代表机构。它有50多个会员公司，是隶属于爱尔兰商业与雇主联合会（IBEC）。IBIA 的主要目的是促进、支持和鼓励国内跨国公司和本土生物技术部门的进一步发展。

● 爱尔兰医疗器械协会（The Irish Medical Devices Association，IMDA），是医疗设备和诊断部门在 IBEC 业务关系。IMDA 是与 IBEC 合作的专职服务于医疗设备和诊断产业部门的会员组织。

● 爱尔兰工业发展局（Industrial Development Agency，IDA Ireland），专门保护投资国内制造业的和国际贸易的新海外投资者的服务部门，还鼓励现有的投资者扩大和发展其业务。

● 爱尔兰企业局（Enterprise Ireland，EI），是专门负责爱尔兰工业转型的政府机构。此机构的核心任务是加快国内世界一流公司的发展，实现其在全球市场的强劲地位，最终提高国家和地区繁荣发展。

第一，政府与企业之间。

各个机构部门的有效连接主要表现在：首先，爱尔兰 IDA 支持研发，主要为一些自由研究、个人培训以及一些初级研发项目提供资金。其次，随着研发规模的扩大，支持力度也会加强，包括升级设备和远期个人培训。另外，EI 会为那些专注商业化、产品或工艺发展处在产业主导位置的项目提供财政支持。

第二，企业与学术研究机构之间。

在爱尔兰，有大量的医疗相关领域的学术研究在开展。其中成立的爱尔兰材料，这是一个组织，以促进材料研究扩散到工业应用，起到联系爱尔兰的研究服务的主要作用。这种工业发展的主动性有助于使爱尔兰成为更具吸引力的研发地点。此外，学术研究的职能中心和基础研究的公司往往具有较强的非官方联系。Randle 和 Rainnie（1994）把这种联系制度成为"科学的网络"，且它的特征是具有相当大的程度的非正式协作和信息传播。

此外，在爱尔兰戈尔韦集群中的主要研究机构之一是在国立大学的生物医学工程科学国家中心。这个中心的一个重要使命就是确保公司在同行业中保持与业界紧密合作，通过合作的方式维持其竞争优势的基础。

第三，企业与企业之间。

在爱尔兰产品开发与制造的协同定位能缩短开发周期并提高产品进入市场的速度。此外，爱尔兰医疗器械行业具有开发良好的服务供应部门。对外包专家的任务（即工艺验证和监管机构的批准进程）提供了很好的机会。这些外包进程有可能让这些经验丰富的员工利用他们的知识，提高他们的在开发产品方面的技能，以更好满足客户。

另外，在爱尔兰并不是所有的医疗器械行业的公司都是生物技术公司，但生物技术现已成为爱尔兰医疗器械行业主要公司的技术平台。戈尔韦集群中的医疗设备公司 (e. g. Proxy Biomedical and Vysera Biomedical) 都是这样发展而来。据调查,爱尔兰的生物技术部门有 59 个生物技术公司,只雇用超过 4000 名员工,其中有 41 是本土公司,而 18 个是跨国公司。

(4) 满足研究和早期商业化的充足资金。

爱尔兰对科研和早期商业化项目的投入是巨大的。政府不仅设立了爱尔兰科学基金会,还设立了各项政府专用资金。例如,2000 年建立了 7.1 亿欧元的"技术前瞻基金",其是爱尔兰历史上为加强信息通信技术与生化领域的高水准应用研究的单向投资基金。针对早期商业化项目,爱尔兰 EI 在全国 14 所大学实施建立高技术孵化器计划,据了解,2001 年共投入 600 万欧元支持了 49 个具有商业化前景的科研项目。

3. 爱尔兰医疗器械产业领先因素分析

爱尔兰医疗器械产业的成功发展从理论的角度上来看,是在根本上做到了"两个把握":一是把握住了科技成果的来源和转化;二是把握住了产业成长的核心影响因素。

(1) 有效把握成果的来源与转化。

科技成果产业化本质。**Tornarzky** 等在 1990 年就提出了一个解释技术创新到产业衍生的模型,即"管道模型",整个衍生过程包含 8 个部分:基础研究、应用研究、开发、样机、产品、市场进入、市场扩张和经济影响。我国学者徐华等以中国高校为背景在此基础上得出了高技术产业孵化机制,总结了高新技术产业的兴起要经过:①技术概念→原理样机;②原理样机→产品样机;③产品样机→产业这三个过程(见图 6-16)。其中①是理论研究、关键技术突破,即"学"的过程;②是工程技术研究人员根据市场需求,对科研成果产品化,即"研"的过程;③是企业将产品进行生产、销售、获取利润,即"产"的过程。

从产业衍生过程来看,实施科技成果产业化归根到底是需要三个过程的有机统一结合。许多现实中的高校优势学科以及科研成果束之高阁或无用武之地,症结在于基础理论研究、工程研究、产业运作实施三者严重脱节，科研成果走入"先进→落后→淘汰→重新研究"的怪圈。

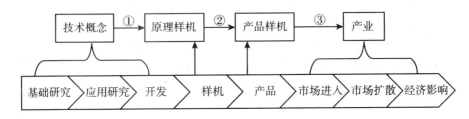

图 6-16 管道模型（Pipeline Model）

科研开发规律与产业经济规律的矛盾。科研开发与产业发展的承接诉求在根本上是因为其内在的原因。为什么绝大多数企业不会花费资源在科研开发上，为什么高校科研机构的研究会出现脱离产业发展的情况，归根到底是两者发展规律的矛盾（见图 6-17）。

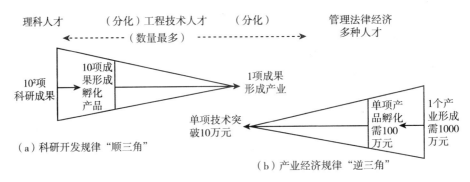

图 6-17 科研开发规律与产业经济规律的矛盾

科研开发规律"顺三角"（a）。通俗来说，科研开发衍生到一个产业的过程中，100 项科研成果只能产生 10 项孵化产品，而 10 项孵化成果中只能有一项能形成产业。从投入的角度来看，科研开发到产业衍生的过程是一个投入逐渐减小的过程，像顺方向的三角形一样。从更深层的意义上说，高科技产业是一个高风险和高回报的产业；"一个产品往往是多个领域的基础理论和数项技术的综合体，并且当某些理论和技术在一个产品中成功体现的同时，也总是伴随着数量更加众多的失败的或虽然成功却还没有得到应用的理论和技术"。

产业经济规律"逆三角"（b）。从企业家的角度来看，一个产业的投资如果是 1000 万元，那么孵化单项产品的投入可能需要 100 万元，而进行单项技术的突破可能只需要 10 万元。换个角度也就是说，企业家对一个产业的投入，比他所利用的单项技术突破或单项产品孵化投资大得多。因此企业家更倾向接受产业经济规律逆三角，对单项技术突破进行投入，而放弃对产业的投资，就造成了企业不愿承担科研开发"顺三角"带来的经济费用与风险。

由于科研开发规律与产业经济规律的上述矛盾，直接导致前面所说的三个过程无法统一结合。造成"学"的结果是，科研工作者只能不问经济效益，在国家划拨经费支持下致力于创新活动，科研成果大多完成了成果鉴定即宣告结题，然后再度进入"申请经费→科研→鉴定"的循环。"研"的结果是，承担成果转化与产业实施职能的工程技术人员一方，他们承担市场风险、生存压力，或因信息渠道不畅或因成果不适应市场需求，很难找到适合的产品开发；他们不得不向研究方或企业方分流，到高校搞基础研究不是其所长，到企业在劳动密集型产品中革新又难以发挥作用，导致科技人才流失，成果与产业间的沟通更加不畅。因此"产"的结果是，企业没有开发新产品的能力，难以推出满足市场的新产品。

（2）有效把握产业成长的核心因素。

新兴产业不同于传统产业，其成长规律也必然有别于传统产业。产业技术特征是决定新兴产业成长的关键因素。此外，新兴产业的成长还受到市场前景、成长潜力、资源条件、产业结构等要素影响。波特认为，一国或地区产业竞争优势的形成在于"钻石体系"的形成。"钻石体系"包括四个核心因子：①生产要素，包括初级的生产要素（先天的一般人力资源和天然资源）和高级的生产要素（后天创造出来的知识资源、资本资源和基础设施）；②需求条件，包括国内需求的结构、市场大小和成长速度、需求质量和国际化程度；③相关产业和支持性产业的表现，包括纵向的支持（上游产业在设备、零部件等方面的支持）和横向的支持（相似企业在生产合作、信息共享等方面的支持）；④企业战略、企业结构和竞争对手，包括企业的经营理念、经营目标、员工的工作动机、竞争对手状况等方面。另外，政府和机会两个因素也影响产业竞争优势，政府可以通过自己的活动来影响钻石体系的任何一个因子进而影响产业竞争优势，新的需求和新的技术等机会因素则为落后企业追赶先进企业提供了最佳的时机。

波特进一步指出，形成低层次的竞争力一般不是钻石体系的所有因子都具备，通常只需要丰裕的初级生产要素或广阔的国内市场就能够形成。但高层次的竞争优势则需要具备钻石体系四因子并良性互动才能形成。根据波特的钻石模型，一国或地区在候选对象上的竞争优势主要取决于生产要素、需求条件、相关与支持产业、企业状况、政府和机会等六个方面。

刘峰（2010）指出全球战略性新兴产业发展具有这样的特点：首先，技术创新和应用是新兴产业的驱动力。其次，有效的市场需求和产业基础设施对新兴产业发展至关重要。新兴产业一般处于产业生命周期的萌芽期，它在基础科学和应用成熟度之间有较大差异，市场上存在许多相互竞争的技术，产品创新速度快，技术风险高，如何形成有效的市场需求，建设完善产业发展需要的基础设施，是这些战略新兴产业最终能否发展壮大的必备条件。最后，政府强有力的扶持是新兴产业发展的关键。新兴产业在其发展初期，大多为缺少竞争优势的弱势产业，对这些产业进行必要的培育和扶持，是促使它们快速发展的重要条件。他通过总结以往的新兴产业发展经历，认为新兴产业成长过程中可能遇到的障碍：一是技术创新的问题。新兴产业的技术还不是很成熟，技术路线多样，形成主流的技术路线和产品需要经过市场的长期筛选，在这个过程中需要进行多方面的尝试，对研究能力和投入能力要求都比较高。二是产业基础设施和服务体系的问题。如太阳能发电和风力发电并网就遇到电网基础设施问题；新能源汽车的推广使用中充电站的问题等。三是成本问题。新兴产业生产的产品和服务，由于技术、基础设施和服务体系不完善，规模小，往往成本较高。四是消费市场的认同度，也就是如何才能有效推广新型产品和服务。

换言之，新兴产业衍生与成长主要受这几个方面的影响，归纳起来主要是技术、市场、资源以及商业模式。医疗器械行业是一个充满竞争的行业。高科技医疗器械产品的研发是保持核心竞争力的首要条件。医疗器械产品中大部分的生命周期很短，因此需要有创新和很高的研发投入，所以说医疗器械公司技术的进步和创新是获得发展的关键。这也是为什么在医疗器械行业中，许多公司每年都要从收入中拿出比较大的比例来用于发展创新性技术的原因所在。在解决这个问题上，爱尔兰从引进先进跨国公司为突破口，通过鼓励跨国公司子公司的研发活动带动国内的技术进步。

新兴产业实质上是在自然市场环境下依靠自身力量进行生存竞争，并获得市场拉动的成长过程。这个路径长处有两方面：一方面，新兴产业在形成与发展的过程中经历了严酷市场的竞争，得到了锻炼，从而产业素质比较高；另一方面，新兴产业在形成与发展的过程中经历了市场的严格选择，其固有优势得到了固化和加强，因而产业的抗外界干扰能力、应变能力和自发展、自创新能力比较强。不过，此方式也有其不足之处，如形成与发展的速度比较缓慢，新兴产业从萌芽到市场地位的确立所需时间比较长；新兴产业形成与发展会有一定程度的盲目性、波动性，易受经济系统本身不确定性的强烈影响。这个层面的核心是 IDA 和 EI 的主要职能。

新兴产业衍生与成长所依赖的核心资源。新兴产业一般属于朝阳产业，在其成长的初期，技术上的优势是不可或缺的，同时政府的资助以及制定相关的扶持政策也是其成长所必需的外界条件。爱尔兰医疗器械产业的发展在很大程度上归功于政府的大力支持和鼓励。需要强调的是，科技中介组织在科技创新网络中是一个重要的结点。由于技术创新是一种高度社会化的活动，创新资源、创新行为主体协同关系形成之前，相互之间有一个搜寻、选择及被选择的过程，这就需要中介机构综合社会高度分工而产生的比较优势，为创新主体提供专利检索、技术评估、市场分析、创业融资等中介咨询服务，互补互动。所以说，IMDA 发挥了不可替代的作用。

技术密集型产业衍生与成长的商业模式。新兴产业形成的过程，既是研发过程，也是产业化过程和市场化过程。如果没有与新兴产业相适应的商业模式创新，形不成热销产品和持续市场，新兴产业也难以形成。在这点上，爱尔兰政府则展开产业层面的广泛合作，极力鼓励针对欧盟市场定制需求的技术研发，也达到了非常好的效果。

（3）科研成果与产业发展承接的关键要素。

从科研成果到产业衍生的过程和矛盾来看，承接的影响因素从主体上看就是来自高校与科研机构即"学"的主体、中间人即"研"主体和企业即"产"的主体。另外，从生态环境学的角度来看，还离不开宏观调控中枢的相关政府管理部门和推动成果转化的中间环节即中介服务机构。理论上来说，几个要素之间可能存在以下问题：

第一，目标不一致。科研人员在从事科研工作时可能更多的是考虑科研层面的问题，如开发经费、科研成果评价等。与企业考虑市场，需要适合的产品的角度不同，最终导致科研成果与企业所需不能统一。

第二，信息不对称。可以说，科研机构、企业以及市场环境之间可能都存在信息不对称。科研机构与企业的信息不对称，会造成科研成果的无法迅速产业化和企业技术无法获得更新支持；企业与市场的不对称会造成企业资源的浪费；科研机构与市场的不对称可能会造成科研成果永远走不出实验室。

第三，合作动力不足。科研机构、中间人以及企业之前没有统一的利益驱动机制，缺乏合作动力，无法形成互动机制。

爱尔兰的成功经验就在于通过强力度的鼓励机制引入具备研发能力的先进企业，鼓励并推动其与当地研发生产，在目标一致、信息对称和强大合作推动力的情况下，推动其与高校、科研结构甚至专业外包公司合作，有效弥补国内成果供给和转化不足的问题。

4. 小结

"在现今动态环境中，产业中的幸存者将是那些能追求严谨创新，并能有效开发和部署新产品的公司。"爱尔兰的医疗器械产业曾经主要限制于制造业务，如今已经成功从制造国家转型到产品研发强国。而从生产转移到以产品为中心的研发过程中很大一部分是依赖于跨国公司的子公司。爱尔兰医疗器械产业发展的一个重要举措是将自己建设为"研发的首选目标位置"，其目的是通过吸引大量跨国公司进入设立子公司，通过一系列政策和手段影响和促进这些子公司的研发能力，从而带动整个爱尔兰医疗器械产业的发展。从根本上说，爱尔兰政府深刻把握了产业成长影响因素和科技成果的来源与转化问题，在技术、市场、资源以及商业模式等方面充分发挥自己的特色和优势，使国内的医疗器械产业蓬勃发展。

6.4.2 微创医疗器械（上海）有限公司自主创新案例分析

微创医疗器械（上海）有限公司（以下简称"微创医疗"）于1998年5月成立，其是成长于上海张江高科技园区的本土创新型医疗器械公司、中国首家介入式心脏病产品的制造商、中国领先的医疗器械开发商、制造商及营销商，主要专注于治疗血管疾病及病变的微创介入产品。集团于2010年9月于香港联合交易所上市。

微创医疗业务主要供应心血管器械和其他血管器械以及糖尿病器械，主要产品为第二代钴铬合金药物洗脱支架 Firebird 2。还包括其他血管支架，用于治疗身体其他部位的血管疾病及失调，以及极其细小的颅内支架、用于促进脑血管血液流量的灵活支架以及外科手术中使用的覆膜支架。目前，微创医疗的产品于中国有逾1100家医院使用，部分产品出口至中国境外的20多个国家。

1. 微创介入医疗器械产业状况

（1）产业现状。

微创介入医学技术是通过采用一系列介入器械与材料和现代化数字诊疗设备进行的诊断与治疗操作，微创介入医学技术是20世纪末医学对人类文明的重要贡献之一，在治疗冠心病方面尤为突出，因此以心脑血管介入器械为主的介入医疗器械产业也经历了快速增长的时代。

过去几年，国际上心脑血管介入器械市场经历了快速增长的时代。药物洗脱支架的出现成为市场发展的主导力量，介入心脑血管器械市场一直是最大的、变化最快和获利最高的医疗器械市场。纵观心脑血管介入治疗的市场，冠状支架、PTCA球囊导管、外周血管支架、颈动脉支架、远端保护器械这5种介入治疗产品全球市场规模在2005年达到96亿美元，至2008年增长至110亿美元，年增长率达到6%（见表6－18）。

表6－18　　部分介入心脑血管器械2003～2008年全球市场估算

单位：百万美元，%

项目	2003年	2004年	2005年	2006年	2007年	2008年	年均增长率
全球市场销售额	6663	8750	9585	10140	10673	11051	6
冠脉（药物）支架	3370	5150	5628	5732	5847	5817	3
PTCA球囊导管	1896	2022	2124	2177	2194	2211	2
外周血管支架	516	593	678	760	848	932	12
颈动脉支架	23	61	154	303	455	588	76
远端保护器械	80	97	106	152	215	280	30

资料来源：《微创介入医疗器械与材料产业的现状和发展趋势》。

在我国心脑血管介入器械中，心脏冠脉介入产品占80%以上。尽管我国开展微创介入治疗较早，但由于手术费用高、对做手术的医生要求较高等因素的限制，导致了手术的普及程度远没有达到西方国家的水平。在美国，2004年实施冠脉介入手术近100万例，近年来仍以10%以上的速度增长；而在中国，可以进行手术的病人约400万人，实际实施冠脉介入手术约10万例，而价格高仍是主要原因。按中国目前经济发展速度，将用5年左右的时间，将有20%的人口达到美国目前人均生活水准。加之国内品牌产品的崛起，产品价格的降低，社会保障体系的完善，个人承担费用的降低等因素，预期国内冠脉介入产品市场前景非常看好。假设在中国用10年的时间（2015年）达到美国目前比例，则年均增长率为48.4%，市场规模将达到300亿～400亿元，心脏冠脉介入产品的潜在市场需求是十分庞大的。

（2）产业格局与竞争状况。

目前世界上生产心脑血管介入器械的国外公司有几十余家，主要公司为：美国的强生公司JOHNSON & JOHNSON（CORDIS）、美敦力公司（MEDTRONIC（AVE））、波士顿科技公司（BOSTON SCIENTIFIC）、COOK公司、EV3公司、BARD公司，日本TEROMO，欧洲SORON等国外公司，其中尤以美国强生公司（JOHNSON & JOHNSON）、美敦力公司（MEDTRONIC（AVE））、波士顿科技公司（BOSTON SCIENTIFIC）规模最大。国内约有20余家企业生产心脑血管介入器械，主要包括上海微创公司、北京乐普公司、山东吉威公司、深圳先健公司、苏州唯科公司、南京微创公司、大连垠艺公司、北京安泰公司、深圳业聚公司。

2. 微创医疗成长路径特征分析

（1）崛起于本土低端市场。

微创医疗的成长路线最引人注目的就是其成功于占领被跨国公司垄断的本土市场。长期以来，由于技术垄断，进口支架在中国的售价要比欧美市场高出一倍。2000年，一个普通金属支架在欧美的售价仅为800~900美元，而在中国售价竟高达2000美元，进口含药缓释血管支架每个售价近4万元人民币，给患者带来了沉重的经济负担。以心脏冠脉介入产品为例，尽管我国开展微创介入治疗较早，且冠心病患者较多，但由于手术费用高（PTCA及支架手术一般平均为人民币4万~6万元）且不能完全报销、对做手术的医生要求较高等因素的限制，导致了手术的普及程度，远没有达到西方国家的水平。目前主要市场集中在北京、上海、广州三市和部分省会大城市，发达地区的中小城市也逐步兴起。在美国，2004年实施冠脉介入手术近100万例，近年来仍以10%以上的速度增长；而在中国，可以进行手术的病人约400万人，实际实施冠脉介入手术约10万例，价格高是主要原因。换言之，本土市场上主导设计存在不足。

微创医疗以本土市场为目标，以"性价比"为竞争优势，通过引进国际尖端人才，依靠自主创新，开发了拥有国际先进技术的国产化心脏支架等10余项产品并实现了产业化。以微创公司自主研发的一项核心技术大动脉覆膜支架系统为例，此系统是针对主动脉瘤的腔内隔绝术治疗而专门设计的一种介入医疗器械。在微创公司未开发这一产品之前，国内此领域的市场全部被国外产品垄断，每个产品售价在15万~18万元人民币。这对中国的大多数患者来说，是一个无法承受的经济负担。微创公司于2002年率先在国内开发出具有自主知识产权的可治疗胸和腹主动脉瘤的大动脉覆膜支架及输送系统，产品价格在6万~8万元，远远低于国外产品的价格，且产品性能优良，在缝合处裂开、内漏、移位、支撑结构破碎等情况的指标都达到国际先进水平。微创医疗产品迅速打破了国外公司对我国介入医疗器械市场的垄断，利用优良的产品和低廉的价格一方面给国外巨头们带来了压力，使国外进口产品价格被迫下降，大大减轻了患者的经济负担；另一方面也促进了介入治疗新技术在国内的普及和提高，冠脉介入手术已从1998年的5000余例上升到2005年的10万例，而且近年来都在以大于50%的比例增长，成功打开并占领了国内低端市场。

（2）重视技术创新与知识产权。

核心技术是企业获取竞争优势的关键所在，作为一个新生的中小型高科技企业，微创医疗从一开始就走上了自主研发、自主创新的发展之路。

为了实现核心技术的自主研发，微创医疗设立上海市市级研发中心，由公司科学技术顾问委员会和下属心脏介入器械研究部、脑神经介入器械研究部、周边血管和非血管腔体介入器械研究部、器官移植保存液研究部、微创手术器械研究部等五个部门组成。研发中心吸纳了国内外多位著名的生物医学工程专家和介入医疗科学家，由5位海外归来的高级专业人才领衔，拥有50多名包括博士、硕士在内的微创介入医疗器材产品开发专业技术人才，并将于2006年发展到100人的规模。据了解，微创医疗有"两个15%"规划。第一个15%是每年研发投入占销售收入的15%，这个比例对于任何一个公司来说都相当高。第二个15%就是180多位研发人员占公司员工数量的15%。按照这样的比例，逐年递增。在知识产权申报上，每年都有几十个新增的专利，每年都有几个产品上市，一方面是对现有产品的更新换代，另一方面是开发更多的新产品。正因为高强度的研发投入和强大的技术支持，微创医疗在介入治疗核心器械上主导设计了一系列具有自主知识产权的核心产品。

另外，知识产权是提高核心竞争力的重要资源。微创医疗成长过程中非常重视知识产权管理，也在这方面取得了重大成就。截至2010年12月31日，微创医疗共获授62项中国专利及2项欧盟专利。冠脉支架系统和在此基础上研究开发的药物支架系统、大动脉覆膜支架系统都是微创公司自主研发并拥有和自主知识产权的核心技术产品。

（3）强调产业链终端推动。

医疗器械行业技术进步、企业成长和市场扩展等都与上下游行业有着密切的关联关系。

医疗器械行业上游为医用材料行业和医药制造行业，上游行业决定了原材料或半成品的质量、技术水平和成本。介入医疗器械行业的下游主要是最终消费者，产品通过医院直接用于消费者，消费需求和消费能力决定了市场容量的大小，这些都影响和决定了医疗器械产品的市场前景和经济效益。据了解，微创医疗大约90%是国内市场，10%左右是国际市场。微创医疗始终以产业链终端利益为考量，坚持通过持续的创新研发、科学管理，致力于降低产品的长期成本，进一步降低产品在国内市场上的售价，让更多的中国普通心血脑血管疾病患者能用上一流的介入产品。

据了解微创医疗的多数产品价格只有进口产品的2/3或一半，其核心产品药物缓释血管支架价格在3万元左右，远低于进口同类产品。如在做心脏搭桥手术时需要用到心脏的医疗支架，这种产品在以前被外国产品所垄断的时候售价高达3万多元。据医疗机构统计，当时此类病人在全国大概只有3000多例，而能做这种手术的医院也只有少数主要并且集中在北京、上海、广州等大城市。但当微创医疗自己研发的产品面世以后，这一价格的壁垒被打破，每个支架的售价从之前的3万多元下降到每个不足万元，随之这类就诊病人三年内增长了30多万例，实施此项手术的医院也增加到1000多家。从图6-18可见，我国冠脉介入手术已从1998年的5000余例上升到2005年的10万例，而且近年来都在以大于50%的比例增长。另外还有糖尿病的胰岛素治疗法，在我国有大约6000万例糖尿病病人，垄断时国外的胰岛素治疗产品都在五六万元，而微创医疗推出自主研发的后，此类产品在市场上售价骤减到不足1万元。所以此产品在国内的医院也得到了快速的推广。可以说，微创医疗的创新的出发点即产业链的终端需求，因此，产业链终端的有效反馈也促成了微创医疗的迅速发展。

（4）积极强化创新联盟和产学研结合。

在技术创新和自主研发的过程中，微创医疗始终坚持开放创新。由微创医疗积极牵头，联合上海交通大学医学院附属瑞金医院、上海微创骨科医疗科技有限公司、上海理工大学、上海微创生命科技有限公司、第二军医大学附属长海医院和上海长征医院组建微创介入与植入医疗器械产业技术创新战略联盟，包含了新型心脏介入治疗器械、脑血管病（神经）疾病介入治疗领域、骨科疾病的治疗器械以及微创外科器械的开发这四个领域，形成了从教育、科研、中试到生产和销售的完整产业链。

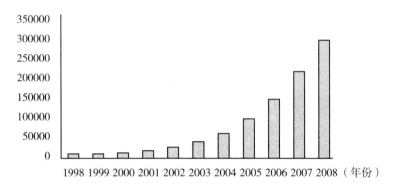

图6-18　中国心脏冠脉介入手术例数随时间增加情况

资料来源：《微创介入医疗器械与材料产业的现状和发展趋势》。

在产学研合作中微创医疗一直在尝试不同形式的合作。微创医疗与上海理工大学共同投资成立了"教育部现代微创医疗器械及技术工程研究中心"，在心脑血管、脑神经、糖尿病等疾病治疗方面共同进行尖端医疗器械的研发，在微创伤技术、药械结合、新材料使用和药物输送系统等方面寻求突破性进展。与上海交通大学医学院附属瑞金医院、上海理工大学共同合作了多项重大专项。与上海长海医院共同研发的我国首个拥有自主知识产权的新型血管重构血流导向装置已开始临床试用。与上海长海医院两家单位为了能更好地联合研发产品，针对血管外科共同建立了"长海—微创联合实验室"。

3. 微创医疗成长路径的理论分析

（1）破坏性创新理论下后发者的技术轨迹。

自1995年开始，以Christensen及其合作者为代表的学者开始研究一种新的后发战略模式，即破坏性创新模式。Christensen和Rosenbloom（1995）提出，在现有的价值网络中，在位企业能够主导所有类型的创新，包括架构创新和模块创新，但是在面临新出现的价值网络时，在位企业通常表现出创新惰性，从而在技术发展上滞后于价值创造和市场需求的最佳时机，此时，新进入者在战略资源投入的基础上，可以创造新的价值网络，来满足新兴的市场需求，从而建立进攻者优势。因此，除了可以根据技术创新行为特征、技术创新程度、技术创新范围对技术创新进行分类之外，还可以根据技术创新对价值网络的改造程度进行分类，如果技术创新没有改变价值网络的战略发展方向，仅在现在的价值网络中创造新价值，则无论技术创新的技术难度和风险程度如何，技术创新均属于"简单直接"（Straight Forward）的创新。

Porte（1983）提出，主导设计不适应需求多样化程度很高的行业，在这样的行业中，往往很难形成所谓的主导设计，从而存在不同的技术轨迹（KlePper，1996）。从主导设计的不足出发，破坏性变革能更好地解释企业技术创新的发展特征。

Christensen 和 Raynor（2003）区分了多需求用户（Demangdingeustomers）和少需求用户（Less Demangdingeustomers）或无需求用户（Undem and Ingcustomers），并指出，前者注重更快的速度、更小的体积、更高的可靠性等产品需求，而后者在这些产品指标上的需求相对较低，最希望得到低价格。基于这种需求划分，Christensen 和 Raynor（2003）提出两种破坏性创新（见图 6 - 19）。

第一种是低收入市场的破坏性创新。企业总是以多需求用户作为目标市场（Mainstreameustomers），希望通过延续性创新（Sustaininginnovation）制造最好的产品获得最高的利润，因此，主流市场的产品性能远远超过市场性能需求，从而忽视了由少需求用户构成的利基市场，当其他企业（或本企业）以此利基市场的需求为引导进行技术创新，并通过性能低于主流市场需求但更简单、更方便、更便宜的产品完成市场开发时，将建立竞争优势，以新的技术轨迹建立新的市场结构。第二种是新细分市场的破坏性创新。当在位企业专注于主流市场时，市场上存在一部分消费者被排除在主流消费趋势之外，这部分消费者也不属于低收入消费群体，他们对市场上的产品没有任何消费的趋势，当其他企业（或本企业）以此利基市场的需求为引导进行技术创新，并通过价值网络的重新缔造提供比主流产品更便捷、更便宜的产品，随着产品技术的成熟发展，将从主流市场吸引部分消费形成新的主流市场。

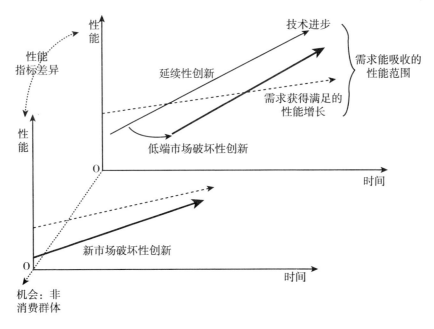

图 6 – 19 两种破坏性创新

Christensen 和 Raynor（2003）对两种破坏性创新类型与传统的延续性创新进行了对比。由对比结果可见，企业要通过破坏性创新实现行业结构再造，必须针对低收入市场或未消费市场创造新的技术轨迹。

表 6 – 19 两种破坏性创新类型与传统的延续性创新比较

比较维度	延续性创新	低端破坏	新市场破坏
目标性能	根据主流需求进行性能改进，可以是渐进性创新，也可以是重大创新	根据主流需求的性能标准，进行能满足低收入需求的创新	低于主流需求的性能标准，但开发新性能（通常是简单和方便）
目标顾客或市场	主流市场	低端市场	非消费者（缺乏购买资金或者使用技术）的群体
商业模式	保持现有商业模式和竞争优势以改善或保持盈利空间	综合使用较低毛利率和较高资产周转率等手段，采用折扣价的销售方式实现盈利	以较低的单价、较小的批量、很低的毛利销售，且保证盈利

由于破坏性创新的目标性能和目标市场都与延续性创新形成鲜明的对比，可以推断破坏性创新主要发生在主流市场已经形成的技术变革阶段，这是因为只有主导设计出现和主流市场成型之后，与主流市场特征对立的低端市场和未消费市场才能显现出来，在位企业才会因为主导设计产生的高额利润和沉没资本投入形成对低端市场和未消费市场的创新盲点。总体来说，破坏性创新对行业新进入者提供了很好的"学习窗口"，在此基础上落后企业进入行业后，可以迅速整合新技术并抢占市场（Christensen，Suarez and Utterback，1998；Adner，2002）。

另外，在行业技术取得突破性进展的环境中，企业必然面临行业间技术转移基础上的技术应用变革，其他行业技术在本行业的应用性突破将导致本行业技术生命周期的延伸，并有利于形成新的技术轨迹（Levinthal，1998）。因此，破坏性创新所引发的技术变革可以分为稳定阶段和延伸阶段，在稳定阶段大多数企业仍然需要经历以模仿和改进性创新为主的基础能力累积阶段，随后企业自主创新路径将经历从重大创新到渐进性创新再到突破性创新的发展过程（见图6－20）。

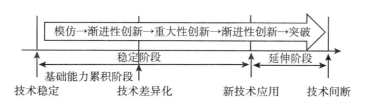

图6－20 破坏型自主创新路径的技术轨迹

总体来说，破坏性创新对行业新进入者有非常重要的指导意义，为行业新进入者提供了很好的"机会窗口"，在此基础上落后企业进入行业后，可以迅速整合新技术并抢占市场（Christensen，Suarez and Utterback，1998；Adner，2002）。

（2）微创医疗低端破坏的新技术轨迹分析。

根据破坏性创新理论，微创医疗的成长路径实质上是一种典型的低端破坏性创新，是利用主导设计不足而重新开辟技术发展轨迹的一种自主创新路径模式。具体而言，即利用所谓主导设计在本土市场上的不足，以低端市场为目标，根据主流需求进行的能满足低收入需求的创新，从而实现低端市场破坏，在资本累计的基础上完成技术累积，从而实现新进者赶超在位企业。

从微创医疗的成长历程来看，1999 年微创医疗成立伊始，自主研发和生产的突破口是治疗冠心病技术的球囊扩张导管，这项技术实现商业化时与国外相比落后 30 年；2002 年微创医疗率先在国内开发出具有自主知识产权的可治疗胸主和腹主动脉瘤的大动脉覆膜支架及输送系统，这项技术在当时比国外晚了 3 年；2004 年推出的第一代国产药物洗脱支架产品，技术则与国外几乎同步；2008 年，微创成为全球第一家向市场推出自己第二代药物支架的公司，技术已经走在国际的前列。而目前，公司正在加紧新产品的研发，并转向其他前景广阔的医疗器械市场领域，包括治疗心律失常、糖尿病及骨科疾病的机械。

因此，根据破坏性创新理论，微创医疗的自主创新路径演化情况大致如下：

1998～2004 年，为低端市场进入时期（破坏性创新稳定阶段）。这时期技术相对稳定，主导设计突出。微创医疗识别本土市场的差异化需求，针对本土市场需求通过对主导设计模仿和改进性创新掌握了国外的先进技术，进入低端市场。

2004～2008 年，市场发展阶段（破坏性创新延伸阶段）。这阶段实现了重大创新，技术与国外平齐，并在此基础上渐进创新实现了技术的超前。

2008 年后，微创医疗进入市场转型阶段。微创医疗的自主创新水平和技术能力提升已能满足高端市场需求，通过进一步提高技术性能，开始谋求其他医疗器械市场的开发策略。

也在这一过程中，本土市场的主导设计也经历了从稳定到间断再到趋向稳定的过程。微创进入介入医疗器械之前，本土市场被国外公司垄断，国外技术为主导设计，国内需求市场主要是高收入的少数人群，国内低端市场存在创新盲点而未开发。微创医疗以国内中低收入病患为目标市场，通过低端破坏创新，以成本优势，通过建立国内供应网络，再造介入医疗器械价值链，成功开发了国内中低收入人群市场，引发了介入医疗器械制造行业的破坏性变革。换句话说，本土市场的需求差异化正是微创医疗实现低端破坏的"机会窗口"，以此为契机，微创医疗创造了新的技术轨迹完成了自主创新。值得强调的方面是，在微创医疗自主创新的全过程中，知识产权呈动态发展，并没有因为模仿陷入"技术陷阱"，这也是最终能通过低端破坏实现自主创新的必要条件。

4. 小结

微创医疗的成长是发展中国家企业通过自主创新提升技术能力并成功赶超在位垄断企业的典型案例。破坏性创新理论从一个全新的角度为后发者提供了追赶的视角，差异化的存在能提供追赶的"机会窗口"，充分识别主导设计与本土市场的创新盲点，发挥产业链的传导力量，发展新的技术轨迹，则可以在一定程度上避免盲目地追逐先进企业而陷入"技术陷阱"。

本章参考文献

［1］胡堃，刘晨光. 生物医用材料在医疗器械领域的应用及产业发展概述. 新材料产业 2010. 7.

［2］周锐，王威. 中高端看创新能力，中低端看横向扩张能力——医疗器械投资逻辑研究. 中投证券行业研究报告. 2011 - 8 - 24.

［3］Abemathy W. J. , Utethack J. M. Patterns of lndustal lnnovation［J］. Technology Review，1978，8：pp. 40 - 47.

［4］［美］克莱顿·克里斯坦森. 创新者的窘境. 中信出版社，2010：223.

［5］谢伟. A - U 模型及其对技术学习研究的启示. 科研管理［J］. 2000（11）：24 - 31.

［6］李平祝，练乐尧，吴晓雯. 医疗器械是避风港，优选家用类型——医疗器械行业深度报告. 民生证券研究所. 2011（09）.

［7］医疗器械发展热点. 中国医疗器械额杂志. 2010 年 34 卷第 2 期. P. 152.

［8］Hill. Technological innovation：Agent of growth and change，in Christopher T. Hill and James M. Utterback，Technological innovation for a dynamic economy，Pergamon Press，1979，1 - 39.

［9］薛薇. SPSS 统计分析方法及应用［M］. 第二版. 北京：电子工业出版社，2009，PP. 327 - 328.

［10］刘道志．微创介入医疗器械——国产化机会与挑战．中国医疗器械信息，2008 年第 14 卷第 3 期．

［11］刘道志，奚廷斐．微创介入医疗器械与材料产业的现状和发展趋势．中国医疗器械信息，2006 年第 12 卷第 12 期．

第7章

新兴产业商业模式创新：
以新能源汽车为例

7.1

新能源汽车产业成长机制概况

新能源汽车产业是未来汽车产业发展的方向，各国都将其作为重点发展对象，不断增加研发投入、完善充电基础设施建设并配以购车优惠政策的支持，新能源汽车产业可谓已经开始慢慢成长。但从目前的发展现状来看，新能源汽车产业的成长过程中还存在很多问题，如技术创新瓶颈、技术标准缺位、基础设施建设不健全、终端市场需求不足等。

新能源汽车产业作为七大战略性新兴产业之一，与其他新兴产业的主要区别在于其价值链之长，涉及的利益相关者之多，利益相关者之间合理的利益分配之难。最近几年，电池技术领域的创新虽然取得了一定的成效，但由于商业模式创新有效性的缺乏，致使价值链中上游各环节虽然在同步发展，但整条价值链与传统汽车产业相比竞争力还不明显。为此，对基于价值链上各个环节以及价值链整体的商业模式创新的探索是新能源汽车产业快速成长的关键。

7.1.1 研究背景与目的

1. 研究背景

关于新能源汽车，欧美各国在很久以前就开始关注了，并进行了相关探索：在氢燃料、生物燃料等技术方面也已经有产品推出，如截至 2009 年 8 月底，丰田的混合动力车已经在市场上销售了 201.7 万辆，其中普锐斯的全球销量达到 143 万辆，成为世界上销量最高的新能源汽车。据大众汽车公司研究，2012～2014 年，德国电动车销量将达到 3 万辆。另据麦肯锡公司估算，2020 年世界电动车销售额，将跃升至 4700 亿欧元，其中德国为 800 亿欧元，全球新增工作岗位 25 万个。可见，新能源汽车的发展正在全球范围内如火如荼地进行。

目前，我国新能源汽车正处于示范推广和应用并向产业化发展的关键阶段，财政部、科技部、工信部、发改委等四部委共同发起新能源汽车示范应用工程，制定和颁布了促进推广新能源汽车应用的政策，并以北京、上海、重庆、武汉、杭州、济南、昆明、合肥、长春、南昌、深圳、大连、长株潭等 25 个城市作为首批示范城市，示范车辆已超过 5 万辆。

2009 年，财政部、科技部发出了《节能与新能源汽车示范推广财政补助资金管理暂行办法》，针对公共服务领域购车进行一定的补贴（见表 7 - 1），在补贴标准设计的乘用车和轻型商用车中，混合动力汽车按照节油率分为五个补贴标准，最高每辆车补贴 5 万元；纯新能源汽车每辆补贴 6 万元；燃料电池汽车每辆补贴 25 万元。——这一补贴政策并没有涉及私人购车领域。2009 年 2 月，科学技术部和财政部启动了"十城千辆"新能源汽车示范应用工程和百辆混合动力公交车投放，决定在 3 年内，每年发展 10 个城市，每个城市在公交、出租、公务、市政及邮政等领域推出 1000 辆新能源汽车开展示范运行。至此，新能源汽车的推广和普及进入高速发展阶段。

表 7 - 1　国家对公共服务用乘用车和轻型商用车示范推广补助标准

单位：万元/辆

节能与新能源汽车类型	节油率	最大电功率比			
		BSG 车型	10% ~ 20%	20% ~ 30%	30% ~ 40%
节能与新能源汽车类型	5% ~ 10%	0.4	—	—	—
	10% ~ 20%		2.8	3.2	—
	20% ~ 30%	—	3.2	3.6	4.2
	30% ~ 40%	—	—	4.2	4.5
	40%以上			—	5.0
纯新能源汽车	100%				6.0
燃料电池汽车	100%				25.0

注：最大电功率比 30% 以上混合动力汽车补助标准均含 plug - in。

随后，国务院办公厅制定具体的产业发展指标，并出台《汽车产业调整和振兴规划》，提出实施新能源汽车战略的目标：到 2011 年我国将形成 50 万辆纯电动、充电式混合动力和普通型混合动力等新能源汽车产能；新能源汽车销量占乘用车销售总量的 5% 左右；推动新能源车及关键零部件产业化，形成 10 亿安的动力电池产能；主要乘用车生产企业应具有通过认证的新能源汽车产品。

2010 年 6 月 1 日，国家出台了《关于开展私人购买新能源汽车补贴试点的通知》，提出了 5 个试点城市为上海、长春、深圳、杭州和合肥。同时，又提出《"节能产品惠民工程"节能汽车（1.6 升以下）乘用车推广实施细则通知》，主要针对 1.6L 以下乘用车包括混合动力车和双燃料车，要达到第三阶段"乘用车燃料消耗量限值标准"。另外，还有 4 项电动车相关标准和《汽车产业技术进步和技术改造投资方向（2010）》政策。由此，新能源汽车的推广掀开新的篇章。

在出台一系列补贴政策的同时，为了加快新能源汽车商业化的进程，我国也通过奥运会、世博会以及大运会等进行过多次积极大胆的探索和示范运行，取得了一定的商业化实践经验，但是就目前我国新能源汽车的普及状况来看，新能源汽车产业的发展仍然处于初级阶段。不可否认的是，我国在汽车行业具有一定的工业基础，价值链发展比较完整，也具备一定的配套基础设施，新能源汽车的续驶里程虽然短，但足以满足城市内部上班族上下班路程的需要。由此可知，新能源汽车在市区进行推广的各种要素已经具备，但在各方面要求都满足的情况下，新能源汽车产业却没有像预期的那样快速成长，而是发展缓慢，直到现在，还只是很少一部分新能源汽车进入私人家庭。可见，新能源汽车产业的成长已经远远超出各要素发展所能解释的，而是需要从一个整体的概念来解释，就像哲学中所讲的整体和部分的关系，整体具有部分完全没有的功能。当各个部分以合理的结构形成整体时，整体就具有全新的功能。整体功能的形成离不开部分原有的功能，但整体所具备的某些功能是部分的功能所无法解释的。因此，对于新能源汽车产业来说，在万事俱备但产业成长却没有加速的现象下，此产业的成长仅仅依靠技术进步，是无法支撑的，只有价值链上各环节以及基础设施等辅助售后服务的合理组合即以新的商业模式整合资源才会加速新能源产业的成长。

2. 研究目的

商业模式伴随产业发展的各个阶段，对新能源汽车产业商业模式创新的研究对促进这个产业的成长无疑有着重要的意义。目前社会各界包括投资者、消费者、政府都对新能源汽车最终能否实现产业化、什么时候实现产业化以及以什么模式实现产业化给予高度的关注。各国车企也在积极探索新能源汽车的产业化路径，在新能源汽车实现产业化所需商业模式还不确定的情况下，本书希望通过研究，回答以下问题，并试图为新能源汽车产业成长机制的研究做一定的贡献。

（1）新能源汽车产业发展现状及存在问题；

（2）新能源汽车产业化所面临的问题在此产业价值链上的定位；

（3）新能源汽车产业商业模式创新路径的选择；

（4）新能源汽车产业商业模式创新有效性评价指标的构建和评估。

基于商业模式创新对新能源汽车产业成长机制的研究，不仅可以丰富国内关于商业模式创新的实证研究，也对新能源汽车产业的成长具有一定的指导意义。

7.1.2　新能源汽车产业研究概况

1. 新能源汽车产业的内涵

中国对新能源汽车的范围定义主要采用 2009 年 6 月 17 日工业和信息化部发布的《新能源汽车生产企业及产品准入管理规则》中的新能源汽车的范围定义，即新能源汽车是指采用非常规的车用燃料作为动力来源（或使用常规的车用燃料、采用新型车载动力装置），综合车辆的动力控制和驱动方面的先进技术，形成的技术原理先进，具有新技术、新结构的汽车。新能源汽车包括有：混合动力汽车（HEV）、纯新能源汽车（BEV）、燃料电池汽车（FCEV）、氢发动机汽车以及燃气汽车、醇醚汽车等。简而言之，新能源汽车指在燃料或动力系统上与传统内燃机汽车有所区别的汽车（工信部，2009）。

2. 新兴产业成长机制

（1）新兴产业的内涵。

新兴产业的研究始于知识经济与全球一体化的 21 世纪，在金融危机以后陡然增加，但目前仍没有形成一个比较统一的概念。有些将其界定为：Emerging Industries，指正在产生或将出现的产业。有些则界定为：New Industries，指已经形成了的新产业。两种界定虽有差异，综合来说，战略性新兴产业是新兴科技和新兴产业的深度融合，既代表着科技创新的重要方向，又代表着产业发展的重要方向（袁中华、刘小差，2010）。

（2）新兴产业成长机制研究。

产业成长有狭义与广义之分。狭义的产业成长是指单一产业要经历萌芽期或形成期、成长期、成熟期和衰退期四个阶段，即一个产业生命周期。广义的产业成长，则不仅指单一产业的成长过程，还包括产业成长的动力机制、产业成长的模式选择、产业成长中的创新等内容。本书产业成长机制中所述的产业成长采用广义产业成长概念。

国内对广义产业成长的研究始于 20 世纪 90 年代，而由于产业成长的动力因素较为复杂，目前国内研究文献还不多。在现实中，一个产业的产业周期不一定是完整的，特别是高新技术产业，由于受技术进步的替代威胁和冲击，或者是行业内关键技术难题无法攻破，都可能使产业直接从成长期进入衰退期。但有的产业通过技术创新或者商业模式创新，可能又会在衰退之后获得重生。

在新兴产业成长机制与模式方面，彭骥鸣、钱存林（2001），杨明（2003），杨培雷（2003）等对新兴产业的成长模式、动力机制、政府作用作了有益的探讨。陆国庆（2002）认为，需求变化、人口、政策、制度、分工、技术和供给等因素相互作用，共同促进产业成长。向吉英（2005）运用系统论的思维，探讨了产业成长的动力机制，并利用市场需求、技术创新、政策和投资等外源动力机制以及企业间的竞争与协作等内源动力机制构建了综合性的产业成长动力机制模型（NIIP 模型），认为产业是通过市场需求、技术（产品）创新、各种要素的投入以及政策扶持得到成长演化的。杜蓉、蔡一鸣（2008）利用灰色关联度法，定量分析了信息化与新兴主导产业的关联机理。此机理验证了某些传统产业经过信息化改造后必将衍生出新的产业并逐步发展壮大成为新兴主导产业，使原本没有优势的产业变得更具优势，原本有优势的产业扩大其优势。施红星、刘思峰、郭本海、杨保华（2009）从科技生产力流动与新兴产业成长的特点和规律入手研究了科技生产力流动对新兴产业成长的影响。他们认为技术转移和扩散是科技生产力流动推进新兴产业成长的基本形式，政府在科技生产力流动与新兴产业成长中发挥着重要的引导作用；科技生产力流动改变了科技要素的经济功能。新兴产业在科技生产力流动下呈现出新的成长特点，科技生产力流动促进区域新兴产业的形成与发展。林平凡、刘城（2010）研究了广东战略型新兴产业的成长条件，认为良好的产业基础和环境，具有战略高度的产业规划、超前的产业技术路线图、可行的投入保障机制、技术先进的核心企业和关键的产业链环节等因素是新型战略性产业成长的关键条件。

（3）商业模式创新与新兴产业成长。

新兴产业形成的过程，既伴随着研发过程，即技术创新过程，也伴随着产业化和市场化过程。新兴产业的成长总是在各种因素的共同作用下成长，其成长环境是复杂的，只有资源以一定的组合方式得以充分利用，并且通过组合资源创造的价值在各个利益相关者之间实现合理分配，新兴产业才能健康成长。周新生（2003）认为利益驱动是产业兴衰的根本动力。不管是资源的恰当整合还是利益的合理分配，起关键作用之一的因素就是找到合适的商业模式。由于新技术的引入和新价值的创造，传统的商业模式对于新兴产业来说具有很大的局限性，如果没有与新兴产业相适应的商业模式创新，就无法形成热销产品和持续市场，新兴产业也难以形成。改革开放初期苹果电脑最早进入中国市场，但由于其僵化的商业模式，在中国已很少看到其产品了。万燕公司最早开发出 VCD 播放机，但由于市场开发不当，败走麦城。

李东红和李蕾（2010）强调了商业模式创新在新兴产业成长过程中的作用，其以尚德公司为典型案例，揭示出战略性新兴产业中先行企业的商业模式创新及其对产业发展的驱动作用，并认为先行者成功的商业模式创新是促进我国战略性新兴产业发展的重要力量，先行者商业模式创新通过先行者的增量效应、符号效应、示范效应、产业生态系统优化效应等发挥作用；在我国现有条件下，基于战略性新兴产业发展的先行者商业模式创新应该坚持有利于在全球范围内充分利用各种资源、有利于企业抢占行业战略制高点两大准则；置身其中的企业和相关政府部门，应该充分认识到商业模式创新对企业及产业发展的重要意义，并采取切实措施推动商业模式创新。

3. 新兴产业商业模式创新

（1）商业模式的内涵。

对于商业模式的定义最早是出现在 20 世纪 50 年代，但之后一直停留在初始定义阶段，到 90 年代才开始被广泛使用。在后来的研究过程中，很多学者对其进行了定义，但不同的研究者从不同的视角来定义商业模式，致使到现在为止，还没有形成一个对商业模式的统一的定义。根据现有文献分析，国内外研究者主要从盈利、系统和战略角度对商业模式的概念进行了诠释。而本书根据新能源汽车产业发展现状所具备的特点，主要是基于整个价值链系统的角度对商业模式进行分析。

Hawkins（2002）曾经从盈利的角度将商业模式描述为企业与其向市场提供的产品和服务之间的商业关系，认为商业模式界定了一种可行的成本/收入结构，使公司可以凭借自身的收入生存。与此类似，Elliot（2002）的定义同样关注了商业关系和成本/收入流，认为商业模式明确了商业投资中不同的参与者之间的关系，参与者各自的利益、成本状况以及收入流。Rappa（2009）则将商业模式定义为公司通过创造收入而维持自身生存的商业方式，认为商业模式表明了公司如何通过明确自己在价值链中的位置赚钱。我国著名经济学家樊纲也认为"赚钱了才是商业模式"。

P. Timmers（1998）不再将商业模式看作是简单的盈利模式，而是将商业模式看作一个由产品、服务和信息构成的有机系统，并据此将商业模式定义为："商业模式是一个产品、服务和信息流的框架"，这个框架包括"对商业活动及其作用的描述"、"对不同商业参与者潜在利益的描述"、"对收入来源的描述"等多个方面的内容。Linder 和 Cantrell（2000）从整体战略角度出发对商业模式的定义进行了研究，认为商业模式是组织或者商业系统创造价值的逻辑。在同一年，Tapscott 和 Ticoll（2000）还提出了 B-Webs 的概念。B-Webs 是指基于网络的商业，代表了一种供应商、渠道、商业服务的提供方、设备供应商，以及顾客都以网络作为主要的沟通和交易手段的独特的系统。之后，Amit 和 Zott（2001）进一步以网络为中心对商业模式进行研究。他们将商业模式描述为：为了开拓商业机会而设计的交易活动各组成部分的组合方式。在他们的框架中，详细描述了通过公司、供应商、渠道和顾客的网络协作来实现交易的方式。Thomas（2001）则认为商业模式是企业开办一项有利可图的业务，是涉及客户、供应商、流程、渠道、资源和能力的总体构造。Weill 和 Vitale（2001）从更深层次上对网络状交易进行了更详细的分析，首先认为商业模式是对企业的供应商、合作伙伴以及客户的角色界定以及对他们之间相互关系的描述，然后他们还识别了企业的产品流、信息流和现金流，以及主要参与者的利益等要素。Magretta（2002）则是从整体运作的视角对商业模式进行了定义，认为商业模式是"解释企业如何运作的故事"，将商业模式定义为"一个企业对如何通过创造价值，为客户和维持企业正常运转的所有参与者服务的一系列设想"。她认为对商业模式的理解应包括对参与者及其角色的识别，对价值的认识，以及对市场运作和市场关系的把握。

（2）商业模式构成要素。

为了更深入地认识商业模式，需要进一步了解其组成要素。众多学者对商业模式的组成进行了研究，Hamel（2000）在其著作《领导企业变革》中提出了一个全面分析商业模式的框架，将商业模式分为四大组成部分：核心战略、战略资源、客户界面和价值网络。三个要素即客户利益、行动配置、公司边界作为媒介将这四大部分联结起来，此外，效率、独特性、一致性、利润助推因素四个支持要素决定了商业模式的盈利潜力。Weill 和 Vitale（2001）认为在 Timmers 的定义下则体现了商业模式的组成要素为市场参与者的角色（Roles）和关系（Relationships），消费者、客户、企业同盟还有供应商的角色与关系等。从企业运作角度定义的商业模式认为其组成因素包括税收来源、定价方法、成本构成、边际成本/收入和预期容量等，如 Stewart 和 Zhao（2000）。Linder 和 Cantrell（2000）从价值角度定义的商业模式包含定价模式、收入模式、渠道模式、交易流程模式、经由互联网的交易关系、组织形式、价值取向等要素。类似地，Petrovic 和 Kittl Teksten（2001）将商业模式划分为 7 种子模式，包括价值模式、资源模式、产品模式、客户关系模式、收入模式、资本模式、市场模式。这些子模式及其相互关系描述了商业系统在实际过程中的创造价值的逻辑。Dubosson-Torbay（2002）认为，商业模式是对企业及其伙伴网络为获得可持续的收入流，创造目标顾客群体架构、营销、传递价值和关系资本的描述。

我国学者翁君奕（2004）认为商业模式的构成要素由四部分组成：价值对象、价值内容、价值提供和价值回收，提出了价值商务模式的概念，将客户界面、内部构造和伙伴界面称为核心界面，其要素形态的有意义的组合构成商务模式；将平台界面和顶板界面称为关联界面，其中的顶板界面反映竞争对手、替代品提供商等，而平台界面反映基础技术、法规政策、宏观经济、社会观念等。陈翔（2005）认为商业模式的组成部分包括价值增加、产品营销和资源配置。曾涛（2006）认为商业模式由价值对象、价值主张、价值实现方式、内部构造、资源配置、价值潜力、关联性维度等要素构成。

对商业模式定义与构成要素的研究为商业模式创新动力机制和创新路径的研究奠定了理论基础。商业模式创新（Business Model Innovation）是一种新的创新形态，其重要性已经不亚于技术创新等。商业模式创新是指企业价值创造提供基本逻辑的变化，即把新的商业模式引入社会的生产体系，并为客户和自身创造价值，通俗地说，商业模式创新就是指企业以新的有效方式赚钱。新引入的商业模式，既可能在构成要素方面不同于已有商业模式，也可能在要素间关系或者动力机制方面不同于已有商业模式。

（3）商业模式创新动力。

在一个企业或产业成长的过程中，其周围环境以及内部的核心能力在不断地发生演变。通过学习哲学，我们知道当量变达到一定程度时则会引起质变。同样，当一个产业成长的内外部综合环境演变到一定程度时，原有的成熟的商业模式，将不再适用，将会颠覆。随着技术创新和周围环境发生变化的频率加快，一些学者对商业模式创新的动力与路径进行了研究。

① 技术创新角度。技术创新是产业成长与变革过程中的主要活动之一，新技术的出现，意味着新的市场或者新的产业即将形成。Day（2000）等人将新技术与现有技术（Established Technologies）进行了对比，如表7－2所示，他们认为现有技术的技能、基础结构、客户和行业清晰明确，而新兴技术则是模糊而不确定的；客户的使用模式和行为处于探索形成过程，市场知识存量不足，竞争结构处于萌芽期，表现出高度不确定性和复杂性。

表7－2   **新技术与现有技术的对比**

要 素		现有技术	新技术
技术	科学基础及应用	已建立	不确定
	体系结构或标准	演进的	新出现
	功能或益处	演进的	未知

续表

要　素		现有技术	新技术
基础结构	供应商、渠道的价值网络	已建立	形成中
	规则或标准	已建立	新出现
市场/客户	使用模式或行为	明确	形成中
	市场知识	完整	投机的
行业	结构	已建立	萌芽期
	竞争对手	明确	新加入
	竞争规则	已知	新出现

资料来源：Day et al.（2000），Wharton on Managing Emerging Technologies.

根据上述新技术的特征，新技术要实现市场化，必然要求与现有技术不同的商业模式。从而新技术的市场化要求也就成为商业模式创新的动力之一。对于这一观点一些研究者从新技术本身和不同领域的新技术市场化角度分别进行了研究。Christensen（1997）对突破性技术进行了研究，认为与持久性技术相比，突破性技术是一种比较激进的技术创新，在原有的商业模式中将其市场化是不可行的，必须采用一种创新的商业模式来使应用突破性技术的产品成功实现市场化。Timmers（1998）、Amit 和 Zott（2001）等早期研究者基于对新兴的互联网企业研究，认为以互联网技术为代表的新技术是商业模式创新的主要动力。Willemstein、Valk 和 Meeus（2007）、Gambardella 和 McGahan（2009）分别对生物制药企业进行了研究，认为新技术的出现与市场化要求是生物制药企业进行商业模式创新的主要动力之一。

② 经营环境角度。随着人民生活水平的不断提高，消费者偏好在改变，消费者对产品的需求层次也在变化。德勤咨询公司（Deloitte Research，2002）在对 15 家企业的商业模式创新进行研究后发现，推动商业模式创新的主要动力并不是大家通常认为的技术、法规和社会经济变化，而是企业为了满足消费者长期拥有但被忽视或未得到满足的需求而进行的努力，如美国西南航空提供的廉价短途航空旅行服务，星巴克提供的消费者可承受的奢侈和能够放松、交谈及参与的聚会场所。罗珉、曾涛、周思伟（2005）

用经济租金理论来分析企业商业模式的创新行为，对企业经济租金的几种形态做出了分类，分析了企业在不同条件下获得经济租金的形式，从理论上解释了企业商业模式创新行为的内外在驱动力。

（4）商业模式创新路径。

在产业成长过程中，不仅有促进商业模式创新的动力，要想成功实现商业模式创新，还需要选择商业模式创新的路径。根据对商业模式定义和构成要素的分析，商业模式创新的价值空间可以从三个大的方面来考虑：一是顾客角度，即如何为顾客创造价值；二是从企业角度，如何来进行内部资源的优化整合，降低成本；三是产业角度，如何进行资源优化整合，以发挥最大价值。据此，商业模式创新的基本路径有三类：顾客价值创新、价值链创新和供应链体系创新。

顾客价值创新角度。李东（2006）通过 Meta 方法对商业模式进行了结构化研究，探索商业模式的结构特征，分析了商业模式创新的关键推动因素和影响机制。基于其结构特征将商业模式创新分为增量型创新和存量型创新两类，并提出了一个基础性假设：产业成长的不同阶段，商业模式创新路径侧重点具有不同的特征（统计意义上）：在产业的初期和成长期，应以顾客价值创新作为商业模式创新的主要内容，而在成熟期，商业模式创新则应该转向成本结构创新和利润保护模式创新。

价值链扩张整合角度。价值链是商业模式创新选择的根基，产业价值链作为一个整体，其中间资源相互协调整合的合理性是决定一个产业国际竞争力的关键要素。Porter（1985）在《竞争优势》一书中认为价值链是企业将原材料转变成为最终产品的一系列价值活动，其中内部后勤、生产作业、外部后勤、市场和销售、服务是基本价值活动，而采购、技术开发、人力资源管理和企业基础设施等则是辅助价值活动，这两种价值过程相辅相成，就构成了企业价值创造的动态过程。由于 Porter 对价值链的理解具有一定的局限性，Shank 和 Govindarajan（1992）对此做了补充，认为价值链可能存在一个更加宏观的组织和结构形式，指出企业的价值链不仅仅是企业内部的价值活动，而应该涵盖从最初的向供应商购买原材料到最终的向用户销售产品的整个过程。我国学者潘成云（2001）、杜义飞和李仕明

（2004）还从产业的层面上对价值链进行了研究，提出产业价值链是企业围绕着特定的某项技术和工艺而进行相互衔接的价值活动集合，是企业价值链的延伸，是一种创新的宏观组织形式，它打通了产业链中上下游企业的内部价值链环节，使各企业构成了一个相互依赖和协调的价值系统。

结合之前对商业模式构成要素的分析，可见，商业模式的构成要素及其创新路径，不仅包含技术、生产、流通和市场终端等价值链的各个部分，也包含供应商、企业、顾客、政府等隐含在价值链背后的各个利益相关者。所以对商业模式创新的分析，离不开对价值链的分析，一个企业只有在价值链中进行合理的定位，采取专业化或者多元化战略，然后制定特有的商业模式才能更好地发展。一个产业只有实现了价值链的合理治理，才能实现不断快速的可持续发展。我国学者也曾从价值链角度对商业模式创新理论进行分析。如高闯和关鑫（2006）从价值链创新理论视角对企业商业模式创新的实现方式进行了清晰、系统的解释，并根据企业商业模式的不同形成方式对其进行了系统分类。田志龙、盘远华、高海（2006）认为企业应该适时地创新商业模式，并从商业模式的五个组成要素角度探讨了企业进行商业模式的创新，即重新定义顾客，提供特别的产品/服务，改变提供产品/服务的路径，改变收入模式，改变对顾客的支持体系和发展独特的价值网络。王琴（2011）则从价值网络重构出发分析了五种商业模式创新路径，即通过组合价值让渡、附加产品或附加价值、顾客分类、第三方市场和逆向收入推动企业商业模式创新。

（5）商业模式评估。

还有学者专注于商业模式构建的框架、流程方法等，为企业实际设计改造商业模式提供了参考。起源于管理科学与信息系统研究的 BMO 方法，由组织、服务、消费者和财务四个组成部分构成。通过对价值定位、分销渠道、消费者、消费者关系、价值定位、核心能力、合作者关系、成本结构、收入模型 9 个商业模块及其相互之间关系的表达，描述了企业盈利的逻辑。荷兰学者 Gordijn（2002）等提出的 e3 - value 方法，从价值观点出发来描述分析商业模式体系结构的方法。它通过基于价值网络建模的可视化工具创建参考模型，可清晰地描述企业价值创造和转移的过程。可以实现对商业模式的仿真运算，以数值体现企业商业模式的获利和有效性，帮助企业优化、管理当前商业模式。Christoph Zott 和 Raphael Amit（2001）分别对新创企业的商业模式设计以及商业模式与企业产品市场战略之间的适应性两个议题进行研究，研究商业模式与产品战略这两个创造价值的重要结构的不同组合与匹配对企业绩效的影响。通过数据收集分析，分别对以效率为中心和以创新性为中心的商业模式以及不同的产品市场战略对企业业绩表现的影响进行假设检验，最后得出以创新为中心的商业模式并伴随着注重差异化、成本领先或市场早进入的产品战略的运营模式对企业的业绩影响更大；而且 Christoph Zott（2001）等人的研究还发现如果企业家试图将效率和创新性中心这两个要素融合在商业模式设计中，这样可能反而会产生相反效果。此项研究的创新点在于实施和评估了商业模式构建过程，并且用了大样本数据证明了商业模式以及不同的产品市场战略对企业创造价值的影响。Byoung Gun Kim 等人提出了一个普遍分析商业模式可行性的框架 U – BMFA，运用专家调查法从技术、战略、市场三个角度定制分析指标进行分析。此商业模式可行性分析框架可以应用于实际操作，帮助企业结合自身运营环境对商业模式进行评估。

我国学者李曼（2007）则借鉴了平衡计分卡这一工具建立了商业模式的平衡计分卡评价指标体系，对商业模式及其创新活动的绩效进行科学衡量和评价，实现对商业模式创新的合理性、价值性的客观判断。

7.1.3 上海市新能源汽车发展现状

1. 新能源汽车技术特征

包括新能源汽车产业在内，任何一个产业的产生与发展都必须具备充裕的基础资源与核心的竞争资源。前者是产业诞生所必备的基本条件，产业发展的初期，基础资源起着重要作用，但随着产业的不断成长，其作用将逐步降低，成为相对次要的资源。后者则是产业突破商业化瓶颈的重要保障，它包括的主要是软性化资源，如人才、技术和政策扶持等。

新能源汽车产业的基础资源有：钢铁及钢铁技术、蓄电池原材料（或燃料电池原材料）、汽车整车制造技术（内燃机汽车制造已经成熟）、广泛的市场、充电站基础设施。核心资源有：蓄电池（混合动力，燃料电池）研制体系及动力驱动技术、大型汽车厂商投入的人力和市场化初期政府强有力的政策扶持。

电池是新能源汽车的唯一动力源（除混合动力汽车外），电池的关键技术是制约新能源汽车发展的最重要的因素，在功率、快速充电、环保、寿命等方面成为新能源汽车发展的瓶颈，其依赖程度可见一斑。表7-3为三种电池汽车的特征。

表7-3　　　　　　三种电池汽车的特征比较

电动汽车类型	蓄电池电动汽车	混合动力电动汽车	燃料电池电动汽车
驱动方式	电机驱动	电机驱动 内燃机驱动	电机驱动
能量系统	蓄电池 超级电容器	蓄电池 超级电容器 内燃机发电单元	燃料电池
能源和基础设施	电网充电设施	加油站 电网充电 设施（可选）	氢气 甲醇或汽油 乙醇
主要特点	零排放 续驶里程短 100~200km 初期成本高 有销售	很低排放 续驶里程长 依赖原油 结构复杂 有销售	零排放或超低排放 能源效率高 依赖原油 （如用原油提炼氢氧） 续驶里程较长 成本高、研发中
主要问题	蓄电池和蓄电池管理 充电设施	多能源管理 优化控制 蓄电池评估和管理	燃料电池 燃料处理器 燃料系统

国外著名汽车公司都十分重视新能源汽车电池技术，世界发达国家不惜投入巨资进行研究开发，以此来推动新能源汽车的发展。美国目前正在大力研制和推广使用燃料电池新能源汽车和纯新能源汽车，政府能源部与通用、福特和戴—克三大汽车制造商在联合开发燃料电池新能源汽车。

先进新能源汽车技术进入主流市场，将具有以下一般特点：

第一，可以使用现有的基础实施，或者与现有技术配套的技术，将最有可能采用较快的市场进入与扩散速度，进而获得较大的市场份额，且由于新能源汽车的特殊性，必须在大范围内建立充电站使新能源汽车能够快速获得市场的认可，此为基础资源的带动作用。

第二，要成为市场的主流，新能源汽车的生产成本必须随着技术的突破或者市场实践的增加出现大幅下降，这需要政策的强力支持去启动学习过程，此阶段需要政府机构、大学、行业协会及生产商投入大量财力与人力，制订长远的电动技术发展计划。

第三，市场化初期，由于受到新能源汽车的购买成本较高和性能较内燃机汽车低，市场认同度不高等影响，开拓市场将十分困难，此时需要政府从生产销售环节和流通环节大力扶持引导才能使新能源汽车得到稳步的发展；但是必须注意的是，只有充分竞争后存留下的技术才是最有生命力的技术，政府不应去"确定"或"选择"某种技术路线，市场的自由竞争自然会留下最适合的技术。总体来讲，政府的作用是战略上引导，技术上自由发展。

2. 上海新能源汽车产业发展概况

2011 年 5 月，中国新能源汽车销量为 3226 辆，累计销量为 14250 辆，同比累计增长 32.61%。其中新能源客车累计销量为 11190 辆，同比累计增长 38.35%，累计销量占新能源商用车累计销量的 78.53%。新能源客车在新能源汽车商业化推广中的主力地位正在逐步确立。

从各客车车型燃料的比例来看，除传统柴汽油外，天然气占绝大部分比例，占 1~5 月客车总体累计销量的 62.34%。其次为汽油天然气和混合动力，销量分别为 2747 辆和 579 辆，所占市场份额分别为 24.55% 和 5.17%。纯电动客车 1~5 月累计销量为 312 辆，比同期累计增长 20.93%。其中汽油天然气可以说是有突破性的增长，增长幅度达到 434.44%，如图 7-1 所示。

早在 2005 年，上海的研发重点瞄准的是氢动力汽车。当时发现虽然氢燃料汽车能实现可循环和零污染，但由于制氢储氢技术一时难以解决，大规模产业化可能还要等相当一段时间。上海新能源汽车在徘徊中发现，相比混合动力车、纯电动车的产业化则更简便易行。而此时，国内外研发新能源汽车已风生水起。回首上海企业和高校研发新能源汽车，我们不难发现，上海虽然起步较早，却赶了个晚集。所幸，上海的研发方向及时调转车头，并适时提速。

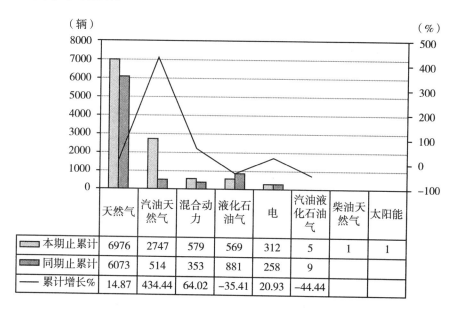

	天然气	汽油天然气	混合动力	液化石油气	电	汽油液化石油气	柴油天然气	太阳能
本期止累计	6976	2747	579	569	312	5	1	1
同期止累计	6073	514	353	881	258	9		
累计增长%	14.87	434.44	64.02	-35.41	20.93	-44.44		

图 7-1　2011 年 1~5 月新能源客车分燃料类型销量情况统计

2009 年 5 月，上海市政府在新能源汽车产业布局方面再出重拳。在推出《新能源汽车购买优惠补贴》的征求意见后，新能源汽车被列入上海推进高新技术产业化聚焦的 9 个重点领域之一。上海新能源汽车产业将以油电混合动力汽车和高性能纯新能源汽车为主攻方向，同步支持燃料电池汽车，以"电池、电机、电控"等关键零部件为突破口，加快形成国内领先、具有国际竞争能力的自主产业体系和产业集群，并且提出纵横结合，加强产业链建设，加大政策支持力度。

（1）汽车需求量逐年稳定增长。

据上海市新能源汽车推进办项目主管方面信息得知，2006~2010 年，上海市私人买车一直保持 20%以上的年增长率。上海市统计局调查报告显示，2010 年在上海的民用车辆中，个人汽车拥有量增长较快。2010 年年末，上海个人车辆拥有量 229.83 万辆，比上年增长 9.2%。在车辆购置税收优惠等多种鼓励汽车消费的政策引导下，上海市对于汽车的需求量保持在高位增长，当相应条件成熟之后，这无疑为新能源汽车的推广创造了有利的本土市场。

（2）世博会为新能源汽车运行实践提供了平台。

上海世博会期间，按照"部市合作"会议精神，在科技部的大力支持下，上海市政府组织各方专家制定了千辆级《世博新能源汽车应用展示方案》。示范车辆共计 1006 辆，其中混合动力车 500 辆、纯新能源汽车 306 辆、燃料电池汽车 200 辆。这些示范车辆包括对已有的新能源车辆的改造以及新增的新能源车辆，主要有上汽集团、上海通用、一汽集团和上海燃料电池汽车动力系统等企业提供新能源车辆的整车和动力平台。

500 辆混合动力汽车中 150 辆为混合动力大巴，用于中心城区公交线路；350 辆为混合动力轿车，用于城市出租车；338 辆纯新能源汽车，其中 120 辆纯电动大巴用于西藏南路隧道的越江公交线路；78 辆超级电容大巴用于 11 路和浦明公交线路；150 辆纯电动特种车作为安保等工作用车；196 辆燃料电池汽车，包括 6 辆燃料电池大巴、90 辆燃料电池轿车和 100 辆燃料电池观光车。6 辆燃料电池大巴用于园区内浦明线公共交通；100 辆燃料电池观光车用于与浦明公交线路平行的 2 条高架步道线路，为行人提供辅助交通服务；90 辆燃料电池轿车为世博会贵宾提供接待服务。

为满足车辆运行的基础设施需求，新建世博园区内纯电动大巴充电站 1 座、园区内超级电容大巴充电站 9 座；在世博园区周边济阳路新建 1 座加氢站和 2 座移动加氢站，同时改造原有安亭固定加氢站 1 座。氢燃料来源采用上海焦化有限公司经提纯后的工业副产氢，并进一步扩大产能。为保障燃料电池车辆运行，在世博园区内西营路、浦东加氢站附近济阳路停车场以及安亭基地黄渡新建三处保养基地，分别为 100 辆观光车、50 辆轿车和 6 辆大巴、40 辆轿车和 4 辆大巴提供停车维护保养。

（3）新能源汽车产业链的部分环节已形成自己的自主品牌。

上海神力科技有限公司成立于 1998 年 6 月，主要从事 PEMFC 技术开发，是以氢质子交换膜燃料电池技术、全钒液流储能电池技术研发和产业化为发展目标，是目前中国燃料电池技术研发和产业化的领先者，也是国家科技部重点培育、上海市各级政府重点支持的民营新能源高科技企业。其通过十多年自主创新研发的高、低温燃料电池技术已具有世界先进水平，并拥有完全自主知识产权，是目前中国燃料电池技术研发和产业化的领先者。目前燃料电池汽车所使用的燃料电池大多由神力科技公司提供，在奥运会和世博会期间，神力科技公司是主要的燃料电池供应商。

3. 上海新能源汽车产业成长影响因素

（1）通过产品开发和自主设计形成自己的技术能力。

随着各国对新能源汽车产业发展的重视，各大汽车企业均已涉足新能源汽车的开发。上海也有一批土生土长的企业在这个大潮中崛起并成长，其中有涉及零部件和整车等，并取得了很大的成绩。

神力科技公司为了能在燃料电池方面实现完全自主创新，公司下设技术研发部、电子控制部、机械工程部、产品部、三维模拟设计室、催化剂实验部、行政办公室、市场战略部等部门和机构。公司研发与工作人员近100人，占其总员工数的1/3以上，学科横跨电化学、化工工程、机电、自动控制、机械制造等，在技术、人才、生产、产品销售及应用配套等方面为燃料电池产业化打下了坚实的基础。其从国家能源安全与环境保护战略高度以及实现我国汽车工业、清洁能源工业跨越式发展的要求出发，积极创新，自主开发研制成功常压运行的燃料电池，走出了一条创新之路，截至2010年12月31日，上海神力科技有限公司已申请国内外燃料电池技术相关专利343项，其中发明专利174项；累计获得专利授权304项，其中发明专利126项，包括美国专利4项。为燃料电池新能源汽车的发展提供了很大的技术支撑。

（2）企业技术能力在社会组织网络中积累。

神力科技与同济大学、清华大学等院校及研究机构建立了"产学研"一体化合作体系，与各大客车制造厂建立联动研发体系，共享技术成果，共同拓展潜在市场。神力科技生产的20多台燃料电池轿车发动机、燃料电池客车发动机，分别安装在同济大学"超越"系列燃料电池轿车和清华大学"清能"系列，以及与全国各大客车制造厂，如上汽申沃、上海申龙、北汽福田、苏州金龙、安徽安凯等合作生产的燃料电池城市客车上。"创新一号"、"神凯一号"、"神力一号"——这些自主研发的燃料电池城市客车已经相继问世。目前，我国所有正在路跑实验的国产燃料轿车、城市客车全部装载了上海神力科技有限公司的燃料电池发动机。

（3）政府提供新技术产品的示范平台和前期共性技术的资助。

神力公司获得多项重大科研成果的主要原因之一是有政府的科研攻关经费大力支持，例如，国家"863"计划PEM研究经费150万元；国家"九五"科技攻关计划30KW PEMFC项目经费300万元；研制5KW PEMFC和可移式5KW PEMFC样机时先后得到上海市科委两次120万元的配套经费资助；另外，神力公司还参与了国家"十五"科技攻关计划、"863"重大专项"PEMFC电动车"项目、"中国—意大利氢能技术合作项目"、"中国—欧洲新材料技术合作项目"等，这些项目的支持在很大程度上解决了神力科技研发资金不足的问题。

（4）本土市场的开拓。

当地市场的需求将为新能源汽车产业的成长提供健康的市场环境。目前新能源汽车产业发展速度较慢，很大的一个因素是本土市场驱动力不强。

1006辆新能源汽车在世博园区示范应用，形成了全世界最大规模、最长时间、最复杂情况、最大负荷的应用示范案例。成功运行为新能源汽车的商业化推广奠定了基础。但目前上海市新能源汽车的主要用户是公共交通，如825路公交车车队拥有20辆纯新能源汽车。在嘉定国际汽车城，私人购买新能源汽车领域虽然也已"破冰"，但目前只有少辆为私人购买。消费者比较关心的是购车成本、消费成本、安全性、基础设施配套情况等，随着购车补贴政策的出台，新能源汽车购车成本依然较高，去除补贴后其价格仍然是同等性能传统汽车的2倍多，上海首批出售给私人的纯新能源汽车，主要是中科力帆的620、奇瑞的S18、众泰2008EV与比亚迪F3DM等四种车型，平均价格超过20万元，其中F3DM价格最低，裸车为16.98万元。上海每年的汽车需求量在高位增长，但对新能源汽车的需求却不够乐观，这严重影响了新能源汽车产业成长的步伐。

（5）产业政策的全方位跟进。

国家和地方政府为推动新能源汽车产业的发展，制定了一系列的扶持与购车补贴优惠政策，为新能源汽车产业的成长提供了良好的外部政策环境。

首先是国家层面的政策。2001 年，我国启动了"863"计划新能源汽车重大专项，涉及的新能源汽车包括 3 类：纯电动、混合动力和燃料电池汽车，并以这 3 类新能源汽车为"三纵"，多能源动力总成控制、驱动电机、动力蓄电池为"三横"，建立"三纵三横"的开发布局。自 2004 年起，在国家的长远规划和能源政策中，新能源汽车产业和技术的发展被多次强调。2004 年国家发展和改革委员会发布的《汽车产业发展政策》中就提到：要突出发展节能环保、可持续发展的汽车技术。从 2005 年开始，我国政府出台了优化汽车产业结构，促进发展清洁汽车、新能源汽车政策措施，明确了 2010 年新能源汽车保有量占汽车保有量的 5% ～ 10%；2030 年新能源汽车保有量占汽车保有量 50% 以上的发展目标。为完成上述目标，国家"863"计划节能与新能源汽车重大项目确定北京、武汉、天津、株洲、威海、杭州 6 个城市为新能源汽车示范运营城市。2006 年财政部针对实施新消费税政策时，明确规定：对混合动力汽车等具有节能、环保特点的汽车将实行一定的税收优惠。我国从 2007 年起开始通过国家"863"计划组织力量研发新能源车，投入 20 多亿元。2007 年 11 月 1 日起，《新能源汽车生产准入管理规则》正式开始实施，对新能源汽车进行了定义。此规则还对新能源汽车的生产企业资质、生产准入条件以及申报要求等内容作了具体的规定。2007 年 12 月 18 日，国家发展和改革委员会发布了《产业结构调整指导目录（2007 年本）》。在新目录中，引人关注的一条就是：在 2005 年版《征求意见稿》中还处于汽车鼓励类的"先进的轿车用柴油发动机开发制造"一项内容，在新目录中被删除，说明国家发展和改革委员会已不再鼓励发展柴油轿车；而新能源汽车正式进入国家发展和改革委员会的鼓励产业目录。《指导目录》显示，压缩天然气、氢燃料、生物燃料、合成燃料、二甲醚类燃料以及灵活燃料汽车和混合动力汽车、新能源汽车、燃料电池汽车等新能源汽车整车,以及燃料电池及电催化器、电极、复合膜和双极板等电池关键材料,质子交换膜等关键零部件的开发及制造,都已列入了国家鼓励范围,享受鼓励政策。在 2008 年北京奥运会上,科技部组织相关国内汽车厂商,共向奥运会提供各类节能与新能源汽车 500 辆左右,这些车辆均属国家"863"计划支持研发的自主创新产品,在产品性能、可靠性和安全性等方面均具有良好基础。2009 ~ 2010 年新能源政策如表 7 - 4 所示。

表 7 - 4   2009 ~ 2010 年新能源政策一览

时间	措施	要 点
2010.04	工业和信息化推出电动车"国家标准"	《电动汽车传导式充电接口》、《电动汽车充电站通用要求》、《电动汽车充电池管理系统与非车载电机之间的通信协议》和《轻型混合动力电动汽车能量消耗量试验方式》4 项标准通过审查成为电动车国家标准
2010.03.24	工业和信息化部与六车企就新能源汽车路线达成共识	T10 峰会上,工业和信息化部最终同国内六大企业达成共识、无论电动车、混合动力车,还是包括以甲醇、天然气、乙醇等为燃料的传统汽车,只要能够达到节能的目的,国家都将给予政策支持
2009.12.09	新能源汽车示范推广试点城市范围扩大	将节能与新能源汽车示范推广试点城市由 13 个扩大到 20 个,选择 5 个城市对私人购买节能与新能源汽车给予补贴试点
2009.07.01	《新能源生产企业及产品准入规则》正式实施	与 2007 年发改委出台的《新能源汽车生产准入管理规则》相比,如文件标题所示,新规则在新能源汽车产品的准入管理方面进行了规定,并且对于生产企业的准入做了一些细小的修订
2009.05.06	国务院安排 200 亿元资金支持技改	国务院决定以贷款贴息的方式,安排 200 亿元资金支持技改,包括"发展新能源汽车,支持关键技术开放,发展填补国内空白的关键总成"
2009.03.20	《汽车产业调整和振兴规则》出台	提出未来 3 年新能源汽车形成 50 万辆产能,占乘用车销量的 5%,推动新能源车及关键零部件产业

时间	措施	要　　点
2009.02	《节能与新能源财政补助管理暂行办法》出台	公共服务用乘用车和轻型商用车混合动力车（节油起码比传统汽车高 5% 以上）最低补贴 4000 元，最高补贴 5 万元，纯电动乘用车和轻型商用车补贴 6 万元，燃料电池乘用车和轻型商用车的补贴最高为 25 万元
2009.01.23	《新能源汽车示范推广通知》出台	计划用 3 年时间，每年发展 10 个城市，每个城市推出 1000 辆新能源车；对 13 个城市公共服务领域购买新能源车给予定额补助，HEV 最高补贴 5 万 ~ 45 万元
2009.01.14	国务院原则通过汽车产业振兴规则	首次提出新能源汽车战略，安排 100 亿元支持新能源汽车及关键零部件产业化

总的来讲，我国对于新能源产业实施的政策自 2006 年开始，衔接较好，但在生产研发方面的资金投入远大于消费鼓励方面。

其次是上海市政府层面的政策支持。上海作为新能源汽车示范城市之一，根据自身情况，上海市为加快提升上海新能源汽车产业的自主创新能力和产业竞争力，优化上海新能源汽车产业的创新发展环境，发挥新能源汽车产业对上海经济发展的重要支撑作用，由市发展改革委、市经济信息化委在 2009 年制定了《关于促进上海新能源汽车产业发展的若干政策规定》。此规定从基础设施建设、零部件研发、整车设计和采购的角度设置了具体的资助与优惠政策，并鼓励各区县政府制订扶持政策，设立区级新能源汽车产业发展专项资金，完善研发、检测、服务等公共服务平台。

据了解，将由上海市发改委牵头制订《上海市私人购买新能源汽车补贴试点实施方案》，规定私人购车补贴标准为：上海将在国家补贴基础上，按 2000 元/千瓦时给予补贴。插电式混合动力乘用车最高补助 2 万元/辆；纯电动乘用车最高补助 4 万元/辆。结合中央财政按 3000 元/千瓦时的补贴标准，上海在售的插电式混合动力乘用车最高补助 7 万元/辆；纯电动乘用车最高补助 10 万元/辆。此外，上海市对配套设施的设备投资将给予不超过 20% 且不超过 300 万元的资金支持，融资方式所发生的贷款利息给予贴息支持（不超过 3 年）。

为了响应市政府的号召并发挥嘉定区国际电动车示范城市的作用，嘉定区在 2011 年制定了如下扶持政策。在资金扶持方面，嘉定将设立不少于 10 亿元的新能源汽车产业发展专项扶持基金；在税收优惠方面，对重点支持领域的新能源汽车及关键零部件研发、生产和总部企业，在新能源汽车及零部件生产中产生的所得税、增值税及个人所得税等区地方财力实得部分，给予企业前两年全额扶持、后三年减半扶持的政策；在品牌创建方面，对于国家级和市级品牌的新能源汽车企业，给予最高 100 万元的奖励；在政府采购方面，争取到 2012 年，区镇两级政府采购公务用车中新能源汽车所占的比重达到 30% 以上，政府资金支持采购的公交、通勤、邮政、环卫等行业新能源汽车占新购总数达到 30% 以上；在人才引进方面，对新能源汽车企业中的优秀人才，优先享受市场价六折的购房政策或每月租房补贴政策，对于符合国家"千人计划"条件的优秀人才，引进后给予一次性 100 万元的创业资助资金。

与发达国家大力推广新能源汽车所制订的政策相比，我国主要直接针对技术研发与拉动需求制订相关政策，而缺乏严格的节能减排政策，美国最开始颁布的则是零排放政策。节能减排政策将能为加快新能源汽车产业的成长发挥很好的间接作用。

（6）基于产业价值链理论的新能源汽车产业成长分析。

新能源汽车产业价值链较长，其成长离不开各个环节的支持。只有当产业各价值链环节达到很好的协同效应时，这个产业才能更好地得以健康的成长。Porter（1985）在《竞争优势》中正式地提出了"价值链"的概念，认为价值链就是企业将原材料转变成最终产品的一系列价值活动。其中内部后勤、生产作业、外部后勤、市场和销售、服务是基本价值活动，而采购、技术开发、人力资源管理和企业基础设施等则是辅助价值活动，这两种价值过程相辅相成，就构成了企业价值创造的动态过程，这是从微观层面对价值链的理解。产业价值链是在企业价值链的基础上的扩张与整合。杜义飞和李仕明（2004）研究指出，产业价值链作为企业价值链的延伸，是一种创新的宏观组织形式。它打通了产业链中上下游企业的内部价值链环节，使各企业构成了一个相互依赖和协调的价值系统，可见要使整个行业正常运作，必须保证价值链的每个环节相辅相成，协作一致。

从现代制造业的产业价值链环节以及新能源汽车产业特有的价值链形式来看，新能源汽车产业价值链涉及电池、整车、充配电站等多个相关产业。由于新能源汽车产业与传统汽车产业的最大区别之处在于动力源泉不同，即电池的应用，并且要求电池具有体积小、储能密度大、质量轻、循环寿命长和无污染等优点，其他部件相对于传统汽车而言产量较小，对电池性能的高要求是制约新能源汽车产业发展的重要技术瓶颈，所以电池技术的发展是影响新能源汽车产业大规模商业化的关键点。目前国内外车企为了争取新能源汽车市场份额，均注重电池技术的发展，有的自己投巨资进行锂离子电池技术研发，有的与其他车企或专门的电池制造商合作研发。电力驱动装置将重塑汽车产业的价值链，新能源汽车产业价值链将从最为核心的电池技术展开，并逐步延伸至电气系统（驱动电机、控制系统）、整车（乘用车、客车）和上游资源领域（锂、镍、稀土）。具体价值链如图7-2所示。对于上海新能源汽车产业的发展，更应该从价值链的各个环节着手，以达到整个产业价值链之间的协同效应，更好地促进新能源汽车产业的成长。

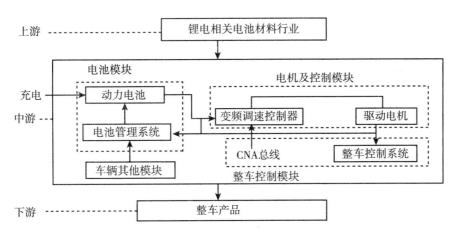

图7-2 汽车产业链构成

注：CAN，全称"controller Area Nerwork"，即控制器局域岗。

综观上海新能源汽车产业的成长，已经具备了一定的专业化分工基础，有专门的电池、电机开发公司，也有自主品牌的整车公司，专业化分工有利于关键技术的突破。再加上相关产业发展的支持，如加快基础设施产业的发展等，还有政府政策的引导与鼓励，政府政策不仅惠及此产业的各价值链环节，还惠及了相关产业以及最终用户，这极大地促进了新能源汽车产业的成长。

7.2

新能源汽车产业商业模式创新的必要性

新能源汽车推广是汽车产业升级和结构转型的关键，也是提高国家和城市竞争力、打造低碳环保城市的重要途径之一。我国新能源汽车的发展起步于 20 世纪 80 年代，其中，新能源汽车的研究开发是最早的。2000 年国家制定了"十五"发展规划，并颁布了《汽车产业政策》，明确要求汽车工业在"十五"期间"推动新能源汽车，混合动力汽车的研究和开发，加快代用燃料汽车的推广使用，促进汽车工业实现跨越式发展"。2001 年，国家启动了"863"计划新能源汽车专项，此专项涉及的新能源汽车包括纯电动、混合动力和燃料电池三类，以此形成"三纵"；另外，多能源动力总成控制、驱动电机、动力蓄电池形成"三横"，即建立了"三纵三横"的开发布局。2006~2007 年，"三纵三横"的新能源汽车产业格局开始显现：自主研制的纯电动、混合动力和燃料电池三类新能源汽车整车产品相继问世；混合动力和纯电动客车实现了规模示范；纯新能源汽车实现批量出口；燃料电池轿车进入世界先进行列。2009 年财政部、科技部发出了《关于开展节能与新能源汽车示范推广试点工作的通知》，确定北京、上海、重庆、长春、大连、杭州、济南、武汉、深圳、合肥、长沙、昆明、南昌等 13 个城市作为新能源汽车示范试点城市。2010 年 7 月，中国将十城千辆节能与新能源汽车示范推广试点城市增至 25 个，新能源汽车的政策扶持力度进一步加大。

我国相对于发达国家，虽然对于汽车整个行业来说，发展相对较晚，但对于新能源汽车的发展来说，与传统汽车产业的发展相比，国内此产业的发展与国外相比差距相对较小。由于我国对于新能源汽车产业的发展一直予以关注，目前已经具备了一定的产业基础，如拥有相当比例的汽车专业研发人才、已经建有一定数量的产业发展配套基础设施等，这为新能源汽车产业在未来的快速成长奠定了根基。由于汽车行业具有产业链长、关联度高等特点，在经济危机过后汽车制造业的强劲增长，直接带动了我国精品钢材制造业、橡胶制品业、通用设备制造业、电气机械及器材制造业等相关行业和企业的复苏，有力地带动了我国工业经济整体平稳回升。同时由于自然能源储备的限制，可预见的现有生产模式由于此原因必然会发生很大变化，即汽车的动力系统逐步向包括现有混合动力系统在内的其他动力系统发展。但目前这一产业还处于生产试运营阶段，对经济、就业及税收的拉动力还未能显现。下面将具体分析我国新能源汽车产业发展的现状、存在问题以及进行商业模式创新的必要性。

7.2.1 新能源汽车产业发展现状

据中国汽车工业协会统计，2010 年我国汽车产销分别达到 1826 万辆和 1806 万辆，同比均增长 32.4%；产销再创新高，刷新全球历史纪录。小排量乘用车继续保持较快增长。全年乘用车产销分别为 1390 万辆和 1376 万辆，同比分别增长 33.8% 和 33.2%。1.6 升及以下排量乘用车受政策影响最为明显。2010 年 1.6 升及以下乘用车销量为 946 万辆，同比增长 31.8%，占乘用车总销量的比重为 68.8%，比 2009 年下降 0.9 个百分点。随着消费者对购置税优惠政策退出的预期，四季度销售火爆，其中 11 月、12 月市场份额均超过 70%。自主品牌市场份额有所提升。2010 年，自主品牌乘用车销售 627 万辆，同比增长 37.1%，高于全行业增速 4.7 个百分点，占乘用车销售总量的 45.6%，比上年提高 1.3 个百分点；自主品牌轿车销售 293 万辆，同比增长 32.3%，占轿车销售总量的 30.9%，比上年提高 1.2 个百分点。

1. 新能源汽车产业研发资源丰富

研发人员稳定增长。通过对我国部分科研机构从业人数的统计，可以看出，最近几年从事汽车研发的人员逐年上升，与 2005 年 2.23 万人相比，2009 年从业人数达到了 14.65 万人，年平均增长率将近 112%，可谓是增长迅速（见图 7 – 3）。

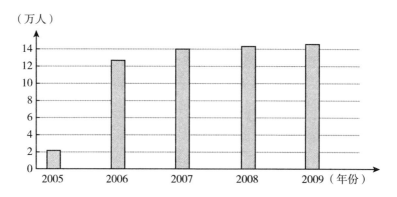

（万人）

图 7 – 3　中国汽车工业 2005 ~ 2009 年部分科研结构从业人数

研发经费逐年增加。汽车工业一直是我国的重点扶持产业，国家及各级地方政府为了实现汽车产业结构升级，提高我国汽车产业的国际竞争力，而不断加大对这个产业的研发投入。我国新能源汽车产业将主要沿着混合动力汽车——纯新能源汽车——燃料电池汽车的路线进行发展，目前是以油电混合动力汽车和高性能纯新能源汽车为主攻方向，同步支持燃料电池汽车，以"电池、电机、电控"等关键零部件为突破口，加快形成具有国际竞争能力的自主产业体系和产业集群，并且提出要纵横结合，加强产业链建设，加大政策支持力度。同时我国汽车制造商和零部件制造商也积极响应国家政府的号召，加大了研发投资力度，研发经费支出逐年增加，2009 年汽车制造业规模以上企业研发投资金额为 263.3 亿元，与 2008 年相比，增长 26.5%。但由于 2008 年受金融危机的影响，汽车行业研发经费支出占营业收入的比重有所下降，2009 年又呈现出快速上升的趋势（见图 7 – 4）。

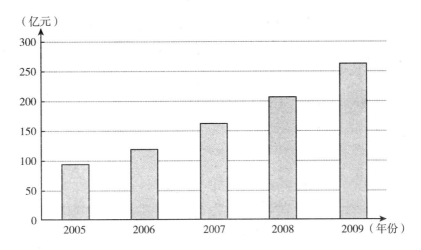

图7－4　我国2005～2009年汽车行业研发经费支出情况

资料来源：中国汽车工业年鉴。

2. 新能源汽车产业生产与消费环节

（1）生产环节。

首先，新能源汽车生产企业数量增加。截至2010年年底，共有54家汽车生产企业的190个车型列入《节能与新能源汽车示范推广应用工程推荐车型目录》，2010年，以上车型年产量为7181辆。

其次，新能源汽车产业链整合呈现出新特点，新能源汽车产业联盟陆续成立。2009年3月，国内第一个新能源汽车产业联盟——北京新能源汽车产业联盟成立。这个联盟整合了国内新能源领域的优势资源，包括整车企业、零部件企业、科研院所以及终端用户等；联盟由北汽控股公司、北京公交集团、北京理工大学等单位共同发起，目前已有美国伊顿公司、中信国安盟固利公司、ZF传动技术有限公司等50余家企业以及清华大学、复旦大学、同济大学等多家院校成为联盟理事单位。

最后，产业集中度进一步提高。本书所采用的汽车行业集中度CR_4是指行业中规模最大的前4位企业的市场销量份额占整个行业的比重。根据每年汽车工业协会出版的汽车工业年鉴中公布的数据可以计算得出我国最近几年的汽车行业集中度。从图7－5中可以看出，2006～2010年我国汽车行业集中度总体上具有明显升高的趋势。

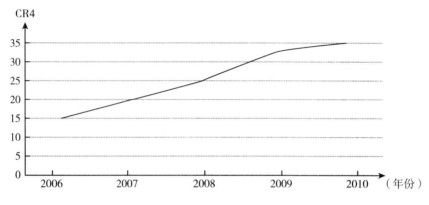

图 7 - 5 我国 2006～2010 年汽车行业集中度（CR₄）

资料来源：根据《中国汽车工业年鉴》整理所得。

汽车产业属于典型的规模经济递增的行业，而产业集中度这一指标能够有效反映一个行业的垄断和竞争程度，贝恩依据产业前四位的行业集中度指标，对不同垄断、竞争结合程度的产业市场结构进行了分类，如表 7 - 5 所示。

表 7 - 5   产业集中度（CR₄）与市场结构关系表

市场结构	CR₄（%）
寡占 I 型	$85 \leqslant CR_4$
寡占 II 型	$75 < CR_4 < 85$
寡占 III 型	$50 < CR_4 \leqslant 75$
寡占 IV 型	$35 < CR_4 \leqslant 50$
寡占 V 型	$30 < CR_4 \leqslant 35$
竞争型	$CR_4 \leqslant 30$

从发达国家汽车产业发展的经验来看，汽车产业市场是典型的寡占市场结构，具有规模经济效应的行业之一，并且由于这个产业固定资产投资较大，因此具有相对较高的进入壁垒，其产业的组织形式应该向寡占 II 型发展。从图 7 - 5 可以看出，我国最近几年的汽车产业市场集中度虽然处于

上升阶段，但汽车行业的市场结构并没有变，而且距离寡占Ⅲ型市场结构
还有一段距离，这将影响汽车行业的规模经济效应的发挥。

（2）消费环节。

我国私人领域汽车保有量不断增长。2010 年年末全国民用汽车保有量
达到 9086 万辆（包括三轮汽车和低速货车 1284 万辆），比上年末增长
19.3%，其中私人汽车保有量 6539 万辆，增长 25.3%。民用轿车保有量
4029 万辆，增长 28.4%，其中私人轿车 3443 万辆，增长 32.2%。

在汽车保有量不断增长、国家和各地方政府不断出台鼓励消费者购买
新能源汽车的补贴政策的同时，我国新能源汽车在 2011 年也获得了重要突
破：2011 年 5 月，中国新能源汽车销量为 3226 辆，累计销量为 14250 辆，
同比累计增长 32.61%。其中新能源客车累计销量为 11190 辆，同比累计增
长 38.35%，累计销量占新能源商用车累计销量的 78.53%。新能源客车在
新能源汽车商业化推广中的主力地位正在逐步确立（见图 7-6）。从各客车
车型燃料的比例来看，除传统柴汽油外，天然气占绝大部分比例，占 1~5
月客车总体累计销量的 62.34%。其次为汽油天然气和混合动力，销量分别
为 2747 辆和 579 辆，所占市场份额分别为 24.55% 和 5.17%。纯电动 1~5

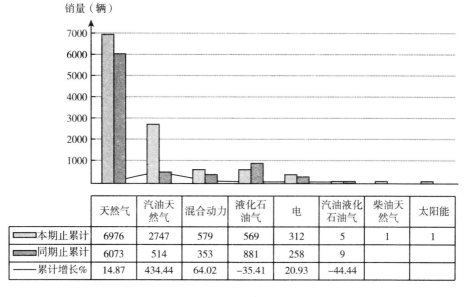

	天然气	汽油天然气	混合动力	液化石油气	电	汽油液化石油气	柴油天然气	太阳能
本期止累计	6976	2747	579	569	312	5	1	1
同期止累计	6073	514	353	881	258	9		
累计增长%	14.87	434.44	64.02	−35.41	20.93	−44.44		

图 7-6　我国新能源客车 2011 年 1~5 月分类型销量情况

月累计销量为312辆，比同期累计增长20.93%。其中汽油天然气可以说是有突破性的增长，增长幅度达到434.44%。并且据工信部最新数据显示，截至2011年7月，25个试点城市节能与新能源汽车总保有量超过1万辆。

3. 配套基础设施建设稳步进行

自新能源汽车成为我国重点扶持的新兴产业以来，充电站建设一直备受关注。汽车行业和能源行业抛弃了新能源汽车和充电站是"先有鸡还是先有蛋"的争论，加大了充电站建设的速度，从而引发了争夺中国新能源汽车充电站未来庞大市场的浪潮。各省市为了加快新能源汽车的推广，加大对充电设施的投资力度，纷纷对充电设施的建设数量做出了具体规划（见表7-6）。并且，随着政府新能源汽车鼓励政策的推出、将千亿元资金投入新能源汽车产业发展中，以及电动车产业联盟的逐个成立，电网公司与石油"三巨头"看准了充电站建设的发展商机，也竞相做出了各自的充电站建设规划（见表7-7），并在各地破土动工充电站建设项目，使新能源汽车充电站建设的竞争日趋白热化。

表7-6　　　　各省区市新能源汽车充电站建设规划

地区	规划时间	充电站建设数量（座）	充电桩建设数量（个）
北京	2010年	1	120
上海	未来初步计划	7~10	400
天津	2010年	5	100
深圳	2010~2012年	5~6	12750
重庆	2010年		50
山东	2010年	9	500
黑龙江	2010年	3	160
吉林	2010年	3	300
辽宁	2010年	4	300
陕西	"十二五"期间	73	1500
山西	2010~2020年	191	
甘肃	2010年	1	16

续表

地区	规划时间	充电站建设数量（座）	充电桩建设数量（个）
江苏	2010 年	18	
浙江	2010 年	6	500
江西	2010 年	1	150
四川	2010 ~ 2012 年	30 ~ 50	5000 ~ 10000
湖北	2010 年	16	300
云南	2010 年	1	150
安徽	2010 年	4	80
福建	2010 年	2	300
广西	2010 年	1	100

资料来源：http：//www.d1ev.com/special – Infrastructure.

表 7 – 7　　　国内几大企业充电站网络化建设情况

投资企业	充电站网络建设情况
中海油	与中国普天成立了合资公司，专门运营新能源汽车能源供给网络； 与众泰汽车签订了战略合作协议，2010 年年初将在中国 2 个以上省会城市启动投入纯新能源汽车充电站网络建设
中石化	利用中石化现有面积较大的加油、加气站改建成加油充电综合服务站； 采取"以油带电、油电结合"的发展运营模式，即以油品经营带动充换电业务，解决纯电动车充电站运营成本问题
国家电网	第一阶段 2009 ~ 2010 年，在 27 个省公司建设 75 座充电站和 6209 个充电桩，初步建成新能源汽车充电设施网络架构； 第二阶段 2011 ~ 2015 年，新能源汽车充电站规模达到 4000 座，同步大力推广建设充电桩，初步形成新能源汽车充电网络； 第三阶段 2016 ~ 2020 年，新能源汽车充电站达到 10000 座，同步全面开展充电桩配套建设，建成完整的新能源汽车充电网络
南方电网	只在深圳进行充电试点，并未全面展开充电站网络建设

资料来源：http：//www.d1ev.com/special – Infrastructure.

7.2.2　新能源汽车产业发展存在的问题

通过对上海市新能源汽车产业发展现状的分析，可以看出，在国家经济与信息委员会、财政部、上海市政府和市科委等部门的推动下，上海市新能源汽车产业的发展已经初步成形，目前已经具备了一定的研发实力并取得了一定的科研成果，与新能源汽车产业相配套的基础设施也在不断地发展。但新能源汽车在私人领域的推广还见效甚微。通过问卷调查发现，阻碍新能源汽车发展的因素主要有以下几个因素。

1. 技术瓶颈

国家新能源汽车生产准入强调三大核心技术：电机及电机控制器、电池及电池管理系统、整车控制系统。其中动力电池技术是全球新能源汽车所面临的一个共同技术难题，从铅酸电池、镍氢电池到锂电池，电池的比能量呈阶梯形提升，但纯电动车的续时里程仍然无法与传统汽车相比（从比能量和比功率的角度看）。因此，动力电池技术是新能源汽车面临的技术瓶颈。而电池技术作为新能源汽车产业技术体系的核心，与传统汽车相比是具有颠覆性的技术，对传统汽车制造商所拥有技术带来很大的冲击，因此也是制约新能源汽车发展的根本性技术。目前电池技术面临的问题主要是储能密度低、寿命短、安全指数不高、缺乏统一标准等。而电池技术创新是新能源汽车产业成长的关键因素，也是汽车产业价值链的初始环节（见图7－7）。新能源汽车的另一个关键技术问题（针对混合动力汽车），就是发动机管理系统的自主开发和应用。目前国内混合动力汽车的发动机主要是借用传统汽车的发动机，基本上是通过控制节气门开度来实现发动机和电机的动力混合（也包括发动机的启停技术），没有从根本上专门开发专用的混合动力汽车发动机控制系统。

首先，研发机构科技成果转化率低。从前面对汽车研发人员数的分析，可以看出上海具有丰富的汽车研发人才。而且凭借上海同济大学汽车学院、上海交通大学燃料电池研究所、上海通用泛亚技术研究中心等研究机构的研发实力，每年都有一批研究成果申报，但存在的主要问题是：一方面，科技成果转化率较低。《中国知识产权报》2009年5月27日报道《高校科技成果转化路在何方》，我国高校成果转化率平均不到20%，真正实现产业化的不足5%。另一方面，自主创新力度不够，目前很多技术还是靠引进与消化吸收。据世界新能源汽车协会主席陈清泉介绍，我国某些技术已经取得进步，在电机的理论、设计技术方面与外国是一样的，但由于缺乏积累，综合性技术和动力电池技术与国外还存在很大差距，仍需要加大研发力度。

其次，我国汽车企业研发经费投入不足。高盈利能力却并未给我们的车企带来更多的研发动力。根据 2010 年《全球整车和零部件企业研发投入排名》统计，在整车领域，我国有三家整车企业进入榜单：东风、上汽和比亚迪分列 19 位、21 位和 23 位。其中东风和上汽的研发投入排名要低于它们在"500 强"汽车行业里的企业排名。我国上榜的三大企业的研发投入总和为 43.4 亿元，仅为位列榜首的丰田汽车一年研发费用的 1/15，后者全年研发费用为 623.6 亿元。另一个数据也很能说明问题，那就是从销售额的占比角度来看，我们的汽车巨头们也远远落后于跨国巨头们，其中大众、通用、本田全年研发投入比重均在 5% 以上；丰田、福特、标致 2009 年研发投入比重均在 4% 至 5% 之间。而中国入围的三家企业中，最高的比亚迪也仅为 2.9%，东风次之，达到了 2.3%，而上海汽车仅为 1%。

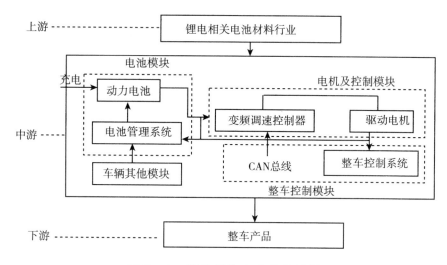

图 7-7　新能源汽车产业价值链

注：CAN，全称"Controller Area Network"，即控制器局域网。

2. 充电基础设施建设不健全

国家相应配套的基础设施如充电站应尽快普及，即使人们可以接受目前的纯电动车续时里程，充电站布局、数量等基础建设也需要配套到位。同时充电时间、充电接口标准化的问题等都需要解决。根据问卷调查结果，有49%的顾客认为配套设施不健全是影响新能源汽车产业化的原因。充电基础设施不健全主要体现在以下两个方面。

（1）充电设施规划布局合理化不足。部分城市未考虑充电设施的合理化布局，过于集中于某一小区域，而欠缺全局考虑，原因之一是充电设施投入成本高，建设数目有限。这一非合理化布局，将严重影响新能源汽车用户及时随处可以充电的便利性。例如，上海已经建成并投入使用的充电桩只有45个，并且大都位于安亭汽车城，其他地区充电桩数目较少，据了解漕溪路充电站目前只服务于公共部门，还未对私人用车充电开放，对于私家车充电大多只能选择在单位充电，这给新能源汽车用户造成了很大的不便。到目前为止，上海只有8辆新能源汽车归私人所有，可见新能源汽车充电设施布局不均严重阻碍了新能源汽车在私人领域的推广。

（2）新能源汽车充电站建设标准未统一。目前，因为新能源汽车各项标准不完善，充电站技术接口等标准也未能全部统一，业界现存三大标准：IEC标准、国家标准（未定）和国网标准。各电网公司按照各自的标准进行建设，可能造成部分设施的资源浪费，甚至会出现重复建设问题，许多已建成的充电站采用的是国外标准。势必导致我国充电站标准失去自主权，而新能源汽车的发展也将受制于人。此外，由于缺乏全面的统筹，已建成的新能源汽车充电站接口存在各不相同、互不通用的缺点。

3. 终端市场需求不足

对新能源汽车的需求，可以分为公共需求和市场需求。公共需求即政府、公共交通等部门对新能源汽车的购买需求行为；而市场需求的主体是个人消费者，个人消费者由于其对新能源汽车特性的需求特征将促进新能源汽车制造商不断增加自身产品的差异化与个性化，并且中国汽车市场的增长主要依靠内需的拉动，所以私人用户是决定新能源汽车未来主要发展方向和发展速度的客户群。新能源汽车只有进入私人消费的时代，这一产业才真正具备市场基础和发展的后劲。因此，国家和地方政府最近几年一直在试图以示范运营带动私人领域消费，从 2008 年的奥运会到 2010 年的上海世博会再到 2011 年的深圳大运会，每一次国际性的活动中都选择大量的新能源汽车作为交通服务工具，并且在全国进行大范围的公共交通工具示范，但截至目前，对私人领域新能源汽车消费增长的带动效应仍然不明显。

为此有学者对影响消费者购车需求的因素进行了研究，例如，T. Meyer 和 A. Clavel（2006）通过对影响法国消费者购买新车的因素进行调查发现，大部分购车者的偏好主要依赖于价格、耗油量和安全性。由于 2011 年 4 月杭州市出租车自燃和 2011 年 7 月上海市 825 路公交车自燃情况暴露出的电池技术稳定性欠佳，再加上充电设施建设不健全导致的充电不方便以及整车价格相对于汽车消费者之前的消费产品而言价格太高，Jonathan Murray 和 Nicholas Sarantis（1999）曾以英国汽车市场为研究对象，利用线性回归分析的方法，分析了汽车质量与用户成本以及用户高瞻远瞩的行为对汽车需求量的影响，他得出的结论是：即使在 1% 的显著性水平下，新车的价格对于需求都有很强的负面影响。由于新能源汽车目前还处于开发阶段，离市场化还有一段距离，还不能形成规模经济，即使有国家和地方出台的汽车消费政策的支持，由于研发成本高昂，新能源汽车的单位成本还是始终处于高位。Concawe 和 Eucar 以 2010 年传统汽车的成本为基础，对使用不同动力驱动系统的车辆的零售价格进行了详细的评价，发现混合动力汽车和燃料电池汽车的成本与传统汽车相比，分别高出 20% 和 100%。新能源汽车成本中电池占主要部分。据了解，电池可占去新能源汽车成本的近 2/3，一辆价值 15 万元的新能源汽车，其电池售价约为 8 万 ~ 9 万元。ADI 大中华区汽车电子商务经理李防震认为，新能源汽车的主要难点在于电池管理和电机控制系统。电池技术是新能源汽车的重要驱动力，亟待降低成本。并且据调查，有 52.4% 的用户认为阻碍新能源汽车产业化的原因是"新能源汽车价格高于同级别传统车型的价格"。

以上几种因素的综合作用致使很多潜在消费者一直持观望的态度。因此私人用户对新能源汽车的认知度还很低，初期消费者接受度也不高。从我国新能源汽车的销量数据也可以看出，我国新能源汽车还没有成功大规模地进军到私人领域。

从以上分析可以看出，目前新能源汽车产业发展的关键问题在于技术研发与充电服务两个方面。这两个环节位于微笑曲线的两端，是具较高附加价值的环节，也是我国制造业发展普遍薄弱的地方。

7.2.3 新能源汽车产业商业模式创新的必要性

新能源汽车产业与生物医药、新一代信息技术等虽然均属于新兴产业，但新能源汽车产业存在着与其他几个产业不同的特征，此产业价值链相比于其他新兴产业较长，主干价值链从上游的电池技术到中游的电池模块、电机与控制模块再到下游的整车产品，支链价值链部分还包括基础设施建设与充电、储能服务等。整条价值链涉及的环节较多，涉及的利益主体横跨多个领域，不仅包括零部件生产商和整车生产商，还包括各个研发机构、能源设施提供机构、专门的运营服务机构等。所以对于此产业，仅仅依靠某一环节的发展没办法满足整条价值链健康发展的需求，即使某一项关键技术取得突破性进展，如果没有其他相关环节的协同发展，其对产业成长的作用将被大大缩小，最终的产业成长效果将不明显。必须要有一个合理的管理方式来整合相关资源，将它们汇聚成具有较强竞争能力的并能使产业持续发展的集合，以更好地发展资源的协同效应。新能源汽车产业已经具备了一定的发展基础，所以商业模式创新势在必行。

管理大师德鲁克说过："当今企业之间的竞争不是产品间的竞争，而是商业模式之间的竞争"。前时代华纳首席执行官迈克尔·邓恩也说过："相对于商业模式而言，高技术反倒是次要的。在经营企业的过程中，商业模式比高技术更重要，因为前者是企业能够立足的先决条件。"可见决定一个企业或产业成长的因素不能仅仅依靠技术创新，商业模式创新也同等重要，它是决定一个企业或产业持续发展的动力。商业模式创新与技术创新并不是相悖的关系，而是相互促进的，技术创新导致新能源汽车技术的产生，此技术具有颠覆性，要使其产业化，需要商业模式的创新；商业模式创新利于新能源汽车技术价值的实现，同时又有助于技术的不断完善和研发成本的降低，促进新能源汽车技术趋于稳定和价格下降，增强消费者的接受程度，扩大产业化范围，是整条价值链上的各个环节实现资源利用最优化，同时利益相关者实现其追求的利益最大化。所以上海市新能源汽车商业模式创新会受利益相关者追求利润最大化动机的驱动，同时也还受下面两个因素驱动。

1. 新能源汽车技术驱动

技术创新是产业不断成长、产业结构不断优化的支撑条件之一，新能源汽车技术与传统汽车技术相比，具有一定的颠覆性，如纯新能源汽车不再使用内燃机技术，而采用电池技术。然而任何事物的存在都有其合理性，一项新技术的出现就意味着终究要实现其自身的价值，对于新能源汽车技术而言，就是实现市场化，在汽车市场上与传统汽车技术进行竞争，最终占有一席之地。目前我国新能源汽车关键技术研发已经取得了一定的成绩，研发出来的新能源汽车完全可以满足城市的市民日常上班和短途旅行对距离的需要，但根据新能源汽车销量来看，市场推广进展却并不像想象中那么理想，而且差距很大。如果技术能完全决定新能源汽车产业的成长，那么新能源汽车应该是市民们的优先选择，但现实中明显不是，可见这已不仅仅是技术创新本身的问题，而应该是创新性技术的市场化问题，新能源汽车技术的市场化需要商业模式创新。

2. 经营环境驱动

在物价上涨的背景下，传统能源价格的持续上涨对消费者的日常出行来说更是雪上加霜，并且在未来几年传统能源的价格还没有回落的趋势。Shahriar Shafiee 和 Erkan Topal（2010）在几何布朗运动、均值回归、随机价格预测模型和均值回归跳跃扩散模型等用于对未来商品价格预测的模型基础上提出了一个新的模型，即带跳动和倾角的长期趋势回归模型，并根据此模型对 2009 ~ 2018 年化石燃料的价格进行了预测。结果发现石油、天然气和煤的价格在接下来的两年中是跳动的，之后将回归到直线式上涨的趋势，将一直持续到 2018 年。传统能源价格的持续走高无疑促使目前的汽车消费者和潜在的汽车消费者把注意力转向新能源汽车。

国家和上海市政府对节能减排的倡导，出台一系列补贴政策鼓励人们选择低碳排放车辆，并且各大车企依据形势变化都在投资新能源技术的研发，目的在于掌握核心技术，争夺利益的制高点，这为新能源汽车产业的成长创造了条件。但由于整车制造企业怕利润完全流向价值链的上游，也在加大技术研发投资，而不是选择与上游企业合作，导致技术研发企业数量增加，市场竞争加剧，从而出现研发资源的浪费，不利于新能源汽车产业的成长。

3. 绿色消费观念驱动

随着人们生活水平的提高，人均收入也越来越高，然而当消费层次达到一定高度时，消费者对物质生活就会产生越来越高的要求，而不再是仅仅满足于当前的消费情况，并开始对目前的主导消费提出质疑，他们会更多地考虑如何改善当前状况，选择绿色食品、选择绿色交通工具。绿色交通工具的使用不仅引领这个时代的时尚，是这个时代的象征，也是消费者改善自身生活环境的行为。为了自身利益的改善，新能源汽车作为绿色交通工具之一，也无疑会成为人们未来的优先选择对象。

7.3

新能源汽车产业商业模式创新路径与评估

世界电动车协会主席陈清泉认为，在中国新能源汽车要实现量产，必须做到"三好"。一是要有好的产品，性能好、价钱合理、系统集成优化。建议通过产业联盟的形式，降低产品成本。二是要有好的基础设施。方便、高效、人性化的充电模式。主张以慢速充电为主，尽量用晚上的低峰电，结合智能电网。三是要有好的商业模式。电力公司、电池厂、整车厂各方分摊风险，利益共享。目前各个地区都在寻找合适的商业模式以推动新能源汽车产业化。对于商业模式创新的必要性不再赘述，但是针对前面提出的新能源汽车产业发展存在的问题，寻求合适的商业模式创新路径，对一个成功的商业模式而言意义非凡。

7.3.1　商业模式创新的可行性

通过对商业模式构成要素的研究，可知商业模式创新是解决企业打破现有僵局，进行资源的优化组合，以获得更大利润的最好方法。新能源汽车产业商业模式的构成主要从以下几个方面描述：顾客价值、新产品与服务、价值链优化整合等。

1. 终端市场具备大规模潜在需求

根据国际经验，当一国的人均 GDP 达到 1000 美元时，汽车开始进入家庭，当一国的人均 GDP 达到 3000 美元时，汽车将大规模进入家庭，随着经济的快速发展，我国 2010 年人均 GDP 为 4382 美元，所以这个时代是私人领域汽车需求大规模增长的阶段。另外，我国汽车保有量虽然逐年增加，并且在 2011 年 8 月底首次突破 1 亿辆，但据统计数据显示，2010 年全球汽车平均拥有量为 1：6.75，即每 6.75 个人拥有 1 辆汽车。在美国，这个比例是 1：1.3；在法国、日本和英国，这个比例大约为 1：1.7；在中国，这个比例约为 1：17.2。目前，中国人均拥有量远低于平均水平，所以我国在未来的若干年内对汽车的需求量仍会很大，这将对新能源汽车产业的成长起到巨大的推动作用。

2. 新能源汽车消费成本低

随着燃油价格的不断上涨，导致传统汽车的消费成本也在不断增加，为了降低成本，人们开始逐渐将研究对象转向可再生能源技术，并借助可作为载体之一的汽车将新能源技术体现在商品特性上并通过市场化实现其价值。为了预测需求，也有学者开始对影响可再生能源消费的因素进行分析。例如，Perry Sadorsky（2009）根据经济学理论并考虑到数据的可获得性，建立了可再生能源（生物燃料、风、太阳、潮汐等）消费与其影响因素之间关系的实证模型，选择人均实际 GDP（收入因素）、石油或石油制品价格（替代品因素）和人均 CO_2 排放量（社会对全球变暖的关注因素）作为解释变量，人均可再生能源消费（地热、太阳、风、木材和电能浪费的净消耗）为被解释变量，利用了 1980~2005 年 7 国集团的相关数据进行了回归分析，结果显示长期内石油价格与人均可再生能源消费呈负相关；再结合 Shahriar Shafiee 和 Erkan Topal（2010）对化石燃料价格预测的研究结论，可见目前的形势将为可再生能源的消费带来机遇。对于汽车领域来说，即促使人们更多地考虑选择使用可减少 CO_2 排放量、以可再生能源作为燃料的新能源汽车。

3. 产业价值链完整

（1）研发领域。上海拥有丰富的研发资源，同济大学、上海交通大学等大学每年为汽车行业输入大量的汽车研发人才，为新能源汽车产业的发展不断注入新的活力，为新能源汽车领域的技术研发提供了支撑。

（2）生产领域。虽然零部件产业是汽车产业价值链中比较薄弱的环节，全国定点零部件生产厂家还不到生产企业的一半，但在新能源汽车领域，由于市场需求拉动不足，生产企业数量相对较少，再加上通过近几年对新能源汽车的大规模制造和示范运行，在一定程度上完善了上海节能与新能源汽车关键零部件基地及企业的建设，推动了关键零部件技术开发及工程化能力的提升，完善了新能源汽车产业链建设，形成满足整车要求的配套能力。其中上汽、一汽、通用、万象、申龙等整车企业加快整车集成开发，形成了超级电容、纯蓄电池、蓄电池＋超级电容等纯电动客车；弱混、中混、强混等油电混合动力汽车；燃料电池汽车以及甲醇、二甲醚代用燃料汽车等近 10 种技术路线的一批新能源汽车样车和产品。

（3）消费领域。政府部门不断加大对新能源汽车的采购和示范力度，并出台一系列鼓励私人用户消费的政策，为新能源汽车在终端市场的大规模销售起到了一定的刺激作用。

（4）配套基础设施。中石油、中石化、南方电网和国家电网等公共部门在为新能源汽车基础设施建设铺平道路。虽然目前这些企业大多各自为政，没有发挥好它们之间的协同效应，但它们有一个共同点，就是对大规模铺设充电设施均持肯定的态度，这为实行商业模式创新提供了可能性。

7.3.2 新能源汽车产业成长商业模式的创新路径

商业模式是一个企业商业成功的逻辑根本，成功的商业模式应该具备下述特征：（1）可盈利性，商业模式首先要盈利，盈利的原因，在于以某种逻辑满足了客户需求，因此客户是商业模式的灵魂，不仅包括最终消费者，合作伙伴甚至竞争对手都有可能成为企业的客户。（2）可持续发展性，企业运营的市场环境变化迅速，不可能有一种商业模式打遍天下，成功的商业模式需要有应变性与动态性，能够适应市场中竞争、资源、技术等各种环境的改变，及时进行调整。因此企业的商业模式必须保持为一个动态变化的战略规划，及时地转移商业模式创新路径或者采取复合型的商业模式创新。

1. 顾客价值创新

顾客价值是顾客对产品或服务是否有所值的评价，是顾客认知利益与顾客认知价格之差。顾客价值创新逻辑分析顾客现实或潜在的需求及其变化趋势，不断探索新的途径与方法，力图实现顾客价值的重大突破从而超越产业限制。顾客价值创新可以从两个方面考虑：其一，基于产品或服务功能的顾客价值创新；其二，基于业务活动的顾客价值创新。殷瑾和陈劲（2002）根据新旧业务活动和产品技术创新程度，将顾客价值创新的基本模式分为：旧业务活动方式—渐进式产品创新（现有业务活动方式改变，提高产品功能或改变服务质量）、旧业务活动方式—跳跃式产品创新（现有业务活动不变，不断进行技术创新和产品创新）、新业务活动方式—渐进式产品创新（改变现有业务活动）、新业务活动方式—跳跃式产品创新（产品功能与业务活动双创新）。

依据上述分类标准，部分节能汽车采用的顾客价值创新模式属于第一种，即现有商业活动渐进式创新，例如，在20世纪70年代的能源危机时，日本汽车以节能的特点吸引了众多顾客，但并没有重大的技术创新。目前我国主推的新能源汽车顾客价值创新在一定程度上则属于新业务活动跳跃式创新，不仅伴有产品创新和技术创新，其业务活动也发生了改变，传统汽车商业模式为顾客提供的产品是燃油汽车，提供的服务只有汽车金融、维修服务等。而新能源汽车产业商业模式为顾客提供的是全新的体验，是代表节能、时尚的新产品，提供的服务也更加多样化，如充电服务、拼车服务等。

2. 价值链创新

节能与新能源汽车不同于传统汽车，产业链上下游关系互相联系紧密，关键零部件、整车和充电配套设施互相作用、互相制约。没有动力电池产业的技术成熟和成本降低，整车企业就无法生产出适合市场需求的产品；没有相对健全的充电配套设施的规模化网络布局，就无法让产品在市场上应用。因此，同步推动产业链上下游企业进行协调发展是难点。美国开展电动车研发比较早，但是产业化不集中，政府投入 2000 亿~3000 亿美元，现在实现量产的电动车仅 1 万多辆。就产业化来说，日本做得最好，因为系统集成化高，产业链发展得好。可见产业价值链的整体发展的优越性。产业价值链创新的实质是围绕顾客的需求，通过优化企业或产业内部配置，使资源利用最大化的同时发挥成本优势。在新能源汽车领域进行价值链创新的途径主要是：产业技术联盟。

新能源汽车技术研发具有投资大、周期长、高风险等特点，其处于价值链的上游，具有高附加价值，是不论从事电池生产和整车生产的企业均想瓜分的一块"肥肉"。而且电池技术在新能源汽车领域属于公共技术，电池标准最终将趋于统一，企业之间结成产业技术联盟，实行联合研发，选择合适的合作伙伴，不仅可增加承担风险的主体数量而实现风险分摊，而且如果选择合作的各方在生产力和生产关系上具有互补性，还可以提高研发与共享的成功率，使总体技术风险和信息交易成本降低，避免技术研发的重复投资和相互抵消。

电池技术的研发机构可以是电池生产商、整车生产商、起着企业技术孵化器作用的综合性大学以及相关的研究机构等。在 OECD 成员中，大学承担大约 17% 的研发活动（OECD，2006），并且是具有商业化特征的新技术发明的重要来源（Chesbrough，2003）。可见大学在新技术研发活动中的重要性。在组成产业技术联盟的同时，应注重校企合作，大学是知识汇聚的地方，是技术创新的孵化器，只有企业与大学共同从事新能源汽车技术的研发，才不至于大学研发与实际严重脱轨。

3. 收入模式创新

收入模式创新方法包括有关各公司如何通过重新配置产品（产品/服务/价值组合）和/或通过推出新的定价模型实现创收的创新方式。这是一种利用客户的体验、选择和喜好，也同时可以利用新技术的方式。最近红遍全球的太阳马戏团（Cirque du Soleil）是一个极佳的产品创新实例，这个公司重新定义了马戏表演体验，将新旧元素重新结合在一起，改变了价值取向，并获得了新的目标受众。定价创新的又一经典实例是吉列（Gillette）公司的低价销售剃刀刀片战略。还有一个最新实例是 Netflix，此公司推出了一种新的电影租用选择，为消费者提供包月租赁，而不是普遍的一次性基于产品的租用结构。还有典型的在数字化的现代市场中看到的新定价模型，如音乐订购和手机彩铃等。

同样新能源汽车由于一个重要的特点是电池的可分离性，而与用户最密切相关是选择充电服务，这就类似于手机机身与充话费服务。目前很多地方都在探索电池租赁模式，这一模式在运营方面，出现了新的利益相关者，即充电网络运营商，这个角色可以是独立的企业，也可以是能源基础设施提供企业、电池生产商或者整车生产商。在商业活动完成的过程中，电池租赁运营商从这一商业活动中获得租金，基础设施网络运营商从中通过收取电费来获得盈利，整车生产商通过提供新车实现价值，新能源汽车的车主既可以选择充电网络运营商的包月服务，即每月在一定的公里数之内无限制地享受充电或更换电池服务，也可以按照实际的行驶公里数来付费。如果车主从网络运营商处购买汽车，运营商会根据他们购买的里程（km）提供购车折扣，如果车主选择具有一定时间限制的套餐，甚至还可以免费获赠汽车——基础设施网络供应商的盈利来自所销售的公里数，就像电信运营商的盈利来自通话时间长短一样。而车主们不需要像以往一样担心充电站会用旧电池换掉自己的新电池，因为电池属于电力的一部分，不归他们所有，他们只需要为新能源汽车行驶的里程或者说消耗的电能付账。

7.3.3 新能源汽车产业商业模式创新的有效性评估

本章在前面两小节分析了我国新能源汽车产业进行商业模式创新的可行性以及实现商业模式创新的具体路径。基于实证对商业模式创新的有效性进行研究，目前还比较缺乏，本章主要借鉴徐艳（2011）和高莉莉（2010）基于模糊评价法对商业模式创新有效性的分析方法开展本章的实证研究。

1. 新能源汽车产业商业模式创新有效性评价指标体系的构建

根据第1章对商业模式要素及推动商业模式创新的动力因素的分析，本节从盈利性、可操作性、竞争性、独特性和可持续性五个维度建立了商业模式评估模型，如图7-8所示。盈利性反映商业模式为企业利益相关者创造的价值大小；可操作性反映商业模式企业对其自身和外在要素的整合程度；竞争性反映出企业基于技术与产品创新的核心竞争能力；独特性反映出商业模式的创新程度；可持续性反映商业模式持续创造价值的能力。

2. 新能源汽车产业商业模式创新有效性的评价方法

根据前面构建的评价指标体系，商业模式创新的有效性评价是一个涉及多因素的综合评价问题，由于各个因素的影响程度以及评价的合理性的程度是由人的主观判断来确定的，一般结论都具有模糊性，很难用定量的方式来确定。另外，定性的描述又缺乏直观性。所以选择合适的评价方法很重要。

模糊综合评价法作为系统科学现有发展的最高级别，具有典型的大系统理论的特征，它是运用模糊数学的思想和方法，应用模糊变换原理和最大隶属度原则对原本仅具有模糊和非定量化特征的因素，经过数学处理，使其具有某种量化的表达形式，从而提供对现实世界中不易明确界定的事物进行比较和判别的依据。模糊数学诞生于1965年，它的创始人是美国自动控制专家查德（L. A. Zaden）教授。模糊数学理论的应用非常广泛，现实

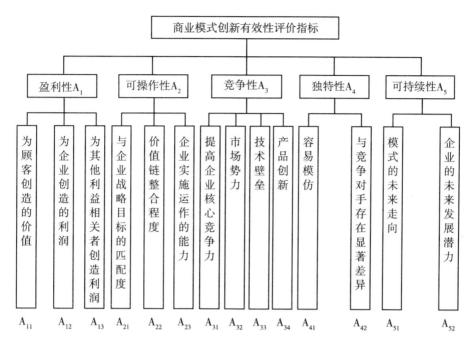

图7-8 商业模式创新评价指标体系

生活中对很多事物的评价只能用模糊语言来描述，如"高、中、低"和"优、良、中、差"等。模糊综合评价法的基本步骤如下：

（1）根据评价指标体系确定评价因素集 U。

评价因素集是以影响评价对象的各种因素为元素所组成的集合，用 U 表示，即：

$$U = \{U_1, U_2, \cdots, U_n\}, n \geqslant 1 \qquad (7-1)$$

其中，$U_i(i=1, 2, \cdots, n)$ 代表各个影响因素。

根据企业商业模式创新路径选择的有效性评价指标体系，评价指标集可以分为一级评价因素集和二级评价因素集，分别与图7-8中的指标体系相对应。

那么，在本评价中，一级评价因素集可以表示为：

$$U = \{U_1, U_2, \cdots, U_i, \cdots, U_m\} \qquad (7-2)$$

其中，$U_i(i=1, 2, 3, \cdots, n)$ 是影响评价对象的各种一级指标，在本评价中，n=5，即 $U = \{U_1, U_2, U_3, U_4, U_5\}$。

同理，二级评价因素集可以表示为：

$$U_i = \{U_{i1}, U_{i2}, \cdots, U_{ij}, \cdots, U_{im}\} \qquad (7-3)$$

其中 $U_{ij}(j=1, 2, 3, \cdots, m)$ 是与一级指标对应的评价对象的各种二级指标，在该评价中，$m=4$。

（2）确定评价集 V。

评价集是评价者对评价对象可能做出的各种总的评判结果组成的集合。通常用 V 表示，即 $V = \{V_1, V_2, \cdots, V_i, \cdots, V_1\}$，其中 V_k（$k=1$, 2, $\cdots$, 1）代表各种可能的总评判结果。评价集的元素可以是定性的，也可以是量化的分值。本书将评价集划分为"很高，高，一般，低，很低"五个等级，即 $l=5$，据此建立本书评价的评价集：

$$V = \{V_1, V_2, V_3, V_4, V_5\} \qquad (7-4)$$

则 V_1 到 V_5 分别表示评语很高、高、一般、低、很低。

（3）确定权重集 A。

权重集是由各个评价因素的权重组成的集合，权重反映了各个因素对评价对象的重要程度。运用层次分析法和专家意见法，来评价得出每一层指标的权重。那么，反映一级评价指标因素重要程度的权重集可以表示为：

$$A = \{A_1, A_2, \cdots, A_i, \cdots, A_n\} \qquad (7-5)$$

其中 A_i（$i=1$, 2, $\cdots$, n）表示指标 U_i 在 U 中的权重，并且 $\sum_{i=1}^{n} A_i = 1$，$A_i \geq 0$。

同理，二级评价指标因素权重集可以表示为：

$$A_i = \{a_{i1}, a_{i2}, \cdots, a_{ij}, \cdots, a_{im}\} \qquad (7-6)$$

其中 $a_{ij}(j=1, 2, \cdots, m)$ 表示 u_{ij} 在 U 中的权重，并且 $\sum_{i=1}^{n} A_i = 1$，$A_i \geq 0$。

（4）确定评价矩阵 R。

当对 U_i 中各评价对象 U_{ij} 进行评价时，可得到评价对象的评语集，若评价对象与评语集之间的模糊关系能够用矩阵 R_i 表示，则 R_i 就成为模糊评价矩阵，此时 R_i 可表示为：

$$R_i = \begin{bmatrix} r_{11} & r_{12} & \cdots & r_{1k} & \cdots & r_{1l} \\ r_{21} & r_{22} & \cdots & r_{2k} & \cdots & r_{2l} \\ \vdots & \vdots & \vdots & \vdots & \vdots & \vdots \\ r_{j1} & r_{j2} & \cdots & r_{jk} & \cdots & r_{jl} \\ \vdots & \vdots & \vdots & \vdots & \vdots & \vdots \\ r_{m1} & r_{m2} & \cdots & r_{mk} & \cdots & r_{ml} \end{bmatrix} \qquad (7-7)$$

其中，r_{jk} 表示二级指标 u_{ij} 对于 k 级评语 v_k 的隶属度。一般情况下，r_{jk} 根据各级评语占总评语的比例进行确定。

当权重矩阵 A_i 和单指标评价矩阵 R_i 已知时，可得到二级评价指标 u_{ij} 对 V 的隶属度：

$$B_i = A_i R_i = (a_{i1}, a_{i2}, \cdots, a_{ik}, \cdots, a_{im}) \begin{bmatrix} r_{11} & r_{12} & \cdots & r_{1k} & \cdots & r_{1l} \\ r_{21} & r_{22} & \cdots & r_{2k} & \cdots & r_{2l} \\ \vdots & \vdots & \vdots & \vdots & \vdots & \vdots \\ r_{i1} & r_{i2} & \cdots & r_{ik} & \cdots & r_{il} \\ \vdots & \vdots & \vdots & \vdots & \vdots & \vdots \\ r_{m1} & r_{m2} & \cdots & r_{mk} & \cdots & r_{ml} \end{bmatrix}$$

$$= (b_{i1}, b_{i2}, \cdots, b_{ik}, \cdots, b_{il})$$

$$(7-8)$$

显然，B_i 是对第 i 个一级指标 U_i 的评价，若每个一级指标均可得到相应的隶属度矩阵，则 U 对评语集 V 的隶属度矩阵 R 为：

$$R = \begin{bmatrix} b_{11} & b_{12} & \cdots & b_{1k} & \cdots & b_{1l} \\ b_{21} & b_{22} & \cdots & b_{2k} & \cdots & b_{2l} \\ \vdots & \vdots & \vdots & \vdots & \vdots & \vdots \\ b_{i1} & b_{i2} & \cdots & b_{ik} & \cdots & b_{il} \\ \vdots & \vdots & \vdots & \vdots & \vdots & \vdots \\ b_{m1} & b_{m2} & \cdots & b_{mk} & \cdots & b_{ml} \end{bmatrix} \qquad (7-9)$$

（5）计算模糊综合评价集 B。

由前面的模糊集合和模糊矩阵，我们可以建立如下的对 U 的模糊综合评价集：

$$B = AR = (a_{i1}, a_{i2}, \cdots, a_{ik}, \cdots, a_{im}) \begin{bmatrix} b_{11} & b_{12} & \cdots & b_{1k} & \cdots & b_{1l} \\ b_{21} & b_{22} & \cdots & b_{2k} & \cdots & b_{2l} \\ \vdots & \vdots & \vdots & \vdots & \vdots & \vdots \\ b_{i1} & b_{i2} & \cdots & b_{ik} & \cdots & b_{il} \\ \vdots & \vdots & \vdots & \vdots & \vdots & \vdots \\ b_{m1} & b_{m2} & \cdots & b_{mk} & \cdots & b_{ml} \end{bmatrix}$$

$$= (b_1, \quad b_2, \quad \cdots, \quad b_k, \quad \cdots, \quad b_l) \qquad (7-10)$$

其中 B_1，B_2，$\cdots$，B_k，$\cdots$，B_1 即为对评价因素的综合评价结果，反映了此层次所有评价因素总体对应于各评价等级的隶属情况。

（6）计算模糊综合评价值 F。

在本书的评价中，若将评价集 V = $\{V_1, V_2, V_3, V_4, V_5\}$，分别赋值为 95，85，75，65，55 分别代表很高，高，一般，低，很低。那么评价结果 F 可以表示为：

$$F = B * V^T \qquad (7-11)$$

7.4

新能源汽车产业成长机制概况

7.4.1　比亚迪汽车公司简介

比亚迪股份有限公司（以下简称"比亚迪"）创立于 1995 年，是一家香港上市的高新技术民营企业。2002 年 7 月 31 日，比亚迪在香港主板发行上市（股票代码：1211HK），创下了 54 只 H 股最高发行价纪录。2007 年，比亚迪电子（国际）有限公司（股票代码：0285HK）在香港主板顺利上市。2008 年 9 月 27 日，美国著名投资者"股神"巴菲特向比亚迪投资 2.3

亿美元，这是继中石油后，巴菲特入股的第二家中国企业。巴菲特投资代表了对比亚迪品牌价值的认可，对于加速比亚迪新能源汽车及其他环保产品在北美和欧洲市场，乃至全球的推广都极具战略意义。

比亚迪现拥有 IT 和汽车两大产业群。公司 IT 产业主要包括二次充电电池、充电器、连接器、液晶显示屏模组、塑胶机构件、金属零部件、五金电子产品、手机按键、键盘、柔性电路板、微电子产品、LED 产品、光电子产品等以及手机装饰、手机设计、手机组装业务等。公司坚持不懈地致力于技术创新、研发实力的提升和服务体系的完善，主要客户为诺基亚、摩托罗拉、三星等国际通讯业顶端客户群体。目前，比亚迪作为全球领先的二次充电电池制造商，IT 及电子零部件产业已覆盖手机所有核心零部件及组装业务，镍电池、手机用锂电池、手机按键在全球的市场份额均已达到第一位。

2003 年，比亚迪正式收购西安秦川汽车有限责任公司（现"比亚迪汽车有限公司"），进入汽车制造与销售领域，开始民族自主品牌汽车的发展征程。至今，比亚迪已建成西安、北京、深圳、上海四大汽车产业基地，在整车制造、模具研发、车型开发等方面都达到了国际领先水平，产业格局日渐完善并已迅速成长为中国最具创新的新锐品牌。汽车产品包括各种高、中、低端系列燃油轿车，以及汽车模具、汽车零部件、双模新能源汽车及纯新能源汽车等。代表车型包括 F3、F3R、F6、F0、G3、L3 等传统高品质燃油汽车，S8 运动型硬顶敞篷跑车、高端 SUV 车型 S6 和 MPV 车型 M6，领先全球的 F3DM 双模新能源汽车、纯新能源汽车 E6 等。

2008 年 10 月 6 日，比亚迪以近 2 亿元收购了半导体制造企业宁波中纬，整合了新能源汽车上游产业链，加速了比亚迪电动车商业化步伐。通过这笔收购，比亚迪拥有了新能源汽车驱动电机的研发能力和生产能力。作为电动车领域的领跑者和全球二次电池产业的领先者，比亚迪将利用独步全球的技术优势，不断制造清洁能源的汽车产品。2008 年 12 月 15 日，全球第一款不依赖专业充电站的双模电动车——比亚迪 F3DM 双模电动车在深圳正式上市。2009 年，比亚迪计划将推出纯新能源汽车，提前 20 年实现世界汽车工业追逐的梦想。

比亚迪设立了中央研究院、电子研究院、汽车工程研究院以及电力科学研究院，负责高科技产品和技术的研发，以及产业和市场的研究等；拥有可以从硬件、软件以及测试等方面提供产品设计和项目管理的专业队伍，拥有多种产品的完全自主开发经验与数据积累，逐步形成了自身特色并具有国际水平的技术开发平台。强大的研发实力是比亚迪迅速发展的根本。比亚迪汽车在上海建设有一流的研发中心，拥有3000多人的汽车研发队伍，每年获得国家研发专利超过500项。比亚迪的发展目标："2015年成为中国汽车生产销售量第一，2025年成为全球第一。"据汽车业工业协会数据统计显示，2011年1～9月比亚迪轿车生产销量已排在全国第七，为30.05万辆。

比亚迪新能源汽车开发时间如表7－8所示。

表7－8　　　　　　　比亚迪新能源汽车开发一览表

名称	F3e	F3DM	F6DM	E6
上市时间	2006.11	2008.12	2008.12	2010.8
车型	紧凑型	紧凑型	中型	中型
电池	铁电池 ET－Power	高铁电池	高铁电池	Fe 类高铁电池
市场化程度	实验	完全市场化	完全市场化	部分市场化
续航里程	300km（理论最大）	100km（最大）	430km（理论最大）	300km 以上
最高时速	150km/h	150km/h	160km/h	160km/h
价格	30 万元	12 万～15 万元	15 万～18 万元	27 万～30 万元

7.4.2　比亚迪汽车公司商业模式创新的路径分析

比亚迪创建时注册资金仅250万元，20余名员工，目前公司员工超过130000人，市值超过500亿港元，总资产300亿元。并且比亚迪自2003年进军汽车产业以来，一直以研究和开发新能源汽车作为企业产业发展的根本目标，立志以强大的电池技术、整车研发能力以及出色的产业整合能力，成为新能源汽车的领导者。2008年年底比亚迪F3DM成为世界首款商业化的双模电动车，并开始投放集团客户市场，中国力量开始领跑世界；2010年3月，比亚迪F3DM低碳版上市，并宣布开始面向个人消费者销售，国内新能源私人消费领域正式"破土"。同年5月，比亚迪E6开始交付深圳鹏程公交集团，成为国内首批交付使用的纯电动出租车。比亚迪不仅是全球新能源汽车的领导者，更是新能源汽车市场最积极的推进者和开拓者。比亚迪2003年进入汽车行业，用了六年的时间，在2009年已经进入全国汽车生产企业销量前十名，其成长的速度之快，不仅仅来自其技术优势，更源自其采用的创新性的商业模式。

1. 价值链的整合扩张

电池技术的领先地位是比亚迪进军新能源汽车领域的最大资本。比亚迪是电池领域的王者，从最早生产电池到生产手机配件，再到现在跨入汽车业，比亚迪称其发展过程为"袋鼠式有效复制"。比亚迪以自主创新为核心竞争力，在产品的差异化等方面构建起了企业的"长腿"。

比亚迪一贯重视技术，始终坚持"技术为王、创新为本"的科技发展理念，技术研发方面在全球具有领先优势。有关资料表明，目前国际国内处于研发阶段的铁电池只有2种，一种是高铁电池，一种是锂铁电池，前景虽然十分看好却难以突破和应用。但是，比亚迪在2006年就已经将铁电池的技术运用在轿车动力上，可见，比亚迪的铁电池技术不仅开创了能源电池新技术的先河，而且将金属电池的动力提升到了一个空前强大的水平。其每年的专利创新在国内都属于前沿，从目前国内自主品牌汽车企业知识产权分类统计结果显示，比亚迪股份有限公司在新能源汽车领域以76项专利的记录居于国内第一位，在混合动力领域以92项专利的记录位于全国第二，仅次于奇瑞。其技术能力的突出使比亚迪在整合、吸收、消化和自主创新的道路上阔步前进。电子研发是比亚迪的特长，F3整车的GPS卫星定位系统完全由比亚迪自主研发。

比亚迪进入汽车行业后，为避免出现奇瑞旗云在俄罗斯的对撞检测中被撞成一堆废铁的类似悲剧性事件，首先考虑的是先把实验平台打造好，为此在上海先建立了一个检测中心，包括试车跑道、碰撞实验室、道路模拟、淋雨、高温、综合环境、抗干扰等检测实验室。目前，比亚迪的研发中心设在上海，依托上海每年毕业的大量汽车人才，此研究中心已经有3000多名研发人员，60%的生产设备实现了自主研发，相当于引进国外同水平设备成本的1/20。业界评论认为，这一比例已经非常惊人。比亚迪为了加快汽车业务成长，在北京建立了亚洲最大的模具中心，为整车制造奠定了基础。

从生产电池到造车，比亚迪像袋鼠一样衍生了一个又一个，汽车只是最年轻的一个，比亚迪在新能源汽车领域取得的成就，离不开其电池的核心竞争力优势，其通过优势资源整合，用其核心能力开拓崭新的"蓝海"，具体路径模式如图7-9所示。

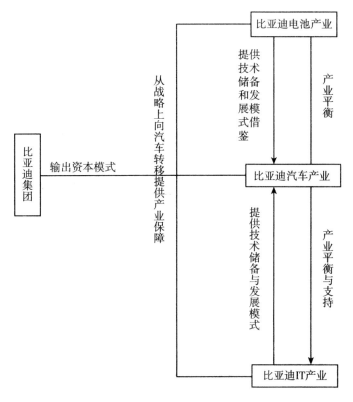

图7-9　比亚迪产业扩张路径

在衍生新业务的同时，也通过整合上游资源为其新业务即汽车产业做原料支撑，如比亚迪通过收购宁波中纬，整合了新能源汽车的上游产业，比亚迪拥有了新能源汽车驱动电机的规模化生产能力，掌握了一些核心零部件的研发能力。电机的驱动系统中最核心的是IGBT，以前都是进口的，成本大概在1万元左右。比亚迪购买宁波中纬之后，自己制造驱动系统的

IGBT，成本将是之前的 1/10。这极大地促进了汽车产业的发展。

从其发展路径上看，其电池核心技术发展的优势是其在价值链上向新能源汽车领域扩展并取得成功的关键技术支撑，同时公司发展比较成熟的 IT 产业也为新能源汽车产业的发展提供了技术储备和发展模式的借鉴。对各项资源和模式的优化整合是其沿价值链上下游方向扩展成功的关键。

2. 低成本战略

低成本战略是出于客户利益考虑的，是新产品打开市场的关键影响因素之一，新能源汽车本身相对于传统汽车而言，价格偏高，致使销售不畅。比亚迪汽车的发展战略是"立足新能源新技术，控制上游产业，不断提高产品质量要求的同时，千方百计节约成本"。比亚迪开发的是生产线上所有非标准自动化设备，把每一道工序分解成若干个工位，由全世界最廉价的熟练工人和他们手上价值只有几元钱的夹具来完成。这种人工和机器分解协同的半自动生产线，让比亚迪避开动辄需要巨额资金的生产线，将中国低廉的人力成本运用到了极致，从而降低了电池和整车的生产成本。与跨国公司相比，比亚迪拥有大量低成本的研发人员，正是靠这种研发优势，比亚迪内部号称"301 效应"，即以 300% 的工程师人数要换取 1% 的领先。靠研发的规模效应从设计人手全面整合产业价值链（见图 7-10），并通过在自制零部件上降低成本创造自己的利润空间，这方面的成熟表现在其手机 EMS 业务上，但是手机行业的设计理念和模具生产与汽车生产有异曲同工之妙。手机和汽车两个看似毫不相干的产业实际上在模具制造技术和外壳设计经验上是互通的，比亚迪将先进的手机模具制造技术和外壳设计经验复制到汽车产业（见图 7-11），这是比亚迪生产汽车的最大优势，因为汽车每款车型开发的主要成本在于设计和模具制造。

在原材料方面，比亚迪将生产镍镉电池的材料改用镀镍片，1 吨材料的价格可降低 1 万元，并且通过改进电池溶液的化学成分使镀镍片的防腐蚀性能大大提高；这项创新使镍材料的月支出从 500 万～600 万元降至 50 万元。其生产的高品质、低成本的产品，成本只有国外企业的30%～40%。

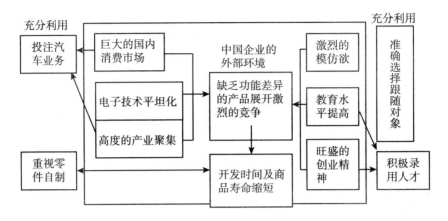

图 7－10　比亚迪开放式创新的策略

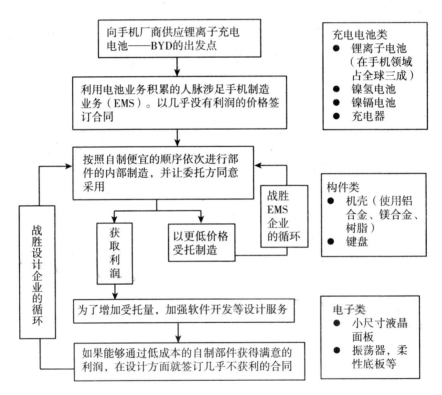

图 7－11　比亚迪的垂直整合：部件内制赚取利润

从以上分析可以看出，比亚迪技术密集＋劳动密集的生产方式、对汽车的创新性设计模式和原材料的创新性改进，在很大限度上降低了汽车生产的成本。

3. 模仿创新模式

比亚迪一开始是以一个模仿者的身份出现的。在电池领域，比亚迪与索尼进行了长期竞争。从开始的模仿，到目前已经在众多领域超越索尼，比亚迪走的是一条从模仿到超越的路。在汽车领域，比亚迪开始以丰田为模仿对象，作为曾经的后起者，在进入汽车业的初期，丰田坚守了一个信条：模仿比创造更简单，首先必须生产安全、经济的汽车，而不是创新性的产品，因为这些更符合大众对汽车最基本的需求。中国汽车之所以可以学习日韩，其本质不仅在于借用后起者的通用法则，更在于市场阶段的相似性。丰田就是在日本经济腾飞和消费升级时期崛起的。目前的中国汽车市场尚处快速发展初期，按照国际通用标准，一个国家 100 个家庭中有 20 个拥有汽车，就是进入了汽车社会。截至 2011 年 8 月底，国内千人汽车保有量在 60 辆左右，基本达到汽车社会国际公认的标准。中国已经进入汽车社会，但是还只是初级阶段，刚刚进入。更重要的是，目前的城市精英将被稀释，平民将成为消费主流，未来的消费结构的巨大变化，将造就一个广阔而不平衡的、以一般民众为目标的市场，对于技术有巨大的包容性。这是一个以需求为主导的时代，满足需求比技术创新更为重要。鉴于此，比亚迪的策略是，在技术上，尽量模仿，辅助以一定程度的创新，在价格上，实行低价策略，以迅速抢占市场。

7.4.3　比亚迪汽车公司商业模式创新的有效性评价

通过前面对比亚迪公司以及其创新性商业模式的介绍，本小节将根据第 4 章介绍的商业模式创新有效性评价指标体系和评价方法，邀请 10 位专家对比亚迪汽车有限公司商业模式创新的有效性进行评估打分，打分范围为 55 ~ 95 分，即从低（55 分）到很高（95 分）表示新商业模式的有效性程度越来越高，对每个评价指标的评估结果如表 7 - 9 所示。

表 7-9   **专家评价结果**

一级指标	二级指标	评估值				
		很高	高	一般	低	很低
盈利性	为顾客创造的价值	4	5	1	0	0
	为企业创造的利润	5	3	2	0	0
	为其他利益相关者创造利润	4	2	3	1	0
可操作性	与企业战略目标的匹配度	8	1	1	0	0
	价值链整合扩张程度	6	3	1	0	0
	企业实施运作的能力	5	4	1	0	0
竞争性	提高企业核心竞争力	5	4	1	0	0
	市场势力	1	3	4	1	1
	技术壁垒	5	3	2		0
	产品创新	3	3	3	1	0
独特性	不易模仿性	7	2	1	0	0
	与竞争对手存在显著差异	6	2	2	0	0
可持续性	模式的未来走向	4	2	3	1	0
	企业的未来发展潜力	5	2	2	1	0

采用专家意见法对各级评价指标的权重进行赋值，并根据表 7-9 的结果，确定各评价指标的隶属度，结果如表 7-10 所示。

表 7-10   **各指标权重及隶属度**

一级指标	二级指标	评估值				
		很高	高	一般	低	很低
盈利性（0.25）	为顾客创造的价值（0.3）	0.4	0.5	0.1	0.0	0.0
	为企业创造的利润（0.5）	0.5	0.3	0.2	0.0	0.0
	为其他利益相关者创造利润（0.2）	0.4	0.2	0.3	0.1	0.0
可操作性（0.2）	与企业战略目标的匹配度（0.6）	0.8	0.1	0.1	0.0	0.0
	价值链整合扩张程度（0.2）	0.6	0.3	0.1	0.0	0.0
	企业实施运作的能力（0.2）	0.5	0.4	0.1	0.0	0.0

续表

一级指标	二级指标	评估值				
		很高	高	一般	低	很低
竞争性（0.2）	提高企业核心竞争力（0.6）	0.5	0.4	0.1	0.0	0.0
	市场势力（0.2）	0.1	0.3	0.4	0.1	0.1
	技术壁垒（0.1）	0.5	0.3	0.2	0.0	0.0
	产品创新（0.1）	0.3	0.3	0.3	0.1	0.0
独特性（0.2）	不易模仿性（0.7）	0.7	0.2	0.1	0.0	0.0
	与竞争对手存在显著差异（0.3）	0.6	0.2	0.2	0.0	0.0
可持续性（0.15）	模式的未来走向（0.4）	0.4	0.2	0.3	0.1	0.0
	企业的未来发展潜力（0.6）	0.5	0.2	0.2	0.1	0.0

可得，一级权重指标集 A 可以表示为：

$$A = (0.25, 0.2, 0.2, 0.15)$$

那么同样根据表 7-10 可以得出第一个一级指标所对应的二级指标权重集 A_1，可以表示为下式：

$$A_1 = (0.3, 0.5, 0.2)$$

另外，通过表 7-10 各个具体指标的值，也可以得出与 A_1 相对应的隶属度矩阵 R_1。

$$R_1 = \begin{bmatrix} 0.4 & 0.5 & 0.1 & 0.0 & 0.0 \\ 0.5 & 0.3 & 0.2 & 0.0 & 0.0 \\ 0.4 & 0.2 & 0.3 & 0.1 & 0.0 \end{bmatrix}$$

同理，二级指标权重集 A_2、A_3、A_4、A_5 以及与之相对应的隶属度矩阵 R_2、R_3、R_4、R_5 也可以分别表示出来。

则通过 $B_1 = A_1 \times R_1$ 得，

$$B_1 = (0.3 \quad 0.5 \quad 0.2) \begin{pmatrix} 0.4 & 0.5 & 0.1 & 0.0 & 0.0 \\ 0.5 & 0.3 & 0.2 & 0.0 & 0.0 \\ 0.4 & 0.2 & 0.3 & 0.1 & 0.0 \end{pmatrix}$$

$$= (0.45 \quad 0.34 \quad 0.19 \quad 0.02 \quad 0.00)$$

同理，可以分别算出 B_2、B_3、B_4、B_5，并得到隶属度矩阵为：

$$R = \begin{bmatrix} 0.45 & 0.34 & 0.19 & 0.02 & 0.00 \\ 0.70 & 0.20 & 0.10 & 0.00 & 0.00 \\ 0.40 & 0.36 & 0.19 & 0.03 & 0.02 \\ 0.67 & 0.20 & 0.13 & 0.00 & 0.00 \\ 0.46 & 0.20 & 0.24 & 0.10 & 0.00 \end{bmatrix}$$

根据权重集 A 与隶属度矩阵 R，可以算出综合评价结果 B 为：

$$B = AR = (0.25 \quad 0.2 \quad 0.2 \quad 0.2 \quad 0.15) \begin{pmatrix} 0.45 & 0.34 & 0.19 & 0.02 & 0.00 \\ 0.70 & 0.20 & 0.10 & 0.00 & 0.00 \\ 0.40 & 0.36 & 0.19 & 0.03 & 0.02 \\ 0.67 & 0.20 & 0.13 & 0.00 & 0.00 \\ 0.46 & 0.20 & 0.24 & 0.10 & 0.00 \end{pmatrix}$$

$$= (0.536 \quad 0.267 \quad 0.168 \quad 0.071 \quad 0.004)$$

根据本书对很高、高、一般、差、很差这五个评语分别进行的赋值，即 95、85、75、65、55，可得矩阵 V 为：

$$V = (95 \quad 85 \quad 75 \quad 65 \quad 55)$$

则可计算出模糊综合评价值为：

$$F = B * V^T = (0.536 \quad 0.267 \quad 0.168 \quad 0.071 \quad 0.004) \begin{pmatrix} 95 \\ 85 \\ 75 \\ 65 \\ 55 \end{pmatrix} = 91.05$$

结果表明比亚迪公司的商业模式创新的有效性为 91.05，其目前的商业模式创新效果比较明显，创新比较有效。这一商业模式的成功也是比亚迪公司最近几年在汽车行业快速成长的主要因素之一。可见商业模式创新对企业成长的重要性不容忽视，是一个新兴产业成长的前提，也是一个企业实现成功涉足新领域的"敲门砖"。商业模式创新对于从事新能源汽车研发与生产的企业的成长意义重大，同样对于整个新兴产业的成长更是意义非凡。

7.4.4　结论

新能源汽车产业作为新兴产业，发展模式还未成熟，虽然价值链各环节发展都取得了一定的成绩，但总体从发展速度来看，这一新兴产业还未体现出快速成长的趋势。对于这个初始阶段的发展，采用何种路径，从何种角度来考虑采取措施促进这个产业的成长是关键的一环。

前面从已有产业成长理论、商业模式及商业模式创新理论以及价值链理论出发，对上海市新能源汽车产业成长的环境以及发展状况进行了分析，依据价值链理论和新能源汽车产业本身的价值链的特征对阻碍新能源汽车产业成长的价值链的关键环节进行了定位，即新能源汽车产业成长过程中存在的主要问题。然后从上海市消费者消费偏好、经营环境、优势学科支撑、技术创新等方面，对新能源汽车产业进行商业模式创新的必要性和可行性加以研究，并分析了上海市新能源汽车产业进行可行性商业模式创新的路径，接着提出对不管以何种路径进行商业模式创新的有效性评估方法。并借以比亚迪有限公司作为实证研究的对象，从商业模式的角度分析了其在新能源汽车领域取得如此成绩的较深层次的原因，发现其从价值链整合扩展、客户价值和技术模仿与创新角度使此公司的商业模式实现了创新，并依据模糊评价法，对它的商业模式进行有效性评价，发现其商业模式创新的有效性比较高，这从实践上验证了商业模式创新对于新能源汽车产业成长机制的显著影响作用。可见，产业成长有时候不能仅仅依靠技术创新，要根据不同行业的特点进行具体分析，像新能源汽车这样的行业，很多公司都在从事电池技术的研发，但并不是所有公司都在新能源汽车领域取得像比亚迪公司这样的成功，原因并不是因为它们的技术不够先进，或者申请的专利或者投入的研发经费不够多，但到底是为什么呢？通过本章的研究可知，其实很大的一个原因是没有找到适合自己的创新性的商业模式。商业模式创新在新能源汽车产业成长机制方面具有更重要的驱动作用。

本章参考文献

［1］《"十二五"国家战略性新兴产业发展规划》〔2012〕28号印发.

［2］Albert O. Hirschman. The Strategy of Economic Development ［M］. Yale University Press，1958.

［3］Walt Whitman Rostow. The process of economic growth ［M］. Clarendon Press，1952.

［4］［日］筱原三代平. 产业结构与投资分配［Z］. 一桥大学经济研究，1957.

［5］周振华. 产业结构优化论［M］. 上海：上海人民出版社，1992.

［6］许秋星. 对主导产业三大基准分析［J］. 辽阳石油化工高等专科学校学报，2001，1：69－71.

［7］党耀国，刘思峰，李炳军，缪瑞林. 农业主导产业评价指标体系的建立及选择［J］. 农业技术经济，2000，1：6－9.

［8］张圣祖. 区域主导产业选择基准的分析［J］. 经济问题，2001，1：22－24.

［9］朱要武，朱玉能. 区域主导产业的选择基准［J］. 上海综合经济，2003，11：24－26.

［10］陈刚. 区域主导产业选择的含义，原则与基准［J］. 理论探索，2004，2：52－53.

［11］敖永春，金霞. 区域战略性新兴产业选择基准和方法研究［J］，科技管理研究，2012，No. 17.

［12］邬义钧，邱钧. 产业经济学［M］. 北京：中国统计出版社，2001.

［13］关爱萍，王渝. 区域主导产业选择基准研究［J］. 统计研究，2002，12：37－40.

［14］李长胜，贾志明. 城市主导产业及其选择研究——以青岛制造业主导产业的选择为例［J］. 青岛科技大学学报，2006，22（2），5－10.

［15］赵攀，张伟. 北京制造业的主导产业选择实证研究［J］. 经济师，2009（2），280－282.

［16］王稼琼，李卫东. 城市主导产业选择的基准和方法再分析［J］. 数量经济与技术经济研究，1999，5：26－29.

［17］张魁伟. 区域主导产业评价指标体系的构建［J］. 科技进步与对策，2004，8：7－9.

［18］蔡兴. 低碳经济背景下中国制造业主导产业选择［J］. 系统工程，2010，28（12），105－110，13.

［19］周加来，张冬冬. 新型工业化下的主导产业选择［J］. 经济理论与经济管理［J］，2005（12）：55－59.

［20］王莉．关于区域主导产业选择基准之探讨［J］．煤炭技术，2004（8）：110－111．

［21］贺正楚，吴艳，周霓虹．战略性新兴产业评估指标的实证遴选及其应用［J］．中国科技论坛，2011（5）：10－14．

［22］贺正楚，吴艳．战略性新兴产业的评价与选择［J］．科学学研究，2011（5）：678－683．

［23］王利政．我国战略性新兴产业发展模式分析［J］．中国科技论坛，2011（1）：12－24．

［24］王新新．战略性新兴产业的理论研究及路径选择［J］．科技进步与对策，2012（29）：52－57．

［25］吴家喜．基于领先市场视角的战略性新兴产业发展路径［J］．技术经济，2011（30）：38－42．

［26］刘冰，王发明．基于全球技术链的中国产业升级路径分析［J］．经济与管理研究，2012（4）：58－63．

［27］万军，冯晓琦．全球视野下的中国战略性新兴产业发展模式［J］．江西社会科学，2012（5）：19－25．

［28］姜涛．战略性新兴产业发展的路径创新——基于产业结构演变的视角［J］．经济问题探索，2012（5）：126－130．

［29］杜义飞．基于价值创造与分配的产业价值链研究［D］．电子科技大学博士论文，2005．

［30］Gereffi, G., Korzeniewicz. M., (eds). Commodity Chains and Global Capitalism. New York：Praeger, 1994.

［31］G. Gereffi. International trade and industrial upgrading in the apparel commodity chain［J］. Journal of international economics, 1999.

［32］Gereffi, Humphrey and Sturgeon. The governance of global value chains［J］. Review of international political economy, February 2005.

［33］Deardoff Alan. Fragmentation in Simple Trade Models［J］. University of Michigan, 1998, 9 (4)：23－25.

［34］Deardorff, Alan V. Rich and Poor Countries in Neoclassical Trade and Growth［J］. The Economic Journal, 2001, (111)：277－294.

［35］Dennis R., Apple Yard, Alfred J., Field Jr. International Economics［M］. 3rded, 机械工业出版社影印本, 1998：188.

［36］Dicken P. Global Shift (3rdedition) ［M］. London：P. C. R, 1998.

［37］Dicken, P. , Kelly, P. , Olds, K. , and Yeung, H. W. Chains and Networks, Territories and Scales：Toward a Relational Framework for Analyzing the Global Economy ［J］. Global Networks, 2001, 1 (2).

［38］Dolan, C. and Humphrey. Value Chain and Upgrading：The Impact of UK Retailers on the Fresh Fruit and Vegetables Industry in Africa ［J］. Journal of Development Studies, 2000, 37 (2)：147 – 176.

［39］Dosi, G. Procedures and Microeconomic Effects of Innovation ［J］. Journal of Economic Literature, 1988, (26)：1120 – 1171.

［40］Dosi, Technological Paradigms and Technological Trajectories ［J］. Research Policy, 1982, (11)：62 – 147.

［41］Ethier Wilfed J. Internationally Decreasing Costs and World Trade ［J］. Journal of international Economies, 1982, (9)：34 – 35.

［42］Ernst, D. Inter – Organization Knowledge Outsourcing：What Permits small Taiwanese Firms to Compete in the Computer Industry ［J］. Asia Pacific Journal of Management, 2000, 17 (8).

［43］Falvey, R. E. Commercial Policy and Intra – Industry Trade ［J］. Journal of international Economies, 1981, (11)：495 – 511.

［44］Falvey, R. E. & Kierzkowski, H. product Quality, Intra – Industry Trade and imperfect Competition, in edited by Kierzkowski, H. , Protectionend Competition in International Trade：Essays in Honor of W. M. Corden, Oxford：Basil Blackwell, 1987.

［45］Feenstra Robert C. , Gordon Hanson. Productivity Measurement and the Impact of Trade and Technology on Wages：Estimates for the US, 1972 – 1990 ［R］. NBER Working paper No. 6052, 1997.

［46］Feenstra Robert C. Integration of Trade and Disintegration of Production in the Global Economy ［J］. Journal of Economic Perspective, 1998, 12 (4)：75 – 96.

［47］Feenstra and Hanson. The Impact of Outsourcing and High – technology Capital on wages：Estimates for the United States, 1979 – 1990 ［J］. Quarterly Journal of Economies, 1999, (3)：907 – 940.

［48］Gereffi Gary, Humphrey John and Sturgeon Timothy. The Governance of Global Value Chains ［J］. Review of International Political Economy, 2005, 12 (1)：78 – 104.

［49］Gereffi. Global Production Systems and Third world Development ［A］. B Stallings （ed·） Global Change, Regional Response ［C］. New York：Cambridge University Press, 1995.

［50］Gefeffi and Korzeniewicz, M. （eds）. Commodity Chains and Global Capitalism ［M］. WestPort：Praeger, 1994.

［51］H. H. Harman. Modern factor analysis ［M］. University of Chicago Press. 1967.

［52］Xue Wei. Statistical Methods and Application by SPSS ［M］. Electronic Industry Press, 2004.

［53］James M. Lattin, J. Douglas Carroll, Paul E. Greeen. Analyzing Multivariate Data ［M］. China Machine Press. 2002.

［54］Arrow, K. The Economic Implication of Learning by Doing ［J］. Review of Economic Studies, 1962, 129 （3）：155 – 173.

［55］Greenaway D. , Hine R. and Milner C. , （1995） "Vertical and Horizontal Intra – industry Trade：A Cross Industry Analysis for the UK," The Economic Journal Vol. 105, 1505 – 1518.

［56］Giuseppe Celi, （1999） "Vertical and Horizontal Intra – Industry Trade：What is the Empirical Evidence for the UK?" CELPE Discussion Papers No. 49.

［57］高传胜. 中国生产者服务对制造业升级的支撑作用. 山西财经大学学报, 2008 （1）.

［58］刘伟, 蔡志洲. 技术进步、结构变动与改善国民经济中间消耗. 经济研究, 2008 （4）.

［59］Hummel, D. , Ishii, J. , and K. – M. , Yi, the Nature and Growth of Vertical Specialization in World Trade ［J］, Journal of International Economics, 2001, 54：75 – 96.

［60］Crossman G. and Helpman E. , （1991） "Innovation and Growth in the World Economy," Cambridge MA：MIT Press.

［61］陈爱贞, 刘志彪, 吴福像. 下游动态技术引进对装备制造业升级的市场约束. 管理世界, 2008 （2）.

［62］李转少. 徐工阳谋. 中国机电工业, 2008 （7）.

［63］Weill, P. , and Vitale, M. R. Place to space：Migrating models ［M］. MA：Harvard Business Press, 2001：96 – 101.

［64］Magretta J. Why business models matter ［J］. Hazard Review, 2002, 80 （5）：86.

［65］Hamel, G. Lead the revolution ［M］. MA：Harvard School Press, 2000：156 – 198.

［66］Stewart. D. W. , and Zhao, Q. , Internet marketing, business models, and public policy ［J］. J – ournal of Public Policy & Markting, 2000, 19（3）: 287 – 296.

［67］Petrovic, O. , and Kittl Teksten, R. D. . Developing business models for e-business ［R］. International Conference for Electronic Commerce, Vienna, Austria, 2001.

［68］Dubosson-Torbay A. , Pigneur Y. . E-business model design, classification, and measurements ［J］. Thunderbird Business International Review, 2001, 44（1）: 5 – 23.

［69］翁君奕. 商务模式创新: 企业经营"魔方"的旋启 ［M］. 经济管理出版社, 2004.

［70］陈翔. 互联网环境下企业商业模式研究. 东南大学博士学位论文, 2005.

［71］曾涛. 企业商业模式研究. 西南财经大学博士学位论文, 2006.

［72］George Day S. , Schoemaker P. and Robbert Gunther. Wharton on managing emerging technologies ［M］. Hoboken, 2000.

［73］M. Clayton Christensen. The innovator's dilemma: When new technologies cause great firms to fail ［M］. Boston: Harvard Business School Press, 1997.

［74］Willemstein L. Valk T. Meeus M. Dynamics in business models: An empirical analysis of medical biotechnology firm in the Netherlands 2007（02）.

［75］Gambardella, Anita M. McGahan. Business-model innovation: General purpose technologies and their implications for industry structure ［J］. Long Range Planning, 2009（7）: 1 – 10.

［76］Deloitte Research. Deconstructing innovation ［EB/OL］. http://www. Deloitte. com/dtt/cda/doc/content/business model innovation. pdf, 2002.

［77］罗珉, 曾涛, 周思伟. 企业商业模式创新: 基于租金理论的解释 ［J］. 中国工业经济, 2005（7）: 73 – 81.

［78］李东, 王翔. 基于 Meta 方法的商业模式结构与创新路径 ［J］. 大连理工大学学报（社会科学版）, 2006, 27（9）: 7 – 12.

［79］Porter M. E. Competitive Advantage ［M］. New York: The Free Press, 1985.

［80］John K. Shank and V. Govindarajan. Value chain strategic cost management. Readings & Issues in Cost Management. ITP Company, 1992: 35 – 73.

［81］潘成云. 解读产业价值链——兼析我国新兴产业价值链的基本特征. 当代财经, 2001,（9）: 7 – 15.

［82］杜义飞, 李仕明. 产业价值链: 价值战略的创新形式. 科学学研究, 2004, 22（5）: 552 – 556.

［83］高闯，关鑫. 企业商业模式创新的实现方式与演进机理——一种基于价值链创新的理论解释［J］. 中国工业经济，2006（11）：83－90.

［84］田志龙，盘远华，高海. 商业模式创新途径探［J］. 经济与管理，2006（1）：42－45.

［85］王琴. 基于价值网络重构的企业商业模式创新［J］. 中国工业经济，2011，274（1）：79－88.

［86］Gordijn, J. Value-based requirements engineering—Exploring innovative e – commerce ideas［D］. Vrije University, Amsterdam, 2002.

［87］Byoung G. K., Nam J. J., Choon S. L., etc. A Business model Feasibility Analysis Framework in Ubiquitous Technology Environments 2007 International Confererce on Convergence Information Technology［C］.

［88］李曼. 略论商业模式创新及其评价指标体系之构建［J］. 现代财经，2007，27（2）：55－59.

［89］T. Meyer, A. Clavel, Place de la consommation de carburants dans les critères de choix des véhicules（Particuliers），Rapport final PREDIT 2002－2006.

［90］Jonathan Murray and Nicholas Sarantis. Quality, user cost, forward-looking behavior, and the demand for cars in the UK. Journal of Economics and Business, 1999（51）：237－258.

［91］Shahriar Shafiee, Erkan Topal. A long-term view of worldwide fossil fuel prices. Applied Energy, 2010（87）：988－1000.

［92］Perry Sadorsky, Renewable energy consumption, CO emissions and oil prices in the G7 countries. Energy Economics, 2009（31）：456－462.

［93］Dubosson-Torbay, M., Osterwalder, A., and Pigneur, Y. E-business model design classification and measurements［J］. Journal of Business Research, 2003, 58（1）：726－735.

［94］Gereffi G. Kaplinsky R. The value of value chains. IDS Bulletin, 2001, 32（3）：1－8.

［95］Gereffi, Humphrey J., Sturgeon T. The governance of global value chains. Forthcoming in Review of International Political Economy, 2003, 11（4）：5－11.

［96］Humphrey J., Schmitz H. Developing country firms in the world economy. governance and upgrading in global value chains. INEF Report, University of Duisburg, 2002.

［97］Kaplinsky R., Morris M. Governance matters in value chains. Developing Alternatives, 2003, 9 (1): 11 – 18.

［98］徐艳. 新兴技术引致商业模式创新并成功商业化的探索研究：［硕士学位论文］. 北京，北京工业大学，2011.

［99］高莉莉. 企业商业模式创新路径研究：［硕士学位论文］. 武汉，武汉理工大学管理学院，2010.

［100］Mahajanh J., Vakharia A. J. Determining firm level IT investments to facilitate value chain activities: should spillovers accruing to value chain members be incorporated. European Journal of Operational Research, 2004, 1 56 (3): 665 – 682.

［101］Torres J. An integrated value-derivative model for the steel industry to evaluate and optimize the impact of operational strategies using total enterprise performance indicators. Knoxville: The University of Tennessee, 2002.

［102］http://www.autohome.com.cn/news.

［103］亚德里安·J. 斯莱沃斯基等. 发现利润区［M］. 北京：中信出版社，2002.

［104］新能源汽车产能规划一览［J］. 道路交通管理，2010，(09).

［105］罗少文，我国新能源汽车产业发展战略研究，复旦大学，2008.

［106］中国汽车工业年鉴.

［107］中国新闻网：http://www.chinanews.com/auto/2011/09 – 26/3352523. shtm.

第 8 章

基于新兴产业衍生与成长不同
发展阶段的对策建议

新兴产业有广阔的发展前景，对国民经济发展往往具有战略意义。但是，新兴产业的市场往往不够成熟，市场主体弱小。因此，政府产业政策的扶持和促进是新兴产业成长为国民经济的先导性和支柱性产业的必要途径。

8.1
新兴产业政府作用机制

当代新兴产业与以往技术革命引发的新兴产业相比，技术基础更加复杂。新兴产业的成长不再是自发过程，需要政府的引导和扶持[1]。

在现代经济社会中，政府扮演了三个重要的角色：公共物品的提供者、宏观经济的调控者、市场秩序的维护者[2]。先前学者为政府作用的必要性提出不少观点，其中部分主流理论构成了政府作用的相关基础理论，如政府作用外部性理论，认为政府出面的协调可以产生外部性经济效果，起到催化剂的作用[3]；新兴产业保护理论，包括美国在内的越来越多的国家都主张政府需要对于新兴产业企业的研发给予支援，因此高新技术产业的国际竞争普遍以政府支持为背景；新制度经济理论认为是制度创新决定了技术创新，而不是技术创新决定了制度创新；政府与市场失灵理论认为创新存在高投入、高风险的特点，商业银行又以谨慎为主要经营原则，政府有必要通过自身权威鼓励和帮助高新技术企业进行融资。当代中国的新兴产业面临的市场竞争十分复杂，国内外、行业内外的竞争程度参差不齐，市场结构也是各有不同。要营造和谐有序、适于新兴产业发展的竞争环境，需要有政府的介入。

值得注意的是，政府政策是有两面性的，起初善意的政策往往会因为缺乏对政策弊端的认识而导致不理想的结果。只有充分认识到政策可能造成的一切可能后果才能更好地把握分寸，实现在整个生命周期中发展战略性新兴产业的目标。

8.1.1 基于校正市场失灵角度的政府作用

由于市场经济中存在很多市场失灵的领域，如规模经济、公共物品、信息外部性等，仅仅依靠市场机制无法排除新兴产业发展中所遇到的各种困难，诸如不正当竞争、环境污染和资源浪费等。因此应充分利用政策工具，营造环境帮助新兴产业摆脱市场失灵[4]。主要表现在以下四方面：

第一，提高资源配置效率。通过制定和实施产业政策，政府可以发挥政府资金的引导作用，吸引各类社会资本和创新要素进入新兴产业领域，降低投资者的风险。由此，产业结构的合理化得到充分加速。

第二，优化产业组织结构。新兴产业有一个从小到大的成长过程，小企业在创新活动中往往非常活跃，但是其对于创新的重要性往往被忽略。产业政策的实施可以促进企业合理竞争、实现规模经济和专业化协作，加快形成新兴产业产业链上下游协作配套的组织体系。

第三，产业技术升级以提升国家竞争力。如今，为了抢占未来科技和产业发展制高点，发达国家先后提出再工业化等发展理念。这对我国新兴产业的正常发展形成了巨大的压力和制约。需要充分发挥产业技术政策的作用，加大对自主创新的引导和支持力度，加快突破关键性技术，提高产业国际竞争力。

第四，调整区域产业布局。新兴产业由于其强大的产业关联性，会吸引和拉动其他经济活动向区位条件较好的区域集中。进而，这些区域不断积累各方面有利因素，在发展中不断自我强化，与其他区域拉开差距。为促使我国的新兴产业在不同区域均衡发展，防止区域差异扩大，需要通过政府引导产业合理布局。

8.1.2　现行政府作用的局限性

好的政策能够加速均衡的到来，体现政府权力优势，但政府扶持本身就是非市场行为，生硬的政策会产生很多问题：

第一，企业原发创新不足。在产业政策的保护和扶持政策下，受益企业的行为会趋于追求短期利润最大化，忽视长期的可持续发展。这主要表现为依靠税收等优惠获利，而对科研以及扩大规模缺乏必需的动力。

第二，影响社会福利。主要表现在两方面：（1）寻租行为。政府对新兴产业的保护和扶持政策会引起个别企业和个人的额外获益，必然会产生寻租动机。数据显示，不少发展中国家（包括中国）在推行产业政策的时候寻租成本极高[5]，产业政策所引发的寻租行为在一定程度上反而会抑制新兴产业的发展，损害社会福利。（2）资源配置效率低。在产业政策的干预下，以牺牲某些产业的利益为代价，各类资源加速向新兴产业转移。这会导致社会资源配置不合理，进而导致资源利用效率低下，影响社会福利。

第三，政策失误风险。新兴产业是高速发展的产业，不同的发展阶段需要不同的政策加以扶持。政策制定者可能因为本身视野过于狭窄，或是僵硬的考核机制鼓励其忽视可持续发展，有意无意地缺乏对于产业生命周期的动态视角。这样很容易造成政策的失效，政策的滞后效应甚至会危害到产业的健康发展。

2010 年 10 月国务院发布了《关于加快培育和发展新兴产业的决定》（国发［2010］32 号）。明确地提出了要大力发展节能环保、新一代信息技术、生物、高端装备制造、新能源、新材料和新能源汽车等新兴产业。社会普遍认为，这是第一份明确阐述我国新兴产业的发展目标以及任务的文件。各地方政府反应迅速，态度积极，结合了本地区实际情况，相继出台了一系列政策和措施，支持自己的新兴产业发展。但是，这些地方政府的政策也有很多地方让人诟病。首先，过分依赖政府推动，未能充分利用市场作用。地方政府在自己的新兴产业实施意见中，彰显强势。地方政府过多地扮演了新兴产业的裁决者，而不是环境的维护者和服务的提供者。政府应在支持新兴产业的发展中充分发挥自身优势，但也必须注重市场，不能忽视市场调节的基础性作用。其次，未能很好结合区域特点，多个区域重复建设。地方政府应结合当地的产业现状，以技术上有创新性、有潜在市场需求、产业关联性和带动性强为基本衡量标准。不少地方政府出台意见中，并未很好考虑新兴产业生命周期和特征，很多新兴产业选择雷同。这样会产生过度竞争、资源浪费等现象，也放大了新兴产业的内在发展风险。措施不具体，缺少对不同阶段产业的政策划分。在各个地区的实施意见中，"加大财税和金融支持力度"，"充分发挥平台基地和园区的载体作用"以及"加强人才激励政策"等语段出现的频率最高。如果没有细致地分解措施和详细的行动计划，政策就会成为空洞的条文。还有，对于处于不同发展阶段的新兴产业，不应笼统地将所有政策进行罗列，而是应该一一对应，针对新兴产业发展中最需要的帮助与市场改进提供相应政策保护。

8.1.3 新兴产业政府扶持政策基本框架

新兴产业不同于传统产业，其成长规律也必然有别于传统产业。产业技术特征是决定新兴产业成长的关键因素。此外，新兴产业的成长还受到市场前景、成长潜力、资源条件、产业结构等要素影响。波特认为，一国或地区产业竞争优势的形成在于"钻石体系"的形成。"钻石体系"包括四个核心因子：生产要素，包括初级的生产要素（先天的一般人力资源和天然资源）和高级的生产要素（后天创造出来的知识资源、资本资源和基础设施）；需求条件，包括国内需求的结构、市场大小和成长速度、需求质量和国际化程度；相关产业和支持性产业的表现，包括纵向的支持（上游产业在设备、零部件等方面的支持）和横向的支持（相似企业在生产合作、信息共享等方面的支持）；企业战略、企业结构和竞争对手，包括企业的经营理念、经营目标、员工的工作动机、竞争对手状况等方面。另外，政府和机会两个因素也影响产业竞争优势，政府可以通过自己的活动来影响钻石体系的任何一个因子进而影响产业竞争优势，新的需求和新的技术等机会因素则为落后企业追赶先进企业提供了最佳的时机[6]。

除了企业层面上的竞争优势之外，新兴产业要在一个区域内成长最终成为战略性支柱产业还需要从动态的角度依靠区域层面的支持系统，如特定的劳动力市场和培训制度、特定的金融中介机构、专业人员和行业协会、特定的产业规制和政府支持计划。

技术、市场和资源是新兴产业发展的三大支撑，这三个因素是政府在制定产业政策时重要的目标。基于前面对新兴产业发展因素的研究，我国政府新兴产业作用机制可简单列示为图8-1。

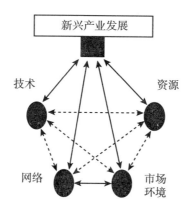

图8-1 战略新兴产业政府作用机制模型

要完成政策目标，政策基本结构应以联系目标和结构的逻辑关系为出发点，适时调整，具有动态性的内在属性。费钟琳、魏巍（2013）认为，在产业引入期，政府可以通过直接资金支持的方式，增加研发投入，并增加财政支持；在产业成长期，政府可以通过税收、补贴、担保等方式帮助企业降低研发成本，加速产业化；在产业成熟期，政府应推进反垄断、反不正当竞争，完善法律法规；在产业调整期，政府应放松监管，促进产业自然融合[7]，如图8-2所示。

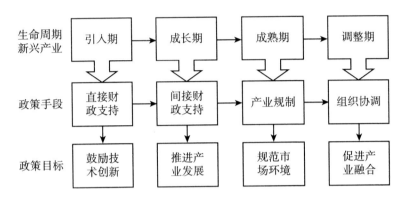

图8-2 新兴产业政府扶持政策模型

新兴产业存在不同的发展阶段，一个新兴产业由小到大、由弱转强需要经历几个关键阶段。一是处于不同时代的新兴产业在不同发展阶段对技术、资本、人才等生产要素的依赖程度不尽相同，不同产业衍生也需要不同的生态环境。针对不同产业种类所需的特定生态环境，需要相对应的政策协助与扶持。二是产业衍生可以依赖不同的基础，但后续发展的基本目标是相同的，都是获得市场承认。在新兴产业后续发展阶段，政策的扶持能扩增产业规模，加速市场认同。三是当一个以新技术商业化应用为基础的创业企业或商业模式得到市场普遍接受和认同以后，这个产业就将向符合其技术、经济等特征的特定形态发展。在发展成为特定形态的过程中，需要政府的扶持实现新兴产业形态演进的稳定有效。

因此，政府在制定政策时，要将不同的产业发展阶段纳入条件约束。新兴产业的政府作用机制应该以产业支撑点和产业发展阶段两个维度为目标，实现对新兴产业发展的动态支持。基于此，我们构造了二维新兴产业政策目标模型。如表8-1所示，模型分为政策结构、政策逻辑和政策目标矩阵三个部分。

表8-1　　　　　　　　　　　二维新兴产业政策目标模型

政策结构		政策逻辑	政策目标（企业需求）矩阵			
政府行为	资金支持 1. R&D 投入 2. 财税优惠	具体政策和具体目标的对接	构造新兴产业衍生的生态环境	顺应新兴产业发展的路径模式	利用新兴产业的成长形态及演变规律	发展阶段 ／ 三大支撑　　新兴产业发展
	行政服务 3. 部门效率 4. 资源导向		科研资金知识网络	技术深化……	创新平台……	技术
	市场监督 5. 立法执法 6. 准入引导		产业宣传需求保证……	需求拓展……	产品平台……	市场
	公共产品 7. 平台设施 8. 人才教育 9. 创新氛围 10. 社会保障		融资……	资源跟进……	资源平台……	资源

　　政策结构解决的是"是什么"的问题，政府扶持新兴产业的行为可以分为资金支持、行政服务、市场监督、公共产品四个部分。资金支持包括R&D 投入和财税方面的优惠，表现在对新兴产业企业研发和运营方面的直接支持。行政服务包括政府机构的部门设置和办事效率，以及对于社会资源的导向性分配。市场监督包括法律法规的完善、严格的执法以及对于产业发展的合理引导。公共产品包括政府对于产业所需的各类平台的建设、对于人才的培养和劳动力素质的提升、区域内创新氛围的营造以及对企业研发风险和运营资金来源的保障。

　　政策目标矩阵解决的是"为什么"的问题。此部分表述罗列了在不同的发展阶段，新兴产业在技术、市场、资源三大支撑上所需要的政策扶持是什么。早在1776 年，亚当·斯密就在《国富论》中提出"看不见的手"这一概念，认为市场机制可以自动调节，实现个体和社会的利益最大化。但是，1936 年，凯恩斯在《通论》之中指出国家直接干预经济的必要性。

随后几十年里，经济理论又经历了很多流派的反复争议和推敲，但是没有决定性的证据证明政府的作用，市场的作用更是被绝大多数学者认可。结合经济理论的发展历史，我们定义前面"所需要的政策扶持"既包括了新兴产业企业在那一时刻自身发展所需要的帮助，也包括了政府基于宏观产业政策和国家战略布局考虑的政策需求。

政策逻辑解决的是"怎么做"的问题。政策逻辑指的是具体政策和具体目标的对接，以及在对接的过程中，政策发挥作用的机理。

通过政策结构、政策目标以及政策逻辑的结合，可以清楚地陈列出政府行为对于新兴产业发展的影响路径，为详细有效地评判政策有效性提供参考角度。"二维新兴产业政策目标模型"之中，颜色越深的部分表示越顶层、越抽象的思维对象，颜色越浅的部分表示越底层、越具体的实践对象，如图 8 – 3 所示。

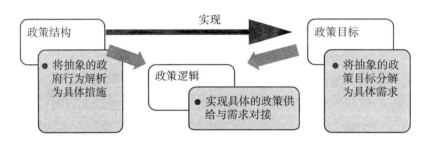

图 8 – 3 政策结构、政策目标、政策结构关系

8.2
我国新兴产业发展面临困境的解决思路

通过宏观层面与微观层面的分析，可以发现我国新兴产业还面临着诸多发展中的瓶颈问题，尤其是在市场、技术能力获取上还存在很大政府作用的空间，根据我们对本土市场效应的研究、高新技术产业分行业数据分析以及主导产业筛选标准的研究，分析针对我国新兴产业面临瓶颈的解决思路。

8.2.1　市场的培育

对新兴的产业由于先天的不成熟以及不确定性的特征，对这类企业所面临的市场需要侧重从以下方面进行培育。

1. 获取本土市场资源

（1）利用我国市场的特殊性来取得新兴产业国际领先优势。

本土市场可以为发展中国家的创新提供重要的基础，这些创新可以在出口或 FDI 中获利。中国台湾"微笑曲线"理论是因为本地市场的狭小，限制了其从曲线两端获得高端价值及其对 GVC 的控制能力，而中国、印度等发展中国家本身有广饶的国内市场，有可能复制 20 世纪初美国 Ford、GE等利用本国市场达成规模经济、迅速壮大产业的历史，从而突破"微笑曲线"的枷锁。

（2）促进供给侧为主的产业政策转型。

如前所述，政府有了大量的财政投入的情况下实施结果并不十分理想；尽管也有一些基于需求侧的政策如政府采购、补贴厂商等，但由于政策缺乏系统性和科学性，所带来的市场效果也不明显。而技术创新活动是由创新供给方和创新需求方共同作用而激发的，创新供给方，即创新主体通常是企业和科研院所、高校等，创新需求方则是创新的购买者。因此政府可以从两个方面来激励创新，一方面，对创新供给进行激励；另一方面，对创新需求进行激励，前者可称为供给导向的创新政策，后者为需求导向的创新政策。如政府可以通过政府采购和企业创新产品的购买，使企业减少市场化困难，并得以壮大成长。

（3）根植于本土市场以降低新兴产业的市场风险。

一些国家的创新实践也从一定程度上说明了本土市场驱动的重要性。如欧盟国家的框架计划主旨就是要打破市场边界，增加本土市场规模，以增加新技术市场形成规模效益，并从政策上开始选择需求侧的新兴战略性产业培育模式。中国既有资源约束的障碍，但同时也有庞大的国内大陆型市场，这是日本、欧洲诸国等国家和地区不可比拟的。19 世纪美国的增长模式就是以出口为导向，后来转向更多地依赖内向型动力，目前中国也应该寻找驱动自身经济增长的动力，为最具创新活力的民营企业解除更多的管制，要更多地为本土创新提供驱动。

2. 鼓励市场竞争

一国产业竞争优势的获取，关键在于要素条件，需求因素，支持性产业和相关产业，企业战略、结构和竞争等四个基本要素，以及机遇和政府两个辅助要素的整合合作。

美国政府在对新兴的电子信息产业进行扶持时，采用了市场调节与宏观管理并行的方法。政策体系主要在三个方面得到支撑（陈洪涛，2009）：第一，政府制定宏观规划，开放市场以鼓励竞争，在国内外均为电子信息技术产业构建了相对宽松的市场环境，提供了良好的法制环境；第二，政府通过在产业政策、税收政策、财政政策和价格政策上发挥作用，引导和帮助民间资本进入国家信息基础设施；第三，政府制定信息技术研发计划，依此增加研发投入。

例如，美国 1993 年推出国内信息基础设施（NII）计划，计划在 20 年时间内，投资 4000 亿~5000 亿美元建立包括通信网络、计算机、数据库以及电子产品在内的网络，鼓励民间投资和技术创新，为信息产业发展提供了框架和蓝图；1994 年，提出建立全球信息基础设施（GII）的倡议，旨在通过卫星和光缆技术，使全球网络互为联通，最终形成以信息共享为背景的竞争机制，GII 认为政府的职能角色应包括制定长期目标的领导者、促进技术研究的革新者、制定开放性市场法规以形成竞争市场的管理者；2009 年，公布美国创新战略（将先进的信息技术生态系统列为美国创新的基本要素之一，与研究、劳动力、物质基础等传统要素并列）。这些计划（见图 8-4）极大地促进了美国信息产业的发展和扩张，确保了美国信息产业在全球的持续领先地位。

政府支持风险投资成为信息产业发展的重要金融工具，也是美国信息产业飞速发展的重要动因。美国风险投资协会在 1996 年进行的统计数据表明，信息产业在第一轮得到风险投资支持的 600 多个项目中占 65% 以上，其中大部分信息产业的启动资金完全依赖于风险投资。美国政府对信息产业风险投资的支持孕育了微软、英特尔、雅虎等如今世界知名的大公司，其支持风险投资的措施主要有[8]信息服务、信用担保等。可以看出，美国政府对于信息产业的政策支持在很大程度上促使美国信息产业在全球范围内保持领先，并带动了其他产业协同发展，促进了美国经济的良好发展。

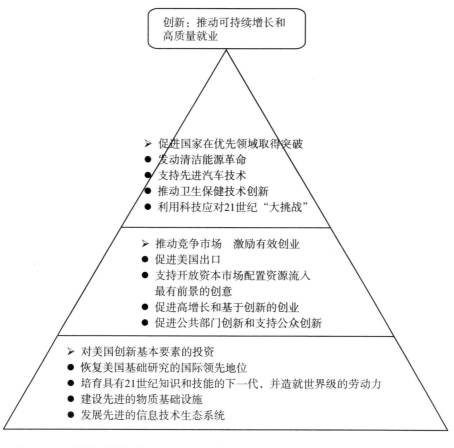

图 8 - 4　《美国创新战略：推动可持续增长和高质量就业》的金字塔结构

资料来源：美国白宫官方网站[9]。

在美国的信息产业发展过程中，充分利用了市场自发的力量，政府也对信息产业的发展足够重视，实现了产业在全球范围内的领先地位。充分利用市场动力发展新兴产业的经验值得借鉴，但是要警惕过度放松可能隐含的危机。

8.2.2 技术能力的获取：不同行业采取不同的策略和激励措施，提高新兴产业不同创新阶段的效率

前面研究表明，大量的低效企业存在，尤其是低转化效率企业存在，不论哪种所有制企业或者特定行业，都存在很大程度的创新资源浪费。其中，第一阶段创新研发生产函数代表了最大可能研发（专利）产出，研发的生产前沿面以每年7%的速度在收缩下滑，说明最高研发效率企业出现滑坡，而且研发高效企业和低效企业出现了高者更高、低者更低的两极分化的趋势。第二阶段创新转化生产函数代表了创新的最大可能转化（收益）产出，转化的生产前沿面基本稳定，说明最高转化效率企业表现稳定。但通过所有制和行业分析发现，虽然转化效率都在提高，但高效企业和低效企业的差距也在扩大。

在行业方面，新材料、新能源和光机电属于高效集约类行业，除了新能源在转化方面外，这三个行业效应都是显著促进效率的，电子信息、生物医药、核应用类属于粗放低效，其行业效应是显著降低研发效率，但是对转化效率没有明显阻碍作用，这意味着其低转化效率是由其他因素引起的。

这说明不同类型的企业与行业应采取不同的策略和激励措施，提升中国创新效率水平。对于各类企业，在有条件的前提下，都应加强"产学研"联系、努力获取政府资金资助、加强技术改造和扩大产值规模以提升创新两阶段效率。对于高研发低转化效率的企业和行业，还要特别着力于增加出口、减少进口、加强技术引进，努力提高转化效率。而对于低研发高转化的企业和行业，则还要特别考虑银行贷款、进口策略和扩大人员规模以促进研发效率的提升。

8.2.3 环境要素的获得

研究发现，在特定的区域环境下，新兴产业的研发强度与企业的业绩

呈正相关，因此，对于新兴产业中的企业而言，进行科研创新关系到企业能否在市场中获得竞争优势。这是由于新兴产业的内在属性决定了这些企业生产的产品必须是技术密集的高附加值产品，企业必须重视科研创新和持续不断的研发投入，只有这样才能保持对其他的高科技企业的竞争优势；对政府而言，如果经济发展水平较高，劳动力成本也普遍高于其他地区的话，生产劳动密集型的产品毫无市场竞争力，这些外部客观环境决定了劳动密集型企业无法在此区域中取得竞争优势，企业必须走知识、技术密集的高端战略之路，必须重视科技领先和技术进步。

区域环境因素对创新过程的作用是双面的，不同的区域环境创新因素对研发和绩效的影响不同，同一区域环境创新因素对创新的不同环节也存在差异。其中，无形资产占总资产的比例作为衡量企业内部创新环境的指标，其对于企业的研发投入和企业绩效都有着显著的促进作用。一般而言，一个企业无形资产占总资产的比重越大，说明这个企业过去很重视技术创新，同时也意味着已拥有的研发成果较多，研发基础雄厚；由于科技创新是一个逐渐积累的过程，过去的研发成果越多，积累的经验越丰富，后期研发成功的可能性就越大；而外商投资占总资产的比例作为衡量区域创新环境中开放程度的指标，对于研发投入力度和企业绩效的影响却截然不同，实证结果表明，外商投资比重与研发投入存在着显著的正相关，而与企业绩效存在显著的负相关，这说明区域环境中竞争度加剧能够促进企业加大科研投入。因此，对政府而言，财政支持或支持政策应该更聚焦于培育良好的创新环境。

8.3

衍生阶段的对策建议

8.3.1 通过创新主体核心层政策促进新兴战略性产业的衍生

企业是新兴产业的主要组成部分，是技术开发和市场拓展的实践者。

发展新兴产业，除了政府支撑层面的因素外，企业的作用处于十分重要的地位。充分利用好政府政策，在市场规模、资源获取、技术水平等条件约束下充分发挥主观能动性，实现新兴产业本身的发展是微观层面企业的动力，也推动了中观和宏观上产业和经济的良好发展。

需要健全企业制度。企业的制度环境包括企业的产权制度、分配和奖励制度等。大多数重大技术创新出自大企业，其原因是，私有产权企业虽有强大的创新动力，但因规模小、责任无限、资金少和企业寿命受所有者年龄的限制，企业的技术创新能力是不足的。而股份公司是企业产权社会化的表现，其成立的前提是：私有产权的可分割性、可分离性和可让渡性，其产权属于全体股东所有。企业可以通过创新的分配制度，留住有用的人才，实现知识的累积和人才队伍的稳定。

通过创新主体核心层政策促进新兴战略性产业的衍生，需要完善研发投入政策。新兴产业需要重视技术创新，并在内部建设创新环境、在外部联合政府、高校和国际化企业。在激烈的市场竞争中，每一个企业只有拥有区别于其他企业的优势才能生存。而基于知识异质的企业竞争优势往往是在对基本价值链的某个或多个环节的创新过程中累积产业衍生的技术基础。持续的网络化分工累积，带来技术变迁和累积的动态内生比较优势效应。基于此，旧有的行业间、企业间的竞争模式演化为产业内外网络层面的合作竞争。现代高技术产业业务和技术的复杂化转变促使灵活多变的组织网络化形式逐渐占据了产业经济的主导地位。而知识合作效率的提高依赖于知识专门化前提下所进行的有效分工。对于新兴产业中的企业而言，进行科研创新关系到企业能否在市场中获得竞争优势。这一方面是由于新兴产业的内在属性决定了这些企业生产的产品必须是技术密集型的高附加值产品，以至于企业不得不重视科研创新和持续不断的研发投入，只有这样才能保持对其他的高科技企业的竞争优势；另一方面是区域环境对这些企业的外在压力所致，在一些沿海发达地区，劳动密集型企业没有优势，企业必须走知识、技术密集的高端战略之路，必须重视科技领先和技术进步。此外，新兴产业发展是基于全球科技前沿领域的创新成果，呈现出在相关产业间的共同投资、联合开发、加强分工与合作等新的特点和趋势，国际合作发展是其必然选择。自主创新是把握引进、消化、吸收、再创新的开放式的创新，不但要积极地开展国际合作，而且应该是多种多样的国际合作。

8.3.2　通过区域创新主体支撑层制度培育区域技术创新环境

在实际新产业衍生过程中，政府政策制度和要素供给的变化等都是不可或缺的重要因素，有时甚至是决定性因素。在我国，政府的制度和政策支持是新兴产业尤其是高新技术产业得以衍生的直接因素，而产业生产要素供给因素的变迁也在催生着一批新兴产业不断衍生出来，如石油危机的出现，促使全球经济进入了节能和低耗能产业时代，也促使企业不断突破技术难题，引发了新能源产业的衍生甚至革命。在新兴产业形成过程中，政府在基础设施和制度环境的建设上发挥着其他行为主体难以替代的作用，是公平竞争环境的提供者，而不应是创新的主体。政策环境因素包括宏观经济与区域发展政策、产业政策、重组与市场结构政策以及监管政策。对于新兴产业而言，技术创新制度是创新能力在制度层面的具体体现，是为促进创新而对技术创新行为进行的约束性规定。制度创新能够在技术创新资源给定的情况下实现技术创新能力的提高。而且，新兴产业的本质特征决定了通过不断增加创新资源供应的方式取得的创新能力的提高是不可持续的，一种良性的、适应性的政策环境自始至终能对技术创新起着推动作用。

通过区域创新主体支撑层制度培育区域技术创新环境，需要完善区域创新融资政策。中小企业受到创新成功收益的引诱，往往具有较强的创新动力，并对市场反应敏捷，但也往往缺乏创新所需的巨额资金，有较大的市场压力。政府可以通过融资担保、专项基金等形式，优化新兴产业投融资体系。完善的股权融资（风险投资）制度、债务融资制度能够促进区域创新融资能力的提高。

通过区域创新主体支撑层制度培育区域技术创新环境，需要完善区域技术中介制度。知识网络成为微观企业与中观行业的纽带，产业衍生的过程就是产业技术这一新的"知识平台"产生的过程。作为一种特殊的结构性潜入网络关系，知识网络具有产业技术创新与推广得以滋生的平台功效。当今产业发展的主旋律是簇群化、融合化和生态化，在新兴产业产生初期，其本身对于知识技术的获取渠道需要通过政府的技术中介角色获得拓展。

通过区域创新主体支撑层制度培育区域技术创新环境，需要完善区域技术创新公共服务制度。技术创新主体的内在动力在一定的区域创新环境下才能被激发，并在区域创新环境形成的激励机制、提供的手段和环境下进行创新活动。市场竞争加剧使市场上产品同质化现象严重，产品供给量增加导致价格下降，从而不利于企业销售净利率的提高。完善的知识产权制度能够促进区域研发能力的提高，合理的产业准入规则可以有效避免恶性竞争，使新兴产业在初始衍生阶段就能拥有良好的创新环境和市场环境。

另外，政府也应该有效地建设新兴产业的市场环境，保证新兴产业的市场需求。业务技术进步与应用创新两个方向可以被看作既分立又统一，共同演变的一对双螺旋结构，两者是并驾齐驱的双轮。技术进步为应用创新提供了新的技术，而应用创新往往很快就会触及技术的极限，进而鞭策技术的进一步演进。日本和韩国在本国新兴产业的发展过程中，对于民众的新兴产业知识宣传使产业拥有很高的认知度，在新兴产业发展伊始就塑造了良好的市场环境，为长期的国内市场需求打下了基础。政府可以通过诸如采购、生产者税收减免和补贴之类的直接支持途径以及协助宣传教育群众、鼓励消费的间接支持途径，对新兴产业的市场需求进行支撑。广义的市场环境因素包括两方面的含义：一是区域内企业等行为主体形成的区域环境；二是区域环境随着客观条件的变化，不断自我完善和改善，形成自我调节的区域创新系统。区域市场环境创新系统是动态演进的，其原因是区域政府的政策等因素导致区域市场创新环境的变化。统一规划和因地制宜相结合，区域性的产业优惠政策等措施也会对广义的区域产业市场环境形成有力的支撑。

8.4

新兴产业成长为主导产业的政策建议
——基于顾客价值与产业价值的商业模式创新

具有战略性的产业高端装备制造业作为战略性新兴产业之一，是物质资源消耗少、知识技术密集的产业，对经济社会全局发展有重要支撑作用。因为新兴产业成长的特殊规律，即对其他产业的先导性和引领性、技术密集性、能源替代性等，必然会有一些产业成熟壮大进而成为区域经济的支撑，一方面带动上下游企业的产生与发展；另一方面在经济增长中起着引领的作用。目前，新兴产业技术创新频发甚至出现颠覆性技术，但也存在技术路线不清晰带来技术的复杂性和不确定性；商业模式不成熟，市场化初期成本高，服务配套设施不足，融资成本高且融资困难、造成市场推广难度大；技术创新和商业模式创新，导致现行体制不适应等问题。因此我国新兴产业在得到市场认同的过程中的技术持续创新能力、市场商业模式创新和融资结构创新至关重要。

先进技术的产业化和产品市场认可度，是新兴产业发展的重要目标，只有找准满足市场需求的结合点和用户接受的营销方式，提高市场占有率，才能奠定产业发展基础。商业模式创新是发展新兴产业的关键环节，是发展以服务经济为主的产业结构的重要路径，是加快产业转型升级的必然选择。因此，发展新兴产业要高度重视商业模式创新。成功的商业模式应该可以从顾客价值创新和产业价值链创新介入。

首先，顾客价值创新。顾客价值是顾客对产品或服务是否有所值的评价，是顾客认知利益同顾客认知价格之差。顾客价值创新逻辑分析顾客现实或潜在的需求及其变化趋势，顾客价值创新可以从两个方面考虑：一方面，基于产品或服务功能的顾客价值创新；另一方面，基于业务活动的顾客价值创新。我国主推的新能源汽车顾客价值创新在一定程度上则属于新业务活动跳跃式创新，其不仅伴有产品创新和技术创新，其业务活动也发生了改变，传统汽车商业模式为顾客提供的产品是燃油汽车，提供的服务只有汽车金融、维修服务等。而新能源汽车产业商业模式为顾客提供的是全新的体验，是代表节能、时尚的新产品，提供的服务也更加多样化，如充电服务、拼车服务等。

其次，产业价值链创新。新兴产业产业链上下游关系互相联系紧密，互相作用、互相制约，同步推动产业链上下游企业进行协调发展是难点。产业价值链创新的实质是围绕顾客的需求，通过优化企业或产业内部配置，使资源利用最大化的同时发挥成本优势。例如，在新能源汽车产业具有投资大、周期长、高风险等特点，其处于价值链的上游，具有高附加价值，进行价值链创新的途径主要是：产业技术联盟。企业之间结成产业技术联盟，实行联合研发，选择合适的合作伙伴，不仅可增加承担风险的主体数量而实现风险分摊，而且如果选择合作的各方在生产力和生产关系上具有互补性，则还可以提高研发与共享的成功率，使总体技术风险和信息交易成本降低，避免技术研发的重复投资和相互抵销。现有案例说明，大学是知识汇聚的地方，是技术创新的孵化器，在组成产业技术联盟的同时，应注重校企合作。只有企业与大学共同从事新兴产业研发，才不至于造成大学研发与实际严重脱轨。

本章参考文献

［1］王永顺，沈炯. 新兴产业——成长、结构和对策［M］. 南京：东南大学出版社，2012.

［2］胡宪君. 区域新兴产业发展的政府作用机制研究［J］. 国际商务研究，2013，34（192）.

［3］陈宏涛. 新兴产业发展中政府作用机制研究［D］. 浙江大学，2009.

［4］刘澄，顾强，董瑞青. 产业政策在新兴产业发展中的作用［J］. 经济社会体制比较，2011（1）.

［5］Kruger. The Political Economy of the Rent-seeking Society［J］. American Economic Review，1974，64（3）.

［6］Porter, M. E. The competitive advantage of nations［M］. New York：Free Press. 1990.

［7］费钟琳，魏巍. 扶持战略性新兴产业的政府政策——基于产业生命周期的考量［J］. 科技进步与对策，2013（3）.

［8］马军伟，李永周. 美国风险投资与信息技术产业的协整分析［J］. 工业技术经济，2006，25（8）.

［9］The White House. A Strategy for American Innovation A Strategy for American Innovation：Driving Towards Sustainable Growth and Quality Jobs［EB/OL］. http：//www. whitehouse. gov/administration/eop/nec/StrategyforAmericanInnovation.